投机者的扑克

操盘18年手记

（纪念版）

扁虫鱼 ◎ 著

机械工业出版社

China Machine Press

图书在版编目（CIP）数据

投机者的扑克：操盘18年手记：纪念版 / 扁虫鱼著 . -- 北京：机械工业出版社，2022.5
ISBN 978-7-111-70549-9

I. ①投… II. ①扁… III. ①金融投资 – 基本知识 IV. ①F830.59

中国版本图书馆 CIP 数据核字（2022）第 061195 号

当全球孤立主义盛行，股市变动不居，历经煎熬的投资者不由得追问"未来路在何方？投资该向何处去？"时，华章回顾往年经典书籍，选出这本在读者中口碑颇佳、经受住了时间的检验，且对当下仍具指导意义的书，做成纪念版。本书第 1 版出版于 2010 年，第 2 版出版于 2014 年，其后发行的繁体中文版行销海内外，是财经类的常销书。作者在书里讲了自己 18 年操盘的故事，为了方便读者身临其境理解作者当年的所思所想和决策，本次出版纪念版，书里的数据、股市 K 线图保留作者操盘当年的数据。本书常读常新。很多读者将本书放置枕边，时常翻阅，尤其是在投资遇到挫折、感到迷惘时。一本投资书何以打动人，因为作者对投资共性的深刻洞察：股市交易就像山岳一样古老，看似不一样的交易背后是不变的人性。

投机者的扑克：操盘 18 年手记（纪念版）

出版发行：机械工业出版社（北京市西城区百万庄大街 22 号　邮政编码：100037）

责任编辑：李文静　　　　　　　　　　　责任校对：殷　虹

印　　刷：北京诚信伟业印刷有限公司　　版　　次：2022 年 5 月第 1 版第 1 次印刷

开　　本：170mm×230mm　1/16　　　　印　　张：23.25

书　　号：ISBN 978-7-111-70549-9　　　定　　价：79.00 元

客服电话：（010）88361066　88379833　68326294　　投稿热线：（010）88379007

华章网站：www.hzbook.com　　　　　　　读者信箱：hzjg@hzbook.com

生活从来都不是公平的，就像你打扑克时摸的每一手牌。

从这个意义上说，它又是公平的。

要想赢，无论牌多么差，你都得认真打下去。

/寻找读者/

　　书很像读者与作者间一场未曾谋面的对话，显然，对话需要知己。

　　你走进书店，期待一本适合自己的好书。这种期待从作者的角度来说是要用心写作；而对于读者呢，则是期待该书所探讨的正是自己所需要的。没有一本书是可以惠及所有人的，小鱼在交易市场久了，更不敢有如此奢望。所以，从一开始，这本书就被定义为一本特定的书，讲一些特别的内容，也许适合有些特殊的你。

　　这是一本关于金融投机的书。是的，是投机而不是投资，我愿意把那些高贵伟岸的词让出来，而承认自己的卑微渺小。事实上，我也确实卑微渺小，一个期望在伟大的金融市场中通过买进卖出赚些微薄银子的人有什么高大的呢？也许，你正为自己从五袋升为六袋而欢欣鼓舞，但实质还是丐帮！

　　这就是这本书的自我定位，这个定位婉拒那些对金融（投资）市场有着无限美好憧憬的人，也谢绝了那些期望一夜暴富的人。另外，本书也无法提供一种放之四海而皆准或打遍天下无敌手的交易模式。本书提及的心灵交易不是一等一的神功，甚至连末等末都算不上，因为我以为：天下本无神功。好吧，武侠小说爱好者请绕道。

那么，本书究竟能够带来什么呢？小鱼认为相当有限，可能有些许启迪、某段特别体己的话、一些经历的分享、几个故事以及由此引发的思考……我不知道，哪些会成为你的心头好，但我劝你降低对本书的期待，就像我降低对你的期待一样，这样我们彼此才可以更自由，我不会为了讨好你说些矫诏的话，也不会为了吹捧我说些粉饰的话，更不用为了这些矫诏与粉饰再编些动听但惨白的故事。我们只是诉说与倾听的关系，但这种关系至少应该是真诚的，毕竟，写作不是为了卖书，更不是为了树立自己高大伟岸的形象。恰恰相反，在东方人的词典里，伟岸通常讨论的不是身高，而是背影。

显然，这样的说法有悖现代社会的主流，所以我是非主流。

我寻找读者，就好像鸟儿寻找天空，鹭鸶之于池塘，孤独的夜行客终于来到了火堆旁，一壶浊酒，三两知己，也许寒碜，但值得期待，这样的期待穿越了表象而直抵心腹……

你看，酒菜凉了。

是的，但语意正丰，碰撞正烈……

这本书第 2 版的整个修订过程我用了近一年，时间确实太长了，这期间有很多《投机者的扑克》的爱好者问询，我很不好意思拖了这么久。但是就修订的质量，就用心程度而言，我可以说：这就是我要的那本书！

第 2 版加入了些新的领悟，比如下篇中"交易中的神迹"由一节扩充到一章，其中关于心灵交易中"灵"的描述与探讨，耗费了我巨大的心力。这是一个很难说清的话题，既要言之有理，又不能走向神话与玄妙。所以我常常苦闷，问自己："这就是我要表达的吗？"不得已就整段整段地删，推倒重来……写写停停，数易其稿。

写得好吗？真不敢说，因为几乎没有一本交易书曾触及该领域，我前无参考，也暂无反馈，只能凭着自我叩问去摸索。

类似的大修订还包括"大师的假说"，这是向索罗斯学习的章节，为此我再次拜读《金融炼金术》[⊖]。修订中，为了通顺连贯，

───────────

⊖ 索罗斯.金融炼金术 [M].孙忠，译.海口：海南出版社，1999.本书中提到的《金融炼金术》都指这一版本。

我甚至割弃了自己最喜欢的同名博文。每篇文章都需要起势、引子、高潮与收尾等，这样独立的文章被放在章节中，即便本身很好，看着也会难受——就好像把一只五脏齐全的鸽子塞进老鹰的腹中，难免生硬与牵强。几经犹豫，终于删了，当我真正这么做时，后面的写作信笔拈来……舍即得，真如此。

　　另外值得一提的是：第 1 章中关于情绪的描述，如果说第 1 版时我是模糊地体会到它的重要性的话，那么经过 3 年的历练，现在的我更清晰、更明确它的重要性，甚至敢稍稍夸张地说，关于"情绪"的研究，也许能打开投机学的一扇门。

　　好了，不剧透了，你自己看吧。

扁虫鱼

2013 年 11 月

我思故我在

人在江湖，身不由己。为这本书写序纯属凑巧，我和本书的策划编辑是老朋友，因为欠她人情，曾答应过为她出的书写个序。收到出版社寄给我的样书，我漫不经心地翻了一下，颇感惊诧，又从头到尾仔仔细细地看了一遍，不禁深深地折服于作者对交易理解的广度、深度和历史意识。

我和作者并不相识，然而，对一个孤寂的交易者而言，看到这样的书稿，就像黑夜中一个独自赶路的行者，遇到一个同样匆匆行走的同道，那种结伴而行带来的温暖和安全感，有一种彼此心有灵犀的惺惺相惜。

成功交易并没有捷径、秘诀，而是一个漫长的积淀、升华，从量变到质变的演化过程。我非常认同投资名著《通向财务自由之路》[⊖]和《走进我的交易室》[⊜]的观点，即成功交易的要素可以归

⊖⊜ 这两本书的中文版已由机械工业出版社出版。

纳为三个方面：交易技术、资金风险管理以及投机者的心理和人生态度。我自己在《十年一梦》中谈到的三次思想、心理上的突破和超越，其实也就是对这三点由浅入深的认识和领悟过程。

交易技术是投机者登堂入室的基础，我把它理解为找到一套有优势、有胜算的战胜市场的买卖方法。

资金风险管理是投机者在市场中生存和成功的保障。如果说交易不仅是一门战胜市场的赢的艺术，更是一门在判断失误、深陷困境中机智地输的艺术，那么这一切的内核就是聪明的资金风险管理策略。

交易技术和资金风险管理策略尽管有很大的灵活性、艺术性，但毕竟还有相对的客观性和规律性，只要投机者认真学习和思考，在实战中逐渐积累经验，要了解、掌握其规律并不困难。

但是，知是一回事，行又是另一回事。交易是立竿见影的盈亏游戏，投机者在巨大的心理和精神压力下，要理性地做出合理的技术动作，客观地看待投机结果的输输赢赢，并不是容易的事情。

所以，我很认同这样的说法：交易的技术和知识，也许学一两年时间就够了，但是，投机者要培养稳定、良好的心态，要想在修养和境界上达到高瞻远瞩、超凡脱俗，即使花上十年工夫，也不算多。

当然，十年磨一剑毕竟成本太大！如果有高手能够结合实战案例谈谈心理、人性的因素对交易成败的决定性影响，并且在心理建设、自我控制、人性修炼方面给出一些相对可行的建议，对投资者来说无疑是一件功德无量的事情。

本书从某种程度上说对此做出了非常深入的探索。

"改进生活以改进交易，体悟交易以领悟生活，这是本书的理想。"

"心态控制首要做的就是目标管理。"

"风控的职责就是平稳主操的心态，并使进场、离场都成为理性思考的产物。"

"要有在一块石头上枯坐三年的勇气。"

"与一种未知与不可测斗争，最宝贵的就是保持一颗宁静、自信的心。这种自我的感觉，应由心底而发，不可伪装。这时祷告或许可以帮助你。"

"就像出海人祭拜妈祖一样，她并不给予我们肌肉的力量，却能给予我们内心的力量。"

…………

这是一本内涵丰富、思想深刻的书，我不知道你看到这些话语后有什么感受，至少在我眼里它们充满睿智、发人深省。当然，我的片言只语只是断章取义，远不能体现出本书的全部精髓。

希望这本书能对投资者领悟市场交易的本质、提升操作境界产生巨大的帮助。

青泽

站在哪里看"江湖"

曾经有这样一篇文章在证券市场上流传：如果你站在轮船上看大海，也许海面波涛汹涌；如果你站在灯塔上看大海，也许海面波光粼粼；如果你坐在飞机上看大海，也许海面风平浪静；如果你站在太空看大海，也许海面会是一块镜面。同样是看大海，由于你站立的位置不同，结果完全不同。文章继续分析说，回到证券市场上，股市的走势也是一样，如果我们看几天的股市，你会感到它波动剧烈；如果你把图形压缩看一年的变化，也许会觉得"那几天"的波动没那么剧烈；而如果你再压缩图形看几年的走势，也许曾经让你感觉波动剧烈的"那几天"的图形，已经显得非常平稳，曾经让你心有余悸的波动其实微不足道。

角度不同，视野不同，结论亦有不同。

再换个角度看证券——"江湖"

武侠小说曾经影响了我们几代人，至少在"60后"和"70后"中有广泛的传播力，因此我们会自然而然地把我们所在的行业称为"××江湖"。在武侠江湖中，对于武功修炼一般认为有两个层次：一是具体招式的修炼，二是内功心法的修炼。如果只醉心于具体招式，充其量成为某派掌门，练不好还会走火入魔。如果只沉浸于内功修炼而没有具体招式承接，自然缺少了克敌制胜的法门。如果二者共同修炼，往往能够成为一代武林宗师。

证券市场也是武林江湖，如果把对于市场基本概念的解读，对于技术指标、财务指标的分析看作具体的武功招式，那么投资的方法、理念、心态以及透过现象看出本质的能力就是所谓的需要修炼的内功心法。

武林当中，门派林立，各种武功竞相登场，并广招弟子，扩大影响，各派力量此消彼长，各种功夫各领风骚几年。但可以长青的，往往不是具体的武功派别，而是仅有的几部内功心法，如《天龙八部》之《易筋经》、《射雕英雄传》之《九阴真经》、《倚天屠龙记》之《九阳真经》，甚至《笑傲江湖》之《葵花宝典》。江湖一直在为名利而厮杀，但是归根究底争夺的不是一本具体的武功秘籍，而是内功心法。

证券江湖中，门派一样林立，大派有基本分析派、技术分析派，有趋势派、综合分析派，有消息派，也有靠《易经》的算卦占卜派，各派之间的争夺从未停止过，也各有各的江湖立足之地。哪派可以一统江湖？似乎谁都没有这样的底气。原因何在？他们都缺少一本合适的内功心法置于手边，让其平心静气，潜心修炼，成为一代宗师。

因此在我们目前的证券江湖中，武术高手多之又多，武林宗师少之又少；武功秘籍多之又多，内功心法少之又少；钻研技巧的多之又多，修炼内心境界的少之又少；指点江湖的多之又多，跳出江湖看江湖的少之又少。

作者经过多年江湖洗礼，能够跳出江湖看江湖，能够摆脱江湖名利，静心修炼内功，也许他修炼的内功心法不是最好的，但也许是最贴近现在的证券江湖的。

是为序。

CCTV 财经频道主持人

姚振山

/目　录/

下篇　功夫自在盘外

660 元的老城隍庙

也许接受都是从拒绝开始的吧。

与著名的南京路仅仅一路之隔，有一条叫南阳路的小马路，也就是从风格类似变形金刚的上海商城后面一转弯，你就可以来到上海静安区体育馆。里面的设施已很陈旧，1990 年的某一天，一家新生的证券公司借此开了一个小门面。

当时的人还无法理解证券公司究竟是干什么的，也不理解买卖一种叫作股票的玩意儿有什么意义。家母有些开拓精神，一天回家后，给我带来一条信息：老城隍庙的股票在那间小屋子里交易，听说买了以后将来会很赚钱，至于价格，当时是 660 元。

这实在是个冷僻到令人静默的消息，因为即使在当时的上海，100 个人中也很少会有 1 个人关心股票的事情，这种曾经被当作"资本主义尾巴"割掉的玩意儿又新长出来了吗？你确定？你真的确定？可是这跟我又有什么关系呢？

对于金融我当时已经有些懵懂了，新生事物在年轻人的心里还是有些土壤的。但是当我了解到 100 元面值的股票当时居然以 660 元交易时，我还是坚决地摇了摇头，"太贵了。"我说道。我用计算国债的方式衡量了股票，在历史的迷雾前，我们总是参照过去的无知。这轻轻的摇头就让我的交易生涯向后推迟了一年，也让我与最初的财富隔岸相望。我不了解的是：未来的老城隍庙股票价格会涨破万元，还不知道，即使是这万元，也只是财富之旅的起步。

也许每段经历的开始，最初都带有些遗憾吧，人类对新生事物的排斥与生俱来。只有当事实真实呈现的时候，我们或许才会做出这样的总结：在拒绝未知的背后往往拒绝的也是财富。

333 倍的奇迹

1992 年年初万物还是萧萧瑟瑟，上海的早春总带着浓重的寒意，但这一年人们的心正在被一种新事物搅动着，股票正悄悄展开它的神话——只要拥有这么一种与国库券稍稍不同的纸，你的钱财每天都会以 0.5% 的速度狂奔（这就是当年的涨停板极限）。微小的数字不算多，但如果同一年中拥有的交易日相乘，再对比当年 10% 左右的国债利息，你就可以明白人们心中波动的微澜了。

微澜正在扩大。这不，仅仅两个月前，兴业房产股票的发行就险些出事。排队领预约券的人抱着棉被，通宵达旦，对于排队就等于领钱的事，谁会没有热情呢？负责维持秩序的警察焦头烂额，一场闹剧几乎以闹出人命而草草收场。

人民的智慧是无穷的，何况人民上面还有领导。于是在这开春乍寒的季节，一种新的需要人民币购买的、只用作认购股票摇奖的凭证——92 上海股票认购证闪亮登场了。

印刷精美，见证奇迹的 92 上海股票认购证。注意上面的承销机构仅有申银证券、万国证券与海通证券，可见当时的证券公司少得可怜。

从 1 月 19 日开始至 2 月 1 日止，认购证公开发售，有效期一年，每证一号，为当年的新股摇奖依据。消息一公布，群情沸腾，我当时刚工作，同事们闻知没有不摩拳擦掌的，一个号码可以管一年的新股，别说抱着被子去排队，再加条毯子我也上啊！

规则的修改

公开发售的当天，我急奔最近的银行。事实总与想象相反，高高堆起的认购证旁只有一名认购者在付款，与之相对应的是银行的五位工作人员。

"不排队了？"

"敞开卖，随便。"

"多少钱啊？"

"30。"

"中不到奖，钱还退不？"

"改规则了，钱不退，全部捐给福利机构。"

"噢，这样子啊，我考虑下……"我终于找到问题的正解了。

"快买点吧，别改天买不上了。"银行人员开始推销了。

"我再看看。"我悄悄地隐退。蒙谁啊，麻雀都快停在那认购证上了吧。

因为 30 元钱不退，此举被无数"精算师"斥为"抢钱"，群众的热情也就从云霄被打入泥端。10 天很快过去，即使著名的杨百万据说也一张未买。

见证奇迹的时刻

众人的冷漠，造成总销售量仅仅 207 万份。消息一传开，认购证黑市的价格立即攀升。我的两位同事成为其中的傻瓜或是最有智慧的人，他们各自购买了 100 张。一位是酒店的行李员，由于前两个月超额的小费，让他舍得把这轻松得来的钱轻松地花出去；另一位是酒店的财务，标准的"书呆子"，千算万算，别人都说不划算，他偏偏说很划算，真是人算不如天算。

邓小平同志南方谈话，大力推动改革风潮，股票的发行量连翻五番，成为当年唯一摇股凭证的 92 认购证的价值也扶摇直上。黑市的价格一天几次更新，很快就突破了 1 000 元，而摇号摇中"中百一店与华联商厦"股票的认购证更是高居万元，仅仅几个月啊，333 倍的暴利！

行李员同事机灵，买的都是白片（没有登记名字），于是在黑市价格升破 60 元的时候，出售了一半，名之为收回成本。其后又在 200 元、300 元时抵不住诱惑，出售了，也算赚了点小钱。只有那"书呆子"同事为人实诚，认购证全部登记了名字，无法转让。被那些一张没买的同事耻笑得一塌糊涂，最后也得以保留胜利成果，半年以后，逍遥已乘黄鹤去，缥缈神州再无踪。

在市场面前，我们总爱用自己的聪明去博弈，却总是无可避免地陷入聪明的泥潭。

92 认购证也许是中国证券史上最简单、最缺乏刀光剑影，短期内就可以完成人生转变的一次最令人惊讶的戏剧。许多日后的股市大鳄，都从此间起步。比如现今赫赫有名的"法人股大王"，当年福佑路的"毛毛"，其资金的几何级增长，就从92认购证开始。

1993年，领导觉得1992年的认购证效果不错，没有打架，也没有人挤人，就又发了93认购证。由于1992年的示范效应，购者如云，量以数十亿计，因而再也不显当年的奇迹了。奇迹也许总是如此，不经意间发生了，然后在众人醒悟后的穷追猛打中潜遁而去，一如当年的"书呆子"。

机遇究竟是什么

我也常常思考这个问题。未来也许我们还无法看清，但历史还是值得回顾的。在我的记忆中，中国证券市场最初的10年里，至少出现过以下几次大机会。

- ⊙ **国库券的回购**　中国人民银行决定回购国库券，在上海首先试行，而各地的国库券还处于打折的境地，当年杨百万就坐火车到各地收购，然后集中卖回给上海的银行，创造了百万神话。大部分人由于对新生事物的漠视，而失去了这次机会。

- ⊙ **第一批认购新股**　最初发行股票时，无人认购，结果只能由领导同志、党员、积极分子带头认购，这也许是当年握有权力者最具奉献精神的一次获利。新生事物在最初总是被拒绝，而恰恰这时又是最安全、利润最丰厚的。

- ⊙ **92认购证**　仅仅因为30元成本可能血本无归，而让财富与大多数人擦肩而过。

- ⊙ **各地风起云涌的一级半市场**　本来自家地里发股票，当地人应该获益良多，可惜恰恰相反，最大的收益都被那些带着成箱的钱、坐着飞机来收的"黄牛"带走了。这再次证明，幸运是否砸在你家屋顶上并不重要，重要的是你要有双睿智的眼睛和一颗敢于行动的心。

- ⊙ **325点历史大底**　这个中国股市放开后的最低点，并不如人们期望中的那么可口，无数人怀着决绝之心离开股市后，它才在某一天冲天而起。

⊙ **转配股的机会**　转配股必须被锁定，什么时候能抛售谁也不知道。就是因为这个原因，转配股成为当时的弃婴，"大众总是错误的"法则再次展现神奇的魅力，当多年以后转配股上市后，很多人才惊讶地发现，当年的弃婴如何变成了楚楚动人的大姑娘。

⊙ **国债期货的机会**　中央为了促进国债流通，试办国债期货。我也认真地研究了，当时物价较高，通胀盛行，而用于交割的国债数量有限，国债期货面临的是大量的资金对决少量的存货，还有通胀的背景，很自然地，我得出了长期做多的结论。但仅仅由于对"期货"二字的恐惧，我从头看到尾，与大多数人一样，把一次巨大暴利的机会化解为无形。是的，不做我们没有损失，所以我们也没有富有。

⊙ **1999 年 B 股 21 点的历史大底**　遍地都是几美分的股票，跌破发行价，然后跌破净资产，最后甚至跌破面值。当股票市场上最荒诞的一幕呈现时，你在哪里，又在做着什么？

市场一直都有机会。2000 年以后的房地产暴涨、股市 1 000～6 000 点、商品大牛市，以及过去的 2009 年，各位的记忆一定还很深刻吧，我就不絮叨了。过去的已经过去，重要的是未来，中国金融的大幕还在徐徐拉开，在以后将展现的大机会中，我们会为自己书写下什么。

上 篇

一个人的修炼

第 1 章

市场是一种情绪

▌ 大众总是错误的

弹指一挥间,斗转星移 20 载,当初的弱冠少年已趋向不惑。如果人生真是一段旅程,那么中国的金融市场就是我这 20 年最好的风景台。2009 年是中国改革开放 30 年,如果说前面 10 年是农村改革与个体经济的萌动期,那么后 20 年则迎来了资本市场的大发展,由此而生的股票市场、房地产市场、衍生品市场风生水起。恰巧我站在了金融前沿的上海,加上个人的喜好及机缘巧合,让我有幸伴随着这段历史,见证了中国资本市场的诞生与茁壮。

1990 年年底宣布上海证券交易所成立的那张黄报纸,我翻阅过;文化广场前抱着棉被疯狂排队,我曾一旁站立;92 认购证 333 倍利润的狂欢,我浅尝一口;既瞠目于 1 500 点狂跌到 325 点的大熊,也惊叹内蒙华电一天翻番的疯狂（当时无涨跌停板）。当旧框架打破后的思想还无从着落，守着黄金之地却不知如何拥有的人争论着股票究竟姓社还是姓资时，历史的步伐却全无停止：B 股、H 股、N 股（纽约）、S 股（新加坡），新事物一个接着一个；权证（中国资本市场很早就试行过权证）、封闭式基金、开放式基金、可转债，新词汇冲击着我们；主板、三板、中小板、创业板眼花缭乱；T+N 到 T+0 再到 T+1；涨跌 0.5% 到放开限制，再回到涨跌停板必须 10%，历史既是崭新的，又是循环往复的。

风景也许太精彩，我从股票看到国债期货，从邮票市场折腾到衍生品市场，从大豆炒到黄金；玩了国内市场又去玩海外市场，从无限期盼中国的股指期货到直接操作美国的道指期货；我抄过 B 股的大底，也逃过 A 股的大顶；曾经赚过很多倍，也曾输到一无所有；从目空一切到谦卑得不知骄傲为何物，直到沉淀下来重新学习，才了解到世界之精彩，自己很无知。

近 20 年，我努力诚实地在市场中求生存，上不靠贪，下不曾偷，不骗不抢，所以也就敢说些真心话。如果要把这些年市场中自我的感受以及所见所闻汇成一句话，那么我一定会说：**大众总是错误的！**

每当说出这句话，我总是惴惴不安，站在人民的对立面似乎实在算不上一种智慧，但现实往往就是如此残酷，残酷到我们不相信，不愿相信又不得不信。请允许我做出些解释：大众——大部分人、普通者，其对立面是少数派——一小撮有权有势者，或专业人士。大众总是错误的，并不代表大众的选择一定是错的，或者投资过程全是错的，而是指大众投资最后的结果，也就是实际的盈亏效果总是不佳。亏损、低于均常水平、付出与得到的远不成比例都可做此解释。

大众总是错误的实质就是：无论市场如何变化，大众如何修正自我的行为，最终大众（大部分人）的投资结果总是欠佳的。由此推断出大部分人的行为也大都错误（这并不代表与大众对着做就能盈利，对此后文还有论述。这里面有些很细微的差别）。

小子何敢出此论断

你看见过狼群比羊群还多的草原吗？你看见过鲨鱼比大马哈鱼还多的海洋吗？你也许见过一个农夫收获了一筐苹果，留待慢慢吃；但你见过一群农夫面对一只苹果吗？那恐怕将是场战争。在一个零和游戏的投机市场中，少部分人赚钱，大部分人亏钱是可行的，是"可持续发展的"；反之，大部分人都实现盈利的梦想只能是个幻想。这也就是你稍稍环顾四周，总能看见众多套牢者的原因。

我知道有人会反驳说：不一样。我们是投资，而不是投机。况且股票市场也不是零和游戏。我们持有的股票是股东的证明，企业的经营发展会为这个市场带来利润。价值投资之父巴菲特真正获利是靠长期投资，他赚的是企业成长中的钱。

我必须谢谢这些意见，因为这正是我即将展开的话题：人们通常是投资还是投机？股票市场零和吗？长期价值投资的未来一定美好吗？我也渴望把这些都弄明白，因为这些关键的认识将决定我们是否应该参与这个冷酷的资本市场；如果参与，又该从哪个角度去切入？

先从股市谈起吧，这个参与人数最广也最普遍的市场。

▌股票市场零和吗

从传统意义上讲，上市公司确实在创造利润，但股票市场是否能够超越零和还必须取决于以下三个方面：①经济环境是否向好，企业的盈利能否逐步递增；②股市中优质企业的存在数量；③企业分红能否大于向市场的索取。

企业有效益是必然的，但必须注意，我们的股票都是溢价买来的，其中所含的市盈率就代表该企业每年赚取同等的利润并全部分红，你收回本金所需要等待的年限。20 倍就是 20 年，50 倍也许就是一辈子。而这还刚刚是还本，请别忘记资金是有时间成本的。所以除非企业能有超常的增长，否则你的小股东身份只能为你带来一种整存零取的效果。

中国股市能出现自己的微软、英特尔吗

相信一定会有的，但必须存在那些把创业当成梦想，把梦想能变成现实，并把现实坚持到底的人物。可惜，现实的浮夸也许让马云都有些迷失了吧。

上市企业究竟是向市场供给了还是索取了？读者可以从中国股市报告和资金获取中获得答案。

中国股市报告

平衡。股市的实际运行情况最终是资金的平衡，那么实际状况究竟如何呢？以历史最好的 2007 年为例，我查了下上海证券交易所的年鉴，聊以说明。

中国股市 2007 年资金消耗情况如下：

年度 IPO≈6 700 亿元 ×2≈13 400 亿元（开盘价相对于发行价平均翻倍）

企业再融资≈？（没查到，但增发、配股有多少，大家还有些印象吧）

印花税≈1 140 亿元（归入国库）

券商佣金≈570 亿元（养活券商）

值得注意的是，由于解决国有股问题，2007 年的新发行股票比例及配股比例都是历史上很低的（例如，2007 年新上市股票仅 28 只，而从 1993 年认购证发行后的年均新上市股票数是 56 只），这样的好时光以后恐怕很难再现了。

负和的股票市场

2007 年所有上市公司中的 779 家公司做出了现金分配，比例占所有上市公司的 50.8%。上市公司分红总和为 2 831 亿元，平均利润分派率为 29.84%，股东分红收益率向上踮踮脚勉强接近 1%。注意：即使这 2 831 亿元分红，也不是市场完全能得到的，它必须被再扣一次税。

这就是 2007 年，中国股市截至 2013 年前表现最好的一年，让众多股民念念不忘的一年，这也是历史上中国上市公司分红额最高的一年，比 2006 年增长了整整 112%，也就是说，2006 年的所有分红仅为 1 330 亿元。

如何评价上市公司年度分红额？一位资深炒手给出了一个近似的答案：基本上，企业分红刚刚能抵掉股市中的税收和佣金，也就是我们缴纳的手续费。年景好时，分红能多一点；年景差时，分红就远远不够与这些费用相抵。所以单纯从资金平衡角度来观察，我们目前的股票市场甚至还够不上零和市场，而是一个标准的负和市场。这就是我们生存的市场现状，残酷而真实！

机构平均散户占有率

市场中所有散户数量除以所有机构数，得出平均每家机构对应的散户数，称为机构平均散户占有率。这是一家权威研究机构报告中的核心数据，这个带着嘲讽却又非常有效的统计数据，总能提前做出一项非常有效的预判：当年机构大户的生存环境好不好。

平均单个机构占散户的比率决定了机构的生存环境，这说明了什么？你以为自己不是羊，却早有睥睨者把你作为羊计算进去了，而且事实总还是凑巧吻合。

当年那个"万国证券　证券王国"的招牌为何如此炫目？只不过因为成为羊群中最早混进的那几只狼，因时势造成的强大却让某些人找不到北，目空一切，终于在327国债期货事件中被一群新出炉的小老虎掀翻在地。虎狼之争，结局我们并不关心，但认不清"前有狼，后有虎"的形势，那"罪该万死"已是必然了。

当然，从经济学与企业经营的角度看，在企业发展过程中，不分红利也是可以的，只要将留存利润用于发展生产，且产生的效益能够大于市场平均融资成本，这就是有利于企业成长的，对股东的长远利益也是正面的。所以单纯从市场资金总平衡的角度分析，还有个缺陷，即会忽略长期价值投资的价值。长期价值投资能否带领大众走出"大众总会亏损"这个怪圈呢？

▌价值必胜吗

首先我们承认优秀的长期价值投资相当有效，例如脍炙人口的可乐老太太的故事。因为买进可口可乐股票并长期持有，老太太只做了一件事，却解决了一辈子的财富问题，让包括我在内的无数投资者羡慕不已。成为一代代价值投资者的偶像与标杆的巴菲特更是以长期价值投资而闻名于世，他说过，对于那些他看好的企业股票，他希望持有的年限是永远。

值得注意的是，这些也许就是特例。彩票市场每周都在创造 250 万倍的奇迹，但它无法证明这个市场是值得期待的或是致富捷径。同样，观察长期价值投资是否能帮普罗大众带来更好的收益，我们还需要观察以下几个方面：

⊙ 可供长期价值投资的股票有多少？在市场中占比多少？

⊙ 神话的背后需要神话的基础。历史会简单重复吗？

⊙ 中国几十年的股市能告诉我们什么？中国特色的最牛股票是哪只？

⊙ 投资与投机真的泾渭分明吗？价值可能是恒定不变的吗？

可乐老太太有多少

价值投资是近几年的流行语，榜样的力量也是无穷的，所以你会在中国看到一批批投资者，高举着价值投资的大旗，一边忍受长期套牢的痛苦，一边小嘴里哼着"死了也不卖"。

不是长期价值投资不好，而是关键看你投的那只股票怎么样。

回顾历史是必需的，但一定不能断章取义。长期持有可口可乐股票是赚翻了，但如果持有同期的其他大蓝筹呢？翻开历史，早期道琼斯 30 种成分股票（都曾是出类拔萃的精英啊），如今只剩下通用电气 1 只了，其他的早已灰飞烟灭。如果美国老太太不是持有可口可乐，而是持有其他的 29 只股票之一呢？

听说过"漂亮 50"吗？ 20 世纪 70 年代美国备受追捧的 50 只大型蓝筹股，当时受到所有人的抬爱，可惜，其后很长时间的表现让人大跌眼镜，甚至被形容为满地碎玻璃。

为什么？道理很简单，既然是大家都持有的股票，那么筹码一定相当分散，而且大家都看好，死活不肯卖，那么这样的股票一定很难有炒作行为；于是股价的上涨必须依靠业绩的真实提升。"漂亮 50"的业绩当时都相当不错，但由于大家极度看好，市盈率早就高高挂起，平均都在 70 倍（即保持这样的利润，70 年后你的投资才回本）。虽然公司都是各自行业的龙头，赚点不菲的老大利润是可以的，但要再像小公司一样飞速成长，早已没有了空间。所以可想而知，长期持有的结果是跑输大盘，曾经被投资者称颂不已的"漂亮 50"变成了真实的"伤心 50"。

这是个令价值投资者伤心的范例，却被某些人有意识地隐藏起来。曾经还有国内的价值投资专家帮其翻案：熬过最初难受的七八年，长期持有 28 年后，整体年化收益率也可达到 10%。10% 当然也不错了，但且不说如何熬过这最初的 8 年（那绝不是个短日子，自 2001 年下半年开始，不到 5 年的中国熊市已经磨碎了多少价值投资者的心），单是截止日的选择，就是一个大误区——选在美国牛市的高点来计算收益，当然赢多输少。当时许多股票都赚翻了，这样的 10% 还有意义吗？

对待市场，我们必须要客观，否则单单是截止点的选择，就可以创造出任何你想要的结果。在上证 6 000 点时，长期投资当然可以宣称自己的胜利，并鼓励任何坚信中国经济还将成长的人永远持有下去。但一年后的 1 600 点，是否又应该说中国股市根本就是个赌局呢？迷恋其中者，有可能会亏损掉最后一条"裤衩"，所以不合理的截止点选择必然造成偏激、不客观的认识。

神话背后的基础

当一些股评家以某些美国股市的长期投资成功范例向大众宣扬时，我们还必须清楚一个背景——美国经济的成长史。20 世纪 20 年代以来，美国经历了两次世界大战，并在其后的冷战对抗中全面获胜，历经并克服了种种经济、金融危机，成为这个世界上最强大的国家。这是长线投资神话的基础背景，也是最重要的背景。你能确定这样的过程一定会再重复一遍吗？还会再诞生一个独一无二、称霸世界，把世界金融玩弄于掌心的超级大国吗？ Are you sure？（你确定？）

即便拥有了如此幸运的背景，另一个关于长线价值投资的难点依然困扰着你。比如，20 世纪 80 年代，你确定个人电脑会盛极一时，这时，你就已经拥有了敏锐的洞察力。但如果你当时买进的是"准将电脑"股票并长期持有，那么你将亏光所有投资，因为它被迫退市了。当然长期投资戴尔电脑你将获利丰厚。但问题是，当年亏损的选择远比盈利的选择多得多，你的选择一定会是戴尔吗？

人常常以为幸运一定眷顾自己，却忽略了我们不过是芸芸众生中的一员，幸运也许会发生，但绝不经常，更不能保证一定是你。如果你被困在这个谬论里，苦苦强寻，那得到的只能是更多的痛苦。不要把小概率事件当作事物的普遍真理，也不要把幸运作为投资工具。清醒地认识自我，不依靠运气，这才是智慧——把自己放下，就放在平凡的角落里。

以现价，我会愿意买入吗

企业其实也是类生命体，会经历幼儿期、发育期、青壮期、衰老期。所以你一定要辨清，你所持有的宝贝到底处在哪个时期。股市反映的是未来，别等市场把故事讲透了，电影已散场，你才慌里慌张地往里赶！

定期分析自己抱牢的那只股票，如果公司本质情况已经变化，那么我们的投资策略一定也要跟着改变。经常反问自己，如果我并未持有这只股票，以目前的状况，以现价，我愿意买入吗？如果答案是否定的，那为什么我们还要继续持有呢？

投资并不可怕，可怕的是那些关于投资的错误理念。我们是否能找到这样的影子？"我是长期投资，套牢大不了留给儿子、孙子。"话似乎不错，但需要注意：最终的大亏损都是来自当初的小套牢。所以在你确认自己即将进行长期价值投资时，一定要明白自己抱牢的是怎样的一只股票。

历史能告诉我们什么

⊙ 在中国股市中，哪一只股票长期投资收益率最高？

⊙ 这样的收益是多少？

是茅台还是中国船舶？或者是哪一只被资产重组改了名的 ST 股呢？我强烈建议你，打开你想到的任何一只金股的 K 线，选择"后复权"，然后把图形缩到最小，看看从它上市以来，股票的上涨倍数。特别是那些你曾深爱过、操作过的股票，还有那些最知名的大蓝筹，相信你认真地翻看一遍并加以思索，效果一定好过看三本投资书。

如果你急着想继续阅读下去，那就列个表给你，看看历史能告诉我们什么（见表 1-1）。

表　1-1

名字	代码	最高复权价	2010 年复权价
深发展	000001	1 158.20	658.92
万科	000002	604.50	222.52
苏宁电器	002024	1 347.22	977.50
中国船舶	600150	436.31	106.10
贵州茅台	600519	988.11	731.72
飞乐音响	600651	11 401.37	6 718.62
四川长虹	600839	320.33	96.75

以上是我选的 7 只股票，当然每个人心中都会有自己的大牛股，我强烈建议你自己去看一下。由于软件的误差，以上复权价与你的可能不一致。

2010 年时，中国股市的最牛股，最值得长线持有、投资的首选股票居然是飞乐音响。当年那个市盈率上千倍，被很多投资股评家斥为中国股市特有之怪现象，居然是长期持有的典范，最高收益超过 10 000 倍。

相信也会有人质疑，那些大蓝筹上市都晚很多，时间上不公平。那我们重回历史，看看当年老八股中的绩优股怎么样？既然是长期投资，肯定要投那些主业清晰、业绩优良的。比如当年的兴业房产，主业优良明确，业绩稳定，现在已成为 ST 兴业，最好的时候上涨也不过 200 倍，而今更是几乎落到退市的边缘；而当年的大盘蓝筹真空电子，虽经过多次重组，上涨倍数也比 ST 兴业高不了多少。反而是主业说不清是什么、当年 50 万元注册资金、市盈率长期居高不下、集体小企业转制的飞乐音响成为中国股市最响亮的股票。

请问，何谓投资？又何谓投机？

变动不居的价值

投资，投的好像是价值；投机，搏的似乎是机会。大众总觉得价值比较可靠，而机会相对缥缈。

我们只能部分认同这种说法。如果把股票的价值看作企业未来成长的价值，无疑，企业经营的好坏影响着股价，但股价的波动同样对企业的经营有着深刻的影响，这在传统价值分析中被严重忽略了。股票交易在价值投资者的眼里被暗喻成一种单向被动的跟随模型——股价是一只狗，在价值主人的绳索下前后奔跑。错！这是个生动的比喻，可惜也是一个需要修正的比喻。

它给人一种错觉：价值处于统治地位，而市场价格仅是一条跟随其乱跑的狗。实际上，当你更多地经历市场风暴后，就会明白，这只狗相当狂野粗暴，一旦被激怒，猛扑出去的力量足以掀翻所谓的主人（价值）。

如果实在要用主人遛狗的图，我愿意用这张牵藏獒的图。很显然，这张图是我把两张图拼接在一起的，因为我得到的大部分图都是遛小狗的。

很多价值投资者之所以被掀翻在地，是因为他们总想象自己手握缰绳的样子，以为市场是只驯服的狗，一切已尽在把握。他们忘记了尊重，当然也忘记了那根所谓能牵引市场的价值之绳也可能成为自己的套索。

请看股市例证：股价平稳时，对企业经营并无大的影响，但当股价剧烈波动，特别是持续单向变动时，对企业经营的影响将是巨大的。四川长虹（600839）笑傲股市时，公司所在的绵阳地区最牛的时装就是长虹的工作服。一件工装能代表什么？代表了对人才的吸引力，代表了美誉度。把这些稍加总结，就会形成融资成本优势、广告效应、员工归属感、客户和经销商的趋之若鹜、潜在人才的吸引力……不一而足，涵盖了企业经营的多个层面，直接改善了企业生存的土壤。

反之，当一家公司的股价无可奈何花落去时（如美国安然、德隆三剑客），股价的崩塌会产生惊人的负效应，价格猛然的下跌似乎跌破了企业正常的价值，但很快企业被迫证明市场的看法是合理的，如

图 1-1 所示。

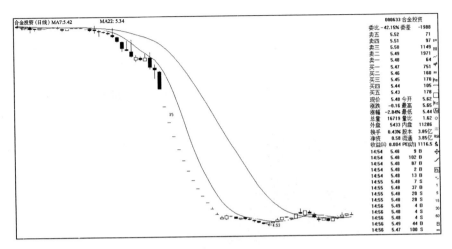

图 1-1

000633 合金股份（德隆三驾马车之一）快速惊人地从 25 元跌到 1.25 元，
而另一驾马车 000549 湘火炬不但暴跌而且彻底退市了。

股价暴跌后企业的正常经营被一举摧垮的过程如下：银行贷款不放了——还催着提前还贷，供应商断货了——还逼着结账，经销商不要货了——还席卷货款，员工们忙跳槽了——还挖公司墙脚，政策不优惠了——还派来调查组，媒体不歌功颂德了——开始连载××黑洞大揭秘……哪一家企业能承受这样接二连三的打击？"德隆三剑客"不能，资产上千亿、全球前 50 强的"安然"也不能，古今中外也许概没例外。

在 2001 年宣告破产之前，安然拥有约 21 000 名雇员，是世界上最大的电力、天然气以及电信公司之一，2000 年披露的营业额达 1 010 亿美元之巨。公司连续六年被《财富》杂志评选为"美国最具创新精神公司"，然而这个拥有千亿资产的公司却在 2002 年几周内破产。

2000 年 8 月，安然股价达到历史高位每股 90 美元……到 2001

年 8 月 15 日，安然的股价跌至每股 42 美元……到 10 月底，股价已跌至每股 15 美元……2001 年 11 月 28 日，公众终于获知安然所隐藏的经营亏损，而这时安然的股价已经跌破 1 美元。

安然真的资不抵债了吗？非也，是信用破产到股价破产最后催生的公司破产。如同桀骜不驯的狂犬猛地冲了出去，而主人仍紧握价值的缰绳，随之而来的很可能是摔倒。

股票并非价值稳定而价格纷飞的单循环体系，而是价值、价格都变动不居，且互为影响的双循环体系。所以你并非平地里遛狗而是一叶扁舟，在激流中捕鱼，水在动，鱼在动，你也在动……

所以很多看似稳健的机会（投资），却非常依赖时机的把握（投机）；而许多看似危险不羁的举动，却又演化成一次次精彩的手到擒来。

好，来看现实的案例……

◼ 网易的 1 美元到 70 美元：投资股票投机做

故事就发生在数年前的纳斯达克，主人公与我们一样黄皮肤、黑头发，写着方块字，他就是步步高的前老总段永平。那一年，他做了两件值得骄傲的事：一是投资了网易股票；二是花了 62 万美元与巴菲特共进一顿午餐。

2001 年年底，他在网易股价 1 美元以下买入网易，并坚持持有，最后网易股价超过 70 美元。记者采访他，他谈道："我是以长期持有的心态买网易。"也就是我们通常说的投资心态，那么投资的心态需不需要时机的把握呢？让我们来回顾当时。

2000 年 6 月，新浪、搜狐、网易中国网络三剑客相继登录纳斯达克，短暂的辉煌后，随着网络股泡沫破灭，到 2001 年年底，股价都开始逼近 1 美元。当时我也注意到这个机会，根据测算，这三家公司的股价不但跌破净资产，网易甚至跌破了净现金额。这是什么概念？就是当时网易持有的现金和银行存款，足以按当时的股价把自己完全买下来。或者，如果你把网易股票都收购了，然后把公司整个扔掉，就拿账上的存款与现金，你都有得赚，你说这样的投资有价值吗？请好好想想……

如果答案是有价值的，那就是说网易跌到这个价格是不合理的，那请问它为什么能跌到？不但跌到，甚至跌穿；不但跌穿，而且很长时间都回不上来。难道那些大投行都是傻瓜，这么简单的账也算不过来吗？它们为什么不抄底网易呢？

它们当然不会！因为当时网易面临一个很严肃的问题：退市。根据纳斯达克的规定，当一只股票长时间处于 1 美元面值以下时，它就将被摘牌。当时网易由于财务欺诈问题正面临诉讼，股价已长时间停留在 1 美元下方，有一段时间甚至被连续停牌，可谓岌岌可危（当时的新闻报道，见图 1-2）。

> **sina 科技时代**　新浪首页 > 科技时代 > 互联网-国内 > 正文
>
> ## 专访：财季报告推迟发布　网易逼近生死大限
>
> http://www.sina.com.cn 2001年07月11日 08:26 北京青年报
>
> 文/本报记者金磊
>
> 本报记者专访网易创始人丁磊
>
> 网易由于财季报告出现问题，面临股东诉讼的可能性有多大？
>
> 与香港宽频的并购失败是否与财季报告问题可能引起诉讼有关？
>
> 到底是谁应该为财季报告出现的问题负责？
>
> 黎景辉和陈素贞真的是"由于个人原因"离开网易？
>
> 挺过了这一关，丁磊拿什么支撑网易走下去？

图　1-2

我们买进股票是期望盈利，公司再好，也不能退了市后拿着股票找人家丁磊混吃混喝吧。所以当时买网易股票是需要很大勇气的，其实也是在搏——网易退不退市，你说这算不算一种投机的心态呢？

投机，投的是一种机会，也就是时机。如果你认为网易最少应该值 10 美元，那是不是代表 10 美元以下你应该随便买入呢？从投资的角度似乎是对的，长线持有似乎也可能盈利，但你必须先忍受资产缩水 90% 以上的痛苦，在同样资金的投入上，你的股数将比 1 美元下方购买的少了十几倍；当你刚刚解套时，别人却几乎可以暴利出局了，可见，时机的把握何等重要。

当然，段永平也是有深入研究的，他请丁磊一起吃了饭并且也做了最坏的打算。因而你可以说他是一种投资行为，但考量当时，似乎以后所有的投资行为都是建立在最初的投机上。我这样说明显有点以小人之心度君子之腹，但扪心自问，如果你当时身处段永平的地位，这样的投资难道不需要搏一下的勇气吗？

2003 年 10 月 14 日，网易股价雄踞 70 美元，丁磊成了首富，而段永平大笔购入的网易股票，2 年斩获近百倍的收益，准确的投机切入，耐心的投资持有，段永平上演了一段精彩的中国股神大戏。

■ ST 海虹和它的 23 个板：投机股票投资做

就在段永平买网易的前一年，2000 年的第一个交易日，ST 海虹在 18.7 元开盘，短短 33 个交易日后，股价已变成惊人的 83.18 元，两个月的盈利是惊人的 444%。如果说飞乐音响是长线暴利，网易是中线暴利，那么 ST 海虹就是如假包换的短线暴利（见图 1-3）。

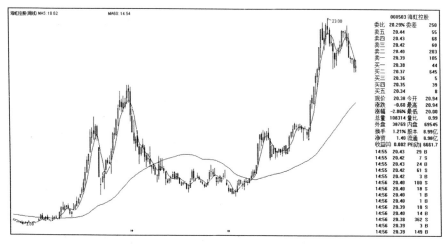

图 1-3

对于这样一只涨幅巨大的 ST 股票，从曾经的三四元到 20 元附近，你会
买入持有吗？你能想象接下来就是宏伟的连续 23 个涨停板（也就是再涨当下
图片的四倍高度）吗？

精彩还在于，一个 ST 股票，从最初的三四元涨起，涨到股价高
达 20 元以上，你是继续敝帚自珍呢，还是会把它当成烫手的山芋？
问题是如果你不敢持有，就一定不会吃到那最精彩一段——连续 23
个涨停板。而就在我身边，一位老弟，却坚定守仓半年多，从而完成
人生财富的一次腾越，这个故事究竟是怎么发生的呢？

那是个庄股横行的年代（现在不是吗？未来不是吗？）。我在尝
试了基本面和技术分析后，有些失望，唯一可行的似乎是一个市场逆
反理论——站在大多数散户的对面。原理如下：如果有庄的是好股
票，但庄潜伏起来，不好找怎么办？那就找散户，散户越少，那么剩
下庄家的机会就越大，我们戏称为："穷得只剩庄了。"

循着这个思路去找，哪些股票散户少呢？查十大股东持仓是个办
法，但太模糊，而且太滞后。有一天我就想到 ST 股票，调查后，我

发现很多散户还是很喜欢 ST 的，因为价格便宜，而且还有重组这个咸鱼大翻身的希望，于是我就想放弃了。某天我在翻找整个 ST 板块时，看到了几只高价的 ST，都在 20 元左右，当时我觉得很好笑："还没摘帽就炒那么高，炒高了还不赶快出货，出不了货庄家可就套里面喽。"正笑话着，突然，庄家两个字给了我灵感，这里面不就有我要的庄家吗？价格已到了 20 多元，还是 ST，只怕最有耐心的投机散户都跑光了；成交量不大，短线客也不会喜欢。如果这些团体不在其中，那谁会深陷其中呢——庄家，而且很可能是个傻庄！

我对此没太上心。直到有一次，和别人聊天，谈到散户不敢持有的股票才是好股票的观点时，就说到这个傻庄，我说千万别学那些高价 ST 的傻庄，炒到高位还出不了货，只能杠铃举起高高扛着。我接着说："不知道他们怎么想的，拉起来了却还不出货，现在可好，没办法了，要么向下跳楼杀货，要么就只有再编故事，往上拉了。"说到这里，我突然打住了，有了新的想法——这道庄家两难的选题，是否正是我的机会呢？

回去后，我马上打开电脑，就搜寻那几只高价 ST 股，ST 海虹一下子跳了出来——名字普通，股价离谱，公布的利好似乎也不怎么吸引人，是否还有题材没被发掘呢？当时网络股已经开始热了，海虹似乎也触了网。"要投机，也许就靠网络梦想了。"我想："不是内部人士，谁也无法得到准确的重组消息。我们唯一的优势是灵活，但如果要与其他散户区分开，那就只能耐心，对，我这次就比拼持股耐心了。"我暗下决心。

当时 1999 年的"5·19"行情起来，我踏空了，于是当 ST 海虹冲上 21 元的高位时，我冲了进去，刚开始还赚了点儿，但很快，大盘就下来了，我也被套了，最紧张的是从 23 元连续下跌，跌破 18

元。当时我紧张得真的想跑了，周围的股友也一直提醒我。以前我都是快进快出的，但这次，我决心吃个秤砣——周围人越劝我，我就越坚持。大家不看好的，不是机会就越大吗？

大盘跌得很厉害，我把其他股票陆陆续续地都卖了，独独留下ST海虹。别人问起，我都说清仓了，其实ST海虹一股也没少。似乎是上天对我坚持的奖励，大盘跌得很厉害，但ST海虹开始相当抗跌，于是我更安心了，一个亏损且高价的股票，大盘跌它都不跌，又没有什么换手成交，这样的股票难道不值得持有吗？

于是我决定把海虹想象成蓝筹股，长期投资了。我投资的是庄家。

当把一切都想透了，接下来就简单了，持有抱牢。元旦过后开盘，我还在外地，ST海虹就开始连续涨停，太牛了！真的涨起来了，我倒比较紧张，总害怕停板被打开，转成跌停，于是一有开板就想抛，有几笔较早就卖掉了，很可惜。后面每次涨停打开我就只抛300股，这样最后那点都吃到了好价位。后来好消息也越来越清楚，确实触网了，我也抛完了。

以上是我用第一人称描述的过程。它带给你怎样的启示呢？

在实际的股票操作中，很多大黑马我们都曾持有过，却总是很快被震下马，只赚得点蝇头小利，为什么？反之，业绩优良，市盈率也不高的一只你自认为安全的投资股，却总是涨了又跌，跌了又涨，持有很长的时间，却还被套牢，这又是为什么呢？

对于投机的股票（其实这只是事先的自我认定），我们总是心存芥蒂，一旦赚了点小钱，就忙不迭地跑了，生怕这个没有价值的东西跌下来，砸在了手里。最后发现它绝尘而去。对于自己仔细分析、业绩优良、价格似乎被低估的股票，我们总是拿得很牢，生怕错过了价值发现的丰收之旅，而它却似乎成为一只原地转圈的陀螺，从终点又回到起点。

这些都是为什么呢？

在这个市场上，如果有普遍存在的规律，那就是：市场一定是少数人最终盈利，少数人正确。

> 你的见解不一定错，唯一错的是有太多人与你有相同的见解了。

所以投机股票投资做，看似危险的重组股，一旦看准，你要有信心持有它个两三年，就仿佛它是深受大众喜爱的大蓝筹（很可能是它的未来）。反之，对于市场上已被大家公认的好股、安全股，股友告诉你可以大胆拥有一辈子的股票，你恰恰要用投机的心态来做，跌得深的时候就买一点，涨得高了坚决跑掉。你会惊奇地发现，这些美丽的大蓝筹总是终点又回起点。

所以**不用高估投资，也不要低估一颗投机的心**。关于投资与投机，我不加区分，统一称为投机或交易，中性一点，或者卑微一点，这没什么不好。谷，就因其低下，才成其伟大。

▌盘面就是老虎机

大众总是错误的，但我们可以成为少数派！

投资市场十个人七亏二平一赢是个规律，但很显然，这里面包含太多的业余玩票者。要想成功，就必须先像成功者那样思考。所以，别把心思花在那九成的失败者身上。你我应该一开始就把自己归类于那一小部分人。

数据统计了大众在投机游戏中的输赢比例，但有人统计过专业选手的输赢比例吗？我想可能很难有个精确的结果，但事实告诉我们，大众亏损的钱，扣除抽头，扣除"那些必然被赢的"以外，剩余部分一定被某群人领走了。鉴于亏损群体的庞大，那么这少数的赢者定然收获不菲，这一点巴菲特、索罗斯们已隐约地为我们做出些表率。当然最初的关键是你能否成为其中的一员——专业选手。

如何逆大众而行：要逆结果，而非简单逆行为

我们说"大众总是错误的"，我们也一直强调，纯粹的逆大众而行并不会有什么好处。人们在攻打巴士底狱的时候，尝试做保皇党；当皇帝登基后，又摇身变成革命派（拿破仑登基后）：这样的做法除了有些标新立异外，很可能会搭上自己的小命。

大众的行为会分为有功时（物理学意义的功）和分赃时。当需要大众做功时，群众的合力是对行情（历史）的推动，这时候就是趋势或说历史的必然性；但是到了尘埃落定、论功行赏的时候，人类法则会自然显现它的苛刻——真正的赏赐总是极少兑现的，正所谓"飞鸟尽，良弓藏；狡兔死，走狗烹"。

真正逆的应该是大众的结果，而不是简单地逆大众所有的行为。故而清醒的索罗斯会在《金融炼金术》的结尾写上这样一段话："反潮流如今已经成为一种时髦，不过同公认的预期对着干绝非安全……只有到了转折点时才会站到对立的立场上，而转折点的难以把握是众所周知的。鉴于反潮流已经开始成为普遍的倾向，那我就要做一个顽固的反反潮流者。"

我们并不是简单地"逆行为"，但应该非常警惕"大众"的普遍性行为，因为正是这些普遍的行为与简单思考把他们带到那样的结果，这包括他们最喜欢做的，最忍不住想做的；反之，他们不喜欢的却是你应该着力研究的，缺乏的才是宝贵的。那么哪些是大众明知有理却总是缺乏的呢？小鱼总结了几条。

1. 有节制地交易

大众不是不知道交易就意味着交手续费，但他们总忍不住，面对盘面跳动着的机会，不伸手抓一把总有些可惜，他们是受到诱惑而交易，而你要学会等待机会而交易。利弗莫尔说过："……市场存在着如此多的傻瓜，其中一种就是以为每天都应该带些利润回家。他们总是不顾时节一直交易，而你要做的就是观察和耐心等待，等待市场逐步形成的一个机会，其中，那些每日交易者已经为这个趋势积累了足够的筹码。那些习惯了每天把握一些细小机会的人，逐渐积累着微薄的盈利，而直到一次真正大行情来临，把他们冲刷得干干净净……"[注]

利弗莫尔在 1920 年就提出了明确的警告，但"大众"依然无法修正他们的行为，可见这种行为的根深蒂固。然而，越是如此，也越说明我们懂得节制交易的意义有多大。

别沉浸在每时每刻的盯盘中！投机市场瞬息万变，走势也是奇峰迭起。很多人害怕因为自己刚巧不在场，而错失了巨大的盈利机会（特别像期货、外汇虚盘这种杠杆类交易），所以时刻盯盘，甚至连上厕所也非常紧张，这代表专业精神吗？不！真正的大师恰恰相反，巴菲特的书房内从不摆放任何行情显示器，而索罗斯则常常在交易时间里打网球，他们似乎有意与市场保持一定的距离，而大行情的发生在他们眼中也从来不是一朝一夕。

盘面剧烈跳动更多的是陷阱而非机会。市场主力很愿意欺骗你、迷惑你，但他无法直接打电话劝告你。于是欺骗的最好方法只有透过盘面来实现，想诱你买入的时候就让走势变得很强，强到让你相信所

㊀　爱德温. 股票作手回忆录 [M]. 真如，译. 海口：海南出版社，1999.

有的利空都是纸老虎，而上涨的尽头只在天空的极限。当想让你抛出的时候，沉沉的卖压又让人喘不过气来，似乎一切都走到世界末日，慌不择路地廉价卖出，仍是有幸逃脱的一线生机。而更多时候，则是上上下下地来回忽悠，在看多人多的时候做空，看空人多的时候做多；投机，我不知道有无必胜的简单方法，但必败的简单方式我知道，那就是让交易者处于游移不定、心神不宁的状态，那时，无论如何选择，都将迎来亏损。

不要时刻盯盘，记住：**盘面就是老虎机！**

2. 尽量避免只依靠图形或 K 线来买卖

大众都喜欢看 K 线，瞧着图形做盘，因为这最直观。随着电脑的普及，这也是最低成本的操作模式（其实这实在算不上什么模式）。你认识的那个股票高手、短线行家、隔壁的阿黄，每个要跟你讨论股票的人，不是都先打出一幅 K 线图，然后唾沫横飞吗？ K 线图、突破形态已经实在说不上流行，简直是一种泛滥了。那你应该怎么办——关注价位，而非关注图形。

李姨是我在收藏市场内认识的，出身很苦，早早拖着一对儿女出来做生意了。她没啥文凭，却懂得很多人生哲理，她不大声说话，但在这熙熙攘攘的交易市场，却让你不得不洗耳恭听。

她喜欢炒股，却因生意忙离不开，只能用一只破旧的中文 BB 机收看行情。她对公司、股票的了解都来自道听途说（她还没学会像很多股民那样自己看 F10），但是每只即将被买进的股票，她都会关注很久，一旦买入后，又很拿得住。每次股票大跳水的时候，她还在市场忙碌，而无暇亲临现场。她对于股票的全部见解，都出自那个 BB 机提供的价位（很遗憾，那机器无法显示图形），她记住了她的股票变动的价位，如果被迫卖出，她总是牢记住她的离场价，一段时间后，在价格的下方，她就会补进来。有时候她会"请教"我对行情的看法，当我告诉她从走势看，市场似乎尚未企稳时，却并未动摇她回补的信心，她总说："比我卖出的时候便宜，我已经赚了。"我没法理解她的投资哲学，但经过一段或长或短的时间，她的股票总是回升上来，把她当初割肉的部分还给她，并且心甘情愿地奉上利润。

我最初一直不以为意，但看的时间长了，就不免称奇。她做股票的方法毫无起眼之处，但她是我在 2001 年后长达 5 年大熊市中少见的盈利者。她心态平稳，每天忙自己的事，常常看不见跌时似乎永不见底的走势图，所以不害怕；也无缘得见那高耸入云、似乎涨无止境的大突破，所以也无法太贪婪。她只日复一日地记住她熟悉股票的价格，在低廉时买进，高企时抛出。

什么时候是低，什么时候是高？不再吐自股评家的嘴，也不靠观察走势图，它只存乎于心。

与这个故事相对应的是：1993 年的我，最向往的就是溜进当时的大户室，因为当时只有那里有一台安装了钱隆软件的电脑。当"大众"们只能挤在外面电子显示屏下，焦心地等待着字屏赶快翻动，好看一眼自己股票最新价格的时候，一群大户却围在电脑前，根据简单的技术指标择机进出，K 线、均线、KDJ 指标，那时技术分析的准确率真高啊！最初的钱隆软件也就成了名副其实的钱隆！

关注价位而非关注图形，这本来的劣势策略由于现今少人运用，反而获得了新生。反之，曾经非常有效的技术分析的价值正由于大众使用的泛滥而急剧下降，甚至沦为庄家欺蒙的主要工具。我们古人早有总结："贵出如粪土，贱取如珠玉。"

3. 胆小谨慎是种稀有的珍贵

进入投机市场的人往往容易有一个通性——勇于冒险。风险越大的市场（衍生品杠杆市场），胆小的价值就越高。这里面存在一个悖论：胆小者不太会进入高风险市场，但越不敢进入，也就说明市场中大胆者比例越多。个性是有共振的，对于市场行为的反应，大胆者的反应雷同，而谨慎者则悄悄地成为少数派。如同这个地球曾经发生的所有故事一样——越稀有越珍贵，越珍贵得到的奖赏越多。

可以简单佐证的是：在期货市场中女性绝对是少数，但她们的总体盈利率似乎好于男性，女性特有的细致与谨慎也许就是她们最好的优势。

只要市场人群的架构没有根本改变，我们就应该努力使自己变得更胆怯些，**说自己缺乏勇气是这个市场中最有勇气的表达！**

"大众总是错误的"在后文还会被反复提起，它是插入大地的第一根地桩，与其他一些理念一起构筑起"心灵交易"的地基，所以它们真的非常重要。但有些被我们每每提及的东西却远没有想象的重要，比如人们常常在问"你对后市怎么看"，你实在无须过于专业地回答，他们其实只想知道你对后市是看涨还是看跌。在投机中，方向的判别真的如此重要吗？绝非！如果一定要计算它的重要性，我们顶多只能给它 10%～15% 的价值，不会更多了……

▌截线运动

那么投资（投机），或者说交易究竟是什么？

研究自己的"对账单"可以得到最好的市场反思。某天，我很认真地捧上一大摞单子，静下心开始慢慢对应着行情研究。当未来不可捉摸时，我们是混沌的，总在左右摇摆。而一旦未来已成为过去，研究判别就有了验证的基础，所以与大多数人相反，我更喜欢看过期的报纸，尤其是那些研判分析后市的文章，无论好坏、对错都能给我深深的启迪。许多当时看似数据丰满、文思出众的好文章，结局通常并不美妙；而点睛之笔却常深埋在一篇皱巴巴的文章之中，幸好，当我们已知结果后再来看成因，就能稍微通透一些。

结合自己的账单，小鱼发现交易是这样一个行为过程：在曲线的某个点，我开始介入，一段波澜起伏的震荡后，又在不远处平出；后来又在某个点介入，再在下个点退出…… 如果不看 K 线，而是把分时走势串联起来，行情就是一段连绵不断的波动，当你不停地缩小屏幕让更多的走势加进来时，曲线就会变得更加转折反复——有时很有趋向，有时又突然改变……

行情的曲线从古至今仿佛永无休止地波动（夸张，但确实有这种感受）。当我把更多的行情容纳进来，特别是那些你曾经经历、曾经为之恐慌或为之激动的行情，你会发现那只是漫长、悠远行情中的一小段，那些让你惊为天人的大行情，只仿佛历史轻轻的一折，你会质疑：哪段是上涨，哪里在上涨？哪段是下跌，哪里在下跌？何来支撑又何来压力？何来突破又何来趋势？你把它放大、放大、放大……缩小、缩小、缩小……小涨势套在中跌势里，中跌势又蕴含在大涨势中，而这所谓的大涨势，再放大一看，只不过是箱体波动中的一小段。如果缺乏对应未来时间的那个精确点，你如何确定涨或是跌（见图 1-4）？

> 那些曾让你兴奋不已、惊为天人的大行情，多数都只化为芸芸行情中平淡冷漠的一段。

这未来时间的精确点在我们心中从来不曾精确过，唯一可算的只能是自己开仓与平仓的那两个点，无论其后的行情如何波折，代表你盈亏的只是这两点间的垂直落差。**交易其实玩的就是在一段转折、反复无常的曲线中选取两个截点（买卖点）的截线运动。**

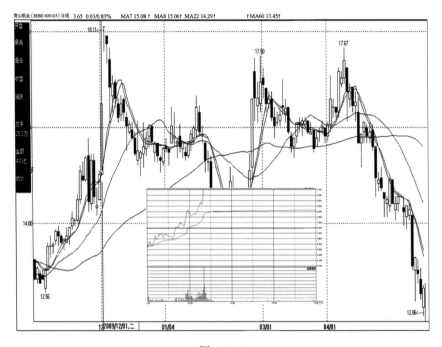

图　1-4

　　看看小框里的当日走势图，是气势逼人的涨停，但把它作为一根 K 线在 K 线走势图来观察时（大图中被长线覆盖住的那根 K 线），当天的涨停真的那么令人振奋吗？

再仔细研究账单。

　　你看，这一次，进场的点位很理想，曲线随机走高，马上给了不菲的收益，继续持有，但多次上冲无法突破后的猛然下挫，让我惊恐地离场了，输钱！这一次，进点实在很差，阶段的小高点，随后曲线就一直在下面躺着，暂时被套了，唉！一天、两天、三天，我甚至回忆起当时如何坐立不安及强自镇静了。然后行情终于突然上冲了，快速越过了我的成本，我在一个不错的高点，平仓获利了！但很快，行情又起一波，再起一波，涨得很高很高，最后又跌得稀里哗啦……

投机真是门遗憾的艺术。无论准备得多么充分，总有让你扼腕痛惜的时候。

而我也恍然大悟：在几乎任何一个点位做多或做空，多单或空单可以都是盈利的；同样，也可以都是亏损的。是两个截点的选择，而不是行情，决定了你是盈利还是亏损。再看一遍那条绵绵不断的曲线吧，你只是在自认为合适的位置截取了其中一段，你可以这样截，也可以那样截，其中的选择和你的目标设定有关，和你的操作周期有关，和你的情绪反应有关，和你的决定与执行力有关，最后才和行情的未来动向有关。

对未来行情涨跌的研判，只是截线运动中，胜利与否的众多要素之一，既然如此，又何必过分在意？

同时记得：对未来行情的任何预判都要加入"时间"这个横坐标（关于时间在投资中的运用，这是一个重点，后面会详细谈及）。

如果说两个截点的选择决定了你的盈亏，那么这样的选择是如何发生的？回到账单上，我努力回忆最初买点时的缘由，发现那是一点希望、某种诱惑或一份害怕错失行情的急切心情诱发的，真正理性的、充足预判的、执行计划的买入少之又少。而卖点更是一种情绪的宣泄，很多时候，仅仅是一时的害怕，一种被市场情绪左右到自我情绪的放大；还有些仿佛是自我的疲倦，离场只是为了结束一段无休无止的纷争……

涨跌本无意义，你参与了以后才有意义；涨跌本无情绪，入场后你就有了情绪。

情绪

市场是一种情绪

市场是有情绪的，市场情绪是所有参与者情绪的叠加。"我"也是有情绪的，我会按照自身的情绪来完成对市场的解读，然后依此做出判断。于是我们是否可以这样说：交易的本质就是两种情绪的碰撞、互为影响、彼此共振下的一个选择。所以一样的市场在每个人的世界里得到了完全不同的解读，也做出了完全不同的截点选择。

就像亲爱的女友，那个让你揪心、让你关心，也让你充满爱心的女人。女友也是有情绪的，而且情绪多变，你和她关系的好坏并不取决于单个人的情绪，而是你们彼此情绪的共振。

你认为市场会讲理吗——女友生气需要理由吗？

你认为市场会很有逻辑吗——你能明白 LV 皮包的价格为何等于价值吗？

我并非要控告女人多么不讲道理，没有逻辑。不！通常情况下她们都是善解人意、温柔多情并乐意体谅人的。问题是她们常常正常，但会偶有偏离，因为她们会有情绪，而你也会有。正是这种缥缈、仿佛神来之笔的玩意儿让人变得难以捉摸，更让这个由人与人叠加的市场似乎神鬼难测。你以为市场只是在涨跌间徘徊吗？为什么如此简单的单项选择题却让我们一错再错？

行情是情绪的产物，而你的截点（买卖点）是自我情绪与市场情绪的共振。如果明白了这点，你认为在交易中，我们是应该更多地关心市场的未来，还是应该下点力气研究自我及情绪是如何运作的呢？

何谓情绪

百度的定义：情绪是个体对外界刺激的主观、有意识的体验与感受，具有心理与部分生理反应特征。

定义太拗口，看重点：情绪是个体对外界刺激……我们应对外界刺激时还常常会采取行动。你可以自我体验下：当情绪与行动出现时，谁更早？谁占据主导？

举个例子：

1. 当受到某个外部刺激时（如被领导批评），你可能没行动，但有情绪（生闷气）；而这种情绪会保持相当长时间，直到你回家后依然没有消散。

2. 当新的刺激（很累时，老婆要你马上拖地）产生，你不但有情绪（激动），并且有行动（与妻子争吵），行动（争吵）结束，但情绪浓烈。

3. 第三个刺激出现（儿子回家带来一张 95 分的考卷），你由于情绪而产生负面行动（吹毛求疵），儿子反向回馈（犟嘴），你情绪爆发（愤怒）而大打出手……

最冤的是儿子，带着满心的欢喜回家接受表扬，却没想到"表扬"是挨一通揍。儿子百思不解，就像看到利多满心欢喜却迎来暴跌的股民，他们都还不懂得：市场受消息影响，但受情绪主导。消息的好坏固然重要，情绪的正负叠加才是关键。恐怖袭击无疑应该催升能够避险的黄金，但 2013 年 4 月 15 日的波士顿大爆炸却成了金价历史性大跌的助推剂（−9%，30 年来最大单日跌幅），这就是情绪。当情绪正面时，大利空也只是小下跌，而情绪处于爆发临界时，"很利好"也可以被当作催命符。所以无论消息多空变幻，情绪都占据主导。

回顾之前故事中我们的情绪：

1. 初次负面刺激——有情绪，没行动。

2. 再次负面刺激——情绪加深，有行动。

3. 小刺激（可能还是正面刺激），却被误读成负面刺激，情绪爆发，行动加剧。以上说明行为受情绪的影响，而情绪有迟缓效应、叠加效应以及迸发效应。然而，这个迸发可以是负面消息的影响，但也有可能在中性消息甚至正面消息下触发。

当你学会了情绪的解读，并由此观察人、人群以及他们的情绪时，你是否会时不时地想起盘面的某些特征？该涨不涨，利好却小跌，甚至毫无缘由地突然一次暴跌，仿佛亚马逊丛林中，蝴蝶轻扇翅膀引发的那场风暴。很多市场行为的特征几乎就是人类情绪的翻版，由此，我们不但可以感受，也可以从科学的角度大声说：市场是一种情绪。市场行为是人类行为的叠加，而行为的先导是情绪，所以市场反应往往符合人类的情绪反应的某些特征。

故而，我们要研究市场，更要研究自我。我们常说，市场直指人性的弱点。不是它曾经偷窥了你，而是它就是由无数个你组合而成，你的弱点就在它的手心。也许交易中，成功截点的选取奥秘就在于你自我情绪的把控，好像对待你的女友：当她充满情绪的时候，即使错误了，即使过分了，你也必须收拾起心情，柔和地表示顺从（想想金融危机时的表现）。但同时你还必须了解，错误就是错误，并不因为市场的过分或你的顺从而变得正确。情绪总会消退，女友的心情也会雨过天晴，当她再次向你展现她的天真烂漫时，你又必须及时从阴影中出来，把握这到来的春天……

市场是理性的，同时又是感性的。因为与其说人是理性的动物，不如说他们（的行为）是情绪的产物。

▍快乐与平衡

市场是种情绪，快乐也是种情绪，在市场情绪面前，快乐是种很好的应对方式。

如果你不快乐，行情往往让你更不快乐；如果你快乐，行情的好坏，真的那么重要吗？就像被老板莫名地一顿臭骂（被行情打了一个大大的嘴巴），让人生气委屈，但如果你当时沉浸在恋爱的欣喜中呢？那些委屈、不平又能占据你的心灵多久？你很快会把它抛在脑后，第二天，如常地上班、工作，迎接同事诧异的表情。反之，不快乐和更不快乐的行情整夜地占据心灵，"为何会如此，怎么可以？"你愤愤不平，彻夜难眠，愤怒与精神萎靡同时影响着你，随后的你还能做出好的决断吗？快乐与否，并不能改变已发生的，但对于未来，却影响至深！

行情有很多突变，你无法知道天灾或人祸何时降临，但无论多大的变化，我们都可以承受、认同并接受它，而且做出最快、最决断的反应——损失戛然而止，甚至很快扭亏为盈。这其中的关键只在于你是否有颗冷静、不为懊悔纠缠的心。

我知道，好心情无法从天而降，而"快乐的日子也需要悲伤来点缀"。如何掌控情绪之道绝对是投机（也是本书）之道的重点。我只是想提醒自己，以及那些在投机中打拼多年的朋友，交易不顺的时候，我们拼命地问为什么，努力地寻找理由并渴望重新找回方向与节奏，但我们总无法彻底了解市场的真相，对于行情的反复无常我们也无力改变，我们焦虑、困惑、不解，只能使事情变得更糟。这时，关注自我、关注自我的情绪，从调节情绪入手，我们也许会渐渐冷静、渐渐清醒。当你在困顿中还能展颜一笑，也许就会看见不同的一片天。

给生活多一个支点

当你的生活只充满交易，你的喜怒哀乐只被一种诱因主导时，你很难不被它牵来牵去。对于自己事业的专注怎么说也不是件坏事，但如果你把生命的所有喜怒都寄托其中，那么显然，你就失去了平衡，缺失了弹性（请一定把上面两个词牢记在心）。你只有一种欢喜，一种悲伤，甚至等待也是种煎熬（看看很多股票、期货论坛，多少人叹息，休息日为什么要休息呢，行情 365 天不是更好）。不可避免，你患得患失，你的心跟随盈利而直入天堂，也跟随亏损而直落地狱，所谓徘徊在天堂与地狱之间，你真的去过那儿吗？一定没有，但你的情绪去过了。

情绪何来如此大的波动？你的情绪被市场情绪带动了。这时，我们说你失衡了，即你的情绪与市场情绪之间缺乏保护，你变成了市场的影子，影子又被市场踩在脚下。

这个世界从来都是这么矛盾，当你开小差、无法集中注意力的时候，我们大吼一声："做事情要专注！"一旦你把全部的精力都只集中在一点，而忽略了其他的重要问题时，我们又当头棒喝："别陷入执着与偏拗，要懂得平衡！"这其中的度究竟该如何拿捏？据说，这又是（另）一种平衡。

平衡是种美好的愿望，但首先要创造平衡的机会。如同你站在一个滑梯上，虽然很努力地想站稳、想保持平衡，但最后还是很快地滑了下去。这并不说明你在这个过程中平衡能力不足，或者不够努力，只不过站错了地方。平衡是有方法的，最重要的是注意脚下的基石。

这让我想起当下的社会：当年，我们曾站在物质的低谷，企图攀上精神的高峰；而今，不少人却愿意掏空自己所有的精神，来为层层叠叠的物质添砖加瓦。我们从一个极端猛烈地修正到另一个极端。但无论以上两种情况的哪一种，要达到平衡，河床的砂砾地都显得过于倾斜。

用平衡来测试交易

自然界存在许多平衡法则，男人与女人，就是一对平衡体。男性刚强，女性柔美，彼此互补，各取所长，又恰如其分地在一些意见上共振。我们说过，市场就像你的女（男）友，要像与异性相处那样对待市场。你们既可以在某些方面达成共识，又必须留意，不能让自己完全被另一方带跑。当女孩子恐惧的时候，男人应该勇敢地站出来；反之，男人粗枝大叶的时候，又需要女孩子的细致与耐心，方为平衡。

在交易中我们是否可以利用平衡法则呢？我常用的至少有两种。

你可曾有过建完仓后一身轻松的感受——有。那很好，你可否离开盘面，去做一些不相关的事，而内心依然充满宁静？你是否可以想象：下完单，持有大把的头寸，却潇洒地把电脑一关，去公园散步，只在一两天后才上来瞄一眼？

如果你的回答都是肯定的，那恭喜你，这单盈利的机会很大。当你能轻松做到这一切时，行情也会神奇地向你示好，盈利率远超过五成，而且利润丰厚。

即使剩余不胜的部分，行情的反常也会被我们敏锐地察觉，当内心清澈透明时，市场就如同相恋多年的女友，任何超越正常节奏的状况都很容易观察到，然后我们可以很适时地来修正自己的策略。

这里需要注意的是：我们可以用平衡来测试自己，但绝不可假装平衡来提高收益。当你满仓或极度渴望市场走出你想象的行情时，却又试图装成个没事人的样子，你一定无法做到。就如同太在乎女友一样，你很容易怀疑、焦虑、紧张，你想要时刻盯在盘前，希望把握它的动向。一个分分秒秒都需要知道女友动向的男人自信吗？他们之间的关系平衡吗？失衡随之而来的一定是争吵（行情的破裂）。

千万别假装或勉强自己。如果很想看盘，就去看吧。你的每一个行为都受你内心感知的指导，我们不应该强迫它怎样，而是应该静静地倾听，它在说："你失去了平衡。"这是它的警告，在资金的战争中，还有什么比获得正确的警告更有价值呢？

测试平衡与否还有另一项重要指标，就是你能否接受盘面的反向运动。

价格总在起伏，也会有很多偶发事件，就像女友会有她的情绪，价格的反向运动如女友时而发个小脾气一样正常，你准备好接受了吗？如果你不善处理两人意见相左时的矛盾，那么你也一定十分恼火盘面的反向。但生活告诉我们，两个人在一起一定要磨合，你同盘面的关系也一样。接受盘面的反向如同容忍女友的小脾气一样，需要的只是些胸襟与装傻。当然你一定会有你的底线，那就是止损。

在底线之上包容女友，在止损之上宽容行情，这就是生活（交易）的艺术，其中涉及的一个关键词就是弹性。

▌弹性

弹性是种怎样的状态？你一定看过高手打架（至少从书本上看过）：膝盖微微弯曲，含胸拔背，身体重心落在两腿中间的某一点，却并不落实；整个身体如同一个微微绷紧的弹簧，却始终含而不发。不发，也就可以朝任意方向发，谋定而后动，观察对手的变化，跟随对手行动而动。即使出招，也绝不招式用足，因为一旦招式用足，除非一击而中，否则就是大大的空当。拳理中的这些精华，投机中完全适用。

除非认定了一点（多或空），否则你不会轻易地出手，即使你如此地坚定自己的信念，但仓位上绝不过分（招式不用足），这样在心态上你始终包含有接受一击不中后，快速转化成下一招的准备。高手对决，从不简单希望一招制敌，而是希望在缠斗中适度占领优势，透过优势点的逐步累加，最后形成胜势。

市场就是这么一个你最值得尊重的高手。你与之斗争的过程一定是顺势而为、借势出击。但这个势并不是随便可以得到的，因为拳法精要在于虚虚实实，显然，市场先生深谙此理。它把拳舞得虎虎生风，却又神出鬼没。

我们在实际操作中，一定要注意保持一颗随时乐意修正自我的心，因为即便大方向被你看对了，市场也仍可以走出相当多的短线行情，其中很多都是应该让我们尊重的。比如在我的玉米实战操作中，就有这么一个故事。

那时我对玉米市场是长期看好的。

当时布什在美国修订了可再生能源法，大搞玉米转乙醇。由于石油市场价格高企，中国高层也有很多人呼吁跟进，但政府还在犹豫粮食的安全问题。你应该大概知道是什么时间段了吧。

玉米之前已经上涨很多了，春节前后遇阻回落后又下行了一段，我们前期的多单退出后一直在寻找另外一个买点。终于我们看见市场落稳了，而 CBOT 的玉米也开始蠢蠢欲动，于是乘回落我们及时抢进了，市场也十分配合地回升上来，一切都符合节奏。由于是分批建仓，所以我们继续等待着行情回落过程中的逐渐加仓。

第二次机会来了，加了，又反升上去，低点、高点都有抬高，很好。按照正常的节奏，市场应该逐渐表现强硬，不再给予廉价筹码机会。是的，确实我们的进价再也没有出现，但市场也未就此上扬，而是走出一条横线，微微地起伏。

美盘玉米就表现得好多了，清晰地走出上升通道，但国内玉米却始终迟疑，每每高开低走，重新趴回到那条横线上。我有些困惑，但仍旧告诉自己要耐心，基本形势有利于我。终于有一天，尾盘阶段，玉米涨了上去，不多，却已逼近突破的边缘，我仿佛看到耐心得到了回报。

当晚的外盘玉米也非常配合，大涨3%以上，这是非常好的突破机会，我一直攥在手中的第三次（也是最后一次）加仓机会也出手了。一开盘，我就坚决地进入，这时我已经有了30%的持仓，足够收获一次满意的利润了。但市场却在随后失去了激情，只疲弱地趴着，甚至在尾盘还慢慢地下滑了。

我很尴尬，突破成功，也收在关键线上，却是根带上影的阴线。我的单子总体都赚钱，但新进部分却显示被套，我有些迷惘："它为何突而不破，破而不追呢？"

我很仔细地再研究了一遍我所有的判断依据，没有改变，依旧支持我的持仓，于是我握仓不动。

再一天，市场又在这稍高的位置开始平走，既不下得过分，也不涨出精彩。市场又开始反复牛皮，两天、三天……

直到某天晚上外盘玉米又上涨了些，创出新高，我又点起了期望。但市场还是微微高开，继续落回原地……

中午，我开始在小区内散步，无论如何反思，也没发现空方的强大，但前期美妙的节奏却始终无法奏响，我在自我交战的矛盾中度过了休息时间，却依然没有答案。收盘前，我依据时间减半原则退出了持仓的一半，大脑依然浑浑噩噩。

晚上 7 点，盘后例行的（交易）体检开始了，我觉得有必要尝试从对手的角度去写出空方的理由。我居然不停笔地写出了 11 条，似乎还意犹未尽，而之前我顶多能写出 5 条。我突然明白了，是仓位蒙蔽了我的心，因为我全力出击，也就强迫大脑去忽略相关的空头信息。而一旦我的持仓降了下来，我的心也就开始更有弹性了，更多的真实开始浮现在眼前。

当我再把做多的理由写下来，仔细比较后，我发现，做多的理由也很丰满，但更多偏向于长期的判断，而利空似乎更满足于当下，我很自然地想到，市场的迟疑是否还意味着需要更深刻的调整，也许要到更低的位置与更后的时间段，市场才能做好充足上涨的准备。

既然明确，就很快动手，第二天一早我就平了所有多单，而市场更是在没有外盘支持的情况下，向下回落，我成竹在胸，很有信心地再压上了自己的空单。

CBOT 的玉米不再上涨，国内玉米很快回跌，并形成了有效的下降通道，我的多单没有为我带来期望的利润，空单做到了。而且我还由此获得了更好的介入多单的价位，以及更充足的子弹，当两个月后玉米重现升势时，丰厚的收益再次落袋。

我把过程写得很详细，你也许会觉得挺啰唆的，前面大部分很平淡。是的，但我建议你一定不要忽略那些平淡的过程，其实市场大部分时候就是如此，它在反复考察你的耐心，并择机做好一轮行情的准备。整个过程是复杂的，是忽而平淡又忽而快速运转的复杂。如果你丧失耐心，或仅仅死抱着自己的观念，不知圆通，那么时间、节奏的一点错误就可能让你非常被动。

　　大家可以设想一下，如果我没有掌握弹性的原则，在市场屡次提醒我不妥后，没有采取有效的措施，那么随后的下跌过程，我不但没有收益，反而可能因为多单被套，最后失去信心而止损。这样一场最终看对方向的行情最后只能以亏损结局。这就是期货市场与股票市场的差别，它对细节的要求更高。股指期货当然也是如此。

　　看看，时时保持一颗弹性的心多么重要。投机，刀尖上的舞蹈，**你要柔和，如此不破；你要弹性，如此跳跃**。好的股票操作也是如此，我们曾经犯过的所有大错误，哪一件不是市场明明已经转向，自己却还抱着老观念与老股票不放？

　　弹性是生活的一门艺术，很难相信在生活中僵硬死板的人，却能在交易中左右逢源、游刃有余。女友很想去蹦迪，你却宁愿在家沏茶看书，如何不拂了她的快意却也不勉强自己？这就需要弹性的创意。你有个很棒的提议，上司却因为细节犹豫不决，如何稍稍变通绕开上司的心结，又能展现抱负？这需要的也是弹性。

　　如何让自己成为一个有弹性的人？我时常在脑海里想象一个充足气的大球，而我很舒适地躺在中间的安全囊中。如此，无论外界如何坚硬、强大、曲折，我们都能自然地顺应，触底后快速反弹，一如庖丁解牛，游刃有余。

第 2 章

交易的密码

▌市场的真相

很久以前，一位猎人拖回了一头刚被打死的大肚子母熊，骄傲地对酋长说："林子里的熊都被我杀光了。再也不会有熊来偷吃我们的庄稼了。"酋长冷冷地扫了一眼："那你认为是什么使它怀孕的呢？"

市场的真相是什么？就像蒙娜丽莎的微笑。

我们总渴望猜透这个市场，就像能一眼看透森林里的熊。但在市场的丛林里，我们只是远古的猎人，真相仿佛熊一样机灵——当你努力搜寻的时候，常常一无所获，而当你毫无戒备的时候，却又不期而遇。

熟知并了解我们这个市场的特性，对交易人无疑是重要的，而且

这个市场也确实有许多令我们啧啧称奇的地方。比如:

- ⊙ 市场为何最初总能被众人的力量所推动,又在大众的一片看好声中到达顶部?
- ⊙ 消息满天,为何有时候见风就涨,有时候却又不涨反跌呢?利多与利空究竟如何来辨别?
- ⊙ 资金无疑是市场中最有效的力量,那么市场中的资金都具有同等的力量吗?什么样的 100 万会比 300 万更具威力?

古人观星相而知天下,我们没有这个本事,也只能盲人摸象式地努力尝试。下面分别是我对市场各个角度的观察,希望从历史和生活的感悟中,能稍稍掀开市场遮蔽面纱的一角。

◗ 多空如开关

人是一种群居动物,我们的所作所为,都希望得到别人的认可。但是凡事都有个度,生活也是如此告诫我们,我们得到绝大多数人认可的事,往往被证明是错的,就像我们顺着绝大多数人的热情涌向一个方向时,最后通常都被疯狂折返的人群所挤倒。这是为什么呢?

炒股票的人往往三五成群,大家共同商讨,最后被众人一致看好并购买的却总是乌龟,而另一只也曾被人提及,鲜有人敢尝试的却是一路狂奔的黑马。事实总是如此一次次论证人们的无奈。

惹事的媒体甚至创造出一个前所未有的指标——分析师指标。这是我仅知的唯一不含收盘价、成交量或其他任何价格相关信息数据的指标。它的原理非常简单——市场多数人的预测总是错的。当市场上 80% 的分析师看多时,则市场可能转空。看多比例越高,则翻空成功率也越高，而且越权威，反向效果越明显，反之亦然。这个反向指标的成功率之高令人咋舌，也让人疑惑着所谓专业人士的能力或诚信，他们是真的一起全部看错（没能力），还是联合起来忽悠人呢（没诚信）？

多空转换

当你买进某只股票时，听到另一个人真诚的认可，高兴吗？你找到了一个同盟。真是这样吗？非也！除非他还会用更多的钱买进。

一只股票为什么涨？因为不断有人愿意更多地买进。当你早早地持有，并乐滋滋地看着财富增长时，你是一个多头，更是一个潜在的空头。因为无论你坚定地准备持有多久，你最终必然有卖出兑现的一刻。

当一只股票不断有人追买而上涨，其实也是在快速消耗它的买气。随着价位的高升，追高者会越来越少，而已持有者却形成了巨大的获利盘，当股票翻上数倍甚至更高时，这种巨大的获利盘是惊人的。一旦形势稍有变化，向下杀跌的每个价位都可以被接受。所以我们经常可以看到行情缓缓翻转，然后突然地连续杀跌，迅猛而快速，伴有数个甚至更多的跌停板。当你持有某股并盈利丰厚时，其实是个危险的空头，因为你对该股票的贡献最多也就是维持现状，已经无力或无意再高位追入了。而你对潜在空头却能做出最大的帮助，光获利平仓就代表沉重的卖压，更别说可能还有做空的了。

你既如此，那么也就不难理解你身边那位和你一样的坚定看好者 X 了。X 一样坚定地看好该股，因为他早就买入，并坚决地持有至今。他还会持有下去，直到某些事动摇他的信心，使他成为一个不折不扣的空头。当你看到、遇到、听到的所谓"同盟"越多，特别是那些有实力、有背景的大机构时，它们唱多某股，并不一定是在骗你，而只是说明它们早已持有。如果市场中大部分的精明人士都唱多该股，那么请问，看空者何在？没有看空者，何来后续的买盘（涨到高位的买盘通常都来自早期看空者的追多及被轧空者的平仓盘）？没有买盘即停止上涨，少量的抛盘即动摇股价，并动摇持有者的信心。当越来越多的盈利者兑现他们的利润时，巨大的雪球就会从山坡上滚下。

股谚说得好："空头不死，多势不止。"那么空头死了，又会怎样呢？

多空并不如口头所说的那么绝对，而更像我们使用的开关。当你按下"开"时，灯亮了，你是亮方，但你又是个潜在的暗方，因为无论何时，你再次按下开关时，必然是"关"。一个房间内密密麻麻地布满了无数个灯泡，每个人手中都握有一个开关，人们以亮或暗的多少来决定"亮"是对的还是"暗"是对的。当一盏盏灯被按亮时，每多加一盏"亮"灯就证明了"亮"更正确，也就催促着更多的"暗"者去按亮灯，亮灯越来越多，早期按开关者不停地欢呼雀跃，更多的"暗"者沉不住气也按亮灯，没按者寥寥无几。

当最后一批"暗"者投诚后，市场上似乎已很少有没亮的灯了。此时的市场仿佛静止了，多空在高位平衡了；然后，一些先知者开始关灯退出了，他们亮得够久，早已获利丰厚。而当越来越多的"亮"者无法忍受没有更亮的局面，开始关闭亮灯时，一盏盏灯熄灭了。很快，这形成了一种潮流，随着更多的人加入，一大片区域"暗"了下来。人们突然意识到，夜已深，该睡了，该让黑暗降临了。更多的人按下了"关"，当然也有些早期关灯者，认为已经够暗了，于是又重新打开了灯，但这已经抵挡不住按"关"的潮流，"暗"变成一种趋势，"亮"者一个个投诚过来，直到亮灯者寥寥，世界一片漆黑，一场大变革可能又在酝酿。

你懂了开关，就懂了多空；懂了多空，就懂了趋势；懂了趋势就不会逆势也不会傻傻地迷信它。在这个市场上，没人能骗到你，除了你自己。

▋水温的启示

久居市场的人常常有这样的困扰：当市场狂热时，无论国家出台了多少打压政策，市场总会在一阵挣扎后继续疯涨；这样的无数次后，就在大伙都认为上涨是种必然、是种惯性时，一件微不足道的事，却把整个市场打入冰窟。

传说，"上帝"也很喜欢吃生鱼片。

他的厨子每天都要为他精心准备好吃的蘸酱配合生鱼片吃，但是不管如何精心地调配，"上帝"还是最喜欢吃酱油蘸芥末的原始风味。

为了不让"上帝"每天吃得厌烦，厨子跟他设计了一周的流程，星期一到星期日都有不同的蘸酱风味，其中，星期日就是"上帝"最期待的芥末日。

今天，星期日到了，厨子却搞错了，忘记今天是芥末日，竟捧上散发着淡淡柚香的柚子酱油给"上帝"。

"上帝"非常生气，他等了一星期才等到芥末日的到来，于是发脾气对着厨子大吼："今天是芥末日啦！是芥末日啦！"

然后世界就灭亡了。

信息的误报也许真的从"上帝"就开始了！

水温 + 身体的期待

有一次夏季洗澡，20 多度的水温让我觉得完全没有凉意，如果温度再升高些呢，简直让人觉得热不可耐；反观冬季，我有一次去游泳，下水后，觉得寒意瑟瑟，疑问下低声嘀咕道："这也算温水游泳？"救生员斜瞥了我一眼："这已经是 28 度的了，要洗澡隔壁拐弯。"这不由让我思考："同样的水温，为何感受差别那么大呢？身体不是同样要吸收热能吗？这种体感上的巨大差别来自何方？为何在夏季觉得炙热的温度，在冬季却让人瑟瑟发抖呢？"

就像市场中的多空信息一样，为什么明明很利空的消息，市场却低开高走；而很多明显托市的利好政策，却仅昙花一现？"因为现在是多头市场，所以利空消息总是不起作用，但一点点利多就有很大的效应。"别人这样告诉我。这我也知道啊，但我想知道为什么。市场中的种种怪现象也许让很多交易人已见怪不怪了，但对于这一切究竟是怎么发生的，我还是想一探究竟。

无须讳言，夏天的积温本来就大，墙壁是热的，水管是热的，空气是热的，身体也是热的，所以热能过来的时候完全没有损耗，甚至还在阳光直晒下提高。对于人体，里外透热，已经不愿意接受更多的热能了。这时候洗澡是期待被带走些热量的，也就是身体更愿意接受比舒适温度更低的温度。反之，冬天什么都是冰凉的，身体十分期待能从洗澡中汲取热量，这时候很烫的水，我们都可以忍受，甚至皮肤被烫得红红的，还会感到舒服。

是否可以这样说：人体对水温的感受，除了真实以外，还要增减一个预期。预期凉爽的，那么 28 度也会觉得热不可耐；预期热烫的，即使 28 度也会觉得凉意飕飕。身体（市场）的真实感受，除了水温的绝对值外，还与预期是否实现有关。这也可以说明：为什么同样的消息，在不同的气氛下出现，差别会那么大了，甚至出现截然相反的走势。

所以我们在关心消息本身的多空外，更应该关注市场对消息的期待。只有在为消息增减了一个"市场的预期"后，我们才能得到这个消息真正的"温度"。

老手白

透过观察水温的调节，我们还可以知道：在夏季要把水温调低，如同在冬季把水温调高一样，都很不容易。

比如冬季，什么都是冷的，即使把火烧得旺旺的，在管道传输的过程中热度也不断地流失：空气汲取了，水管汲取了，墙壁汲取了，龙头汲取了，等到身体最后的汲取，已经暖意不足了。所以空头市场中的反弹来得很不容易，很好的利多政策，如果缺乏持续性，只是暖了空气，暖了设备；而要让市场真正地感受暖意，往往需要持续加温很长时间。其间每一次加温的停顿，都会让市场寒意彻骨。

到了牛市（夏季），一切又颠倒过来。这时，即使西伯利亚过来寒潮，市场也会在几天后迅速反弹。难怪当大众在牛市的热潮中，由于股价的过快上涨而纷纷抛售股票时，"老手白"纹丝不动。

"你难道不害怕在价格那么高的位置，出现什么利空打压吗？"有人问。

"现在是多头市场。"老手白镇定地说，仿佛这一句话就为所有投资买了保险一样。过去我不懂，现在我们终于可以理解老手白了。

不要单独解读某个消息，要把消息放在市场整体的氛围中去考量。很多所谓出利空而上涨，那利空只不过是燥热夏季拼命摇动的蒲扇。还记否？那个风都是热的夏季。所谓出利多而下跌，这利多不过是寒冬腊月往外泼出的一瓢热水，水还没落地，已化为冰了。

向生活学习

在看《爱因斯坦传》的时候，印象最深的是，有一次，爱因斯坦从梯子上掉下来，他却顾不得疼痛，愣在那里思考：人为什么笔直掉下来呢？后来他想明白了，物体总是沿着阻力最小的线路移动。

股票也是沿着阻力最小的线路移动。

爱因斯坦奠基了现代物理学，他从生活中得到了科学的思考。人类的文明飞速前进，投机（投资）只是其中的一小部分，作为投机客（投资人），我们是否更应该从生活中学习，而不是守着那一堆图表与K线孤芳自赏呢？就像资金在市场中的作用一样，难道100万元的资金仅仅代表100万元的力量吗？

生活早就给予我们启示：钱也有着自己的战斗力！

▌资金的虎狼之师

期货是对战游戏，一亿资金开多，就有一亿资金做空，资金量是对等的，那么波动是如何产生的呢？资金多一定占优吗？

例如，你看多玉米，下注后发现很多人也看多，不用问，他们为了自己的判断也下了多单，你欣喜有如此多的战友，人数如此庞大，而且每个人都用自己的金钱表达决心。你看到众人的力量，大堆资金的支持让你很安心，你甚至迫不及待地想大吼一声："伙计们，挥胳膊上吧，打垮空头，分享他们的财富。"

仅过了一天，安心变成担心，价格疲软，并开始下滑。你扑了上去，再打出 100 手，希望对价格有所支撑。你琢磨着那么多伙伴，每个人吐口唾沫，空头也淹死了。不过盘面上空方很坚决，很快又攻破了你的新防线。你忍不住开始琢磨："这人胆子也太大了，难道不知道有那么庞大的看多资金吗？"你正胡思乱想，突然，价格开始加速，变成直线下跌了，你惊恐、无奈又深感困惑：看多的人不是很多吗？大伙的钱加在一起不是比庄家多多了吗？那下跌又怎么会发生呢？你摇着头，暗暗后悔，早知道晚点加仓了，现在的价格更便宜了。

资金的战斗力

别把钱只当钱，钱是可以有组织、有纪律的。简而言之，资金有属于它的战斗力。梦回蒙古草原，成吉思汗带着两万兵杀过来了，皇上也给你两万兵，让你抵挡一阵。挡得住吗？也就打个盹的功夫，两千蒙古先锋就把你拿下了。你不服气："兵和兵能一样吗，我的两万兵能和蒙古铁骑比吗？"同样，钱和钱也是不一样的。一个亿在 1 000 个人手里，那些钱只是散兵游勇；一个亿在 3 个人手里，那些钱个个都是虎狼之师。

想想吧，你平时是怎样买进的？如果 1 400 的价，你期盼着 1 398 能买到，就是在下面挂着个小篮子，这样的人再多，也只是多了些承接盘，这样的军队能把玉米打到 1 500 吗？难！你再看主力资金是怎样向下打的：1 398 有人要——全给你，再给出 20 000 手，还有人要吗？下面 1 395 堆积着 8 000 手买盘——好，给了，又在 1 394 放出 25 000 手……价格自然在抛压下滑落了，散兵们被震慑了，持有的开始心里打鼓，想买的暂停了，希望可以捡到更低的价格。也有胆大不要命的往里冲，却马上被更凶猛的抛单冲了个支离破碎。

这样的情况持续 3 次、5 次、15 次，多头的信心动摇了，你知道接下来将发生什么吗？大撤退？不，是大溃败。机灵鬼先跑了，耿直的在滴答流血，也会有傻瓜跑进来，希望捡点战利品回去，不过，他马上被疯狂逃命的人群挤得东倒西歪，很快，他就发现自己开始缺胳膊少腿，于是，为了保命，他也加入这支溃逃大军。

敦刻尔克大撤退

整个海岸边都是人，每个人都拼命地想挤上船，大炮、机枪、辎重丢得满地都是。几十万人的队伍，变成了几十万的逃兵。为何整齐严明的军队突然失去了战斗力？人心散了，队伍不好带了。人群密密麻麻，勇敢的不勇敢的都在努力地撤退（逃跑）。吕布就曾感叹道："兵败如山倒，残存亦无路。"而投机客说："这就是趋势。"当逃跑已成为每个人的选择时，甚至不用空头的加力，惨烈的"多杀多"就开始了。

历史早已告诉我们，战争比拼的不仅仅是人数。著名的淝水之战就概括出一个简单的道理——曾经的投鞭断流，是如何快速演化成风声鹤唳、草木皆兵的。胜利的诀窍只在于：**精干的战胜松散的，强悍的战胜软弱的，有组织的战胜无组织的，其中决心与意志至关重要。**所以冯·克劳塞维茨老先生在《战争论》中就这样简明地阐述了战争的要诀：战争比拼两种手段——物质和精神。有时候后一种更重要。我认为在这方面，投机与战争相似。

30 人杀万人

明朝发生了一些事儿，其中就有一段让人惊叹的战斗史。

　　朱棣（明成祖）在夺权的靖难战役中，击败了南军，于是大将朱能率兵猛追……

　　好在南军统帅耿炳文也并非胆小鼠辈，败乱中还懂得定睛仔细分辨：追得太急，朱能居然只带着三十来个人就追了上来。于是他命令停止撤退，重新列队迎战。

　　几十个人就敢追逐数万大军？实在太欺负人了！

　　同时，朱能发现南军停止了撤退，并列好队伍准备迎战，他明白，南军为了军人起码的荣誉，要拼命了。穷寇莫追，如果识时务的话，似乎应该撤走了。

　　然而朱能很明显是一个不要命的人，不要命的人不惧怕敢拼命的人，他不但没有停止追击，反而加快了速度，带领剩下的几十人冒死冲进敌阵！事实证明，人只要不怕死，是什么奇迹都可能创造的。耿炳文的南军本来已是败军，被朱能这么一冲，居然又一次崩溃。弃甲投降者三千余人。[一]

　　看到以上这段，我总在细节中思考。很难想象数万大军，百里挑一，竟找不出几百位勇士来？如此，即使朱能可以以一抵十，也终免不了成为刀俎上的鱼肉。不过更设身处地地回归到败军中的真实一员时，你发现即使自己很有男儿气概，愿以命相搏，但你可能根本近不了敌身，几万人乱成一团，周围都是战友，当你欲奋勇向前、死战一场时，战友的溃败、逃跑已经把你生生地裹挟了下去。勇气也许是最具传奇色彩的情绪之一，它有着奇特的几何效应，能瞬间无限放大或缩小你的即时战斗力。

　　每每体验及此，更让我深刻体会到趋势的强大（以及渺小），也

　　　㊀　当年明月. 明朝那些事儿 [M]. 北京：中国友谊出版公司，2006.

更明白抵抗式下跌与瀑布式下跌的区别。一个仅仅是战败、有组织的撤退，另一个则完全是慌不择路的溃败。所幸在投机战争中，没有所谓的忠诚与气节，我们可以自由地变换阵营。所以一定要利用好这一优势（尤其是散户，船小好调头），时时留心败退是否演化成溃败。一旦形成，我们不但要有壮士断腕的勇气，更要有反身加入胜利阵营的气概，一追到底，30人杀万人。这几乎就是（投机）战争中最令人兴奋、最迅捷的胜利。

如果从这个意义上概括资金战争的精髓，也许这12个字可以形容——**临危，见死不救；见利，趁火打劫！**

第 3 章

人生的一本大账

故事讲到后来，就不免把自己纠缠进去，所以本章先从一个自我描述开始。

◢ 无论翻倍多少次，破产都只需要一次

我是个绝对的投机分子，别人是这么看的，我也是这么认为的，当然两者间会有些差异：外人看，"这人不找份正经的工作，每天碌碌不知所为，是个整天等待天降巨饼的投机分子"；而我呢，我也说自己是个投机客，却是那种有目标、有理想，准备一辈子在投机业滚打的投机客。你看，这就是文字的曼妙，一种状况有两种描述。

我热爱投机，一切能产生涨涨跌跌，并能最后套现的东西都能进

入我的视线，股票、期货、黄金、外汇、邮票、钱币……可我又是个大风险的厌恶者，一切有可能引发我破产甚至倒欠的游戏都是我极力回避的，而且，我发现随着年龄的增长，这种厌恶度还在提高，不过我很欣赏，并任由它在我心里滋生、蔓延，因为我知道，无论我翻倍多少次，破产都只需要一次。

当然我说的是标准的情况下，其实我在投机生涯中已经经历了不止一次的大亏损，让我处于破产的境地或边缘，我真的很不习惯那种感觉。

今天，我不觉得羞耻，不是我的皮肤随着岁月的蹉跎增厚了，而是我知道作为一个投机客来说，失败也是完美人生的一个背景，只有深痛过，才能极力地避开痛。当然这也有异数，巴菲特就是例外，我们知道的是，"上帝"创造了乔丹的手、齐丹的腿，也顺便把大脑扔给了巴菲特。

认识自己，认识自己的缺点比市场还重要！

现在，我还有着巨大的困惑，主要不是钱的问题，钱的多少对我不起决定性的作用，我最关心的是正确与否（利弗莫尔说：市场只有一个面，不是牛也不是熊，而是正确的一面）。虽然我数十遍地拜读投资名作，也能够非常流利地背出许多股经，但我发现自己和市场的成功之门还差着一段距离，那段距离很小，门我已看得真真切切，但伸手去摸还是空。

我读懂了经验，却没有读懂自己。

"我是独特的！天下无双，别人做不到不代表我做不到。"相信很多人这样看自己，如果你真相信这一点，那么你就该相信，别人的经验、教训在被你完全消化吸收前，并不会对你有所助益，所以我应该在我的交易系统首页写上，马上就写：

认识自己，认识自己的缺点比市场还重要！

▌生于梦想，死于幻想

生于 20 世纪 70 年代，我也被深深烙上时代的烙印，喜欢集邮。那时老师、爸妈也鼓励，据说可以陶冶情操，却不承想这个从小被浇灌的情操，20 年后竟成为我人生路上巨大的绊脚石。

1980 年发行的金猴邮票，每张面值 8 分钱（见图 3-1），1988 年就变成 30 元，翻了近 40 000%，又过了 8 年变成 1 600 元，翻了整整 2 万倍，惊人啊！在那个无股可炒的年代（股市始于 1990 年后），邮票可算是最好的投资市场了。我至今还记得电视上报道："又一个新春佳节，爸爸妈妈把小朋友的压岁钱，都换成邮票收藏起来，既保值，又陶冶情操。"

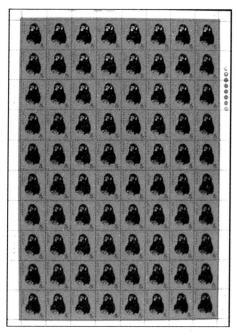

图　3-1

这么一版金猴邮票，当年 6.40 元的成本，现价最少也得在 30 万元。

金猴的传奇太多了，数都数不过来。据说有个老汉，以前是邮局推销邮票的，结果 1980 年不景气，大家都嫌金猴邮票太俗气，很多卖不出去，老汉人老实，卖不掉就自己买下来，后来就和一捆报纸一直垫在凳子上，等到后来发现，一共有三版。于是老汉买房子时卖掉一版，儿子娶媳妇时卖掉一版，后来老伴过世，续弦又用了最后一版。

这话可不是乱说的，邮票在当时确实演绎着只涨不跌的神话（是不是和现在某些东西很相似）。由于经常买不到，我幼小的心灵充满渴望："小小的花纸片啊，你怎么那么珍贵？国家能多发一点多好啊！"

也许是听到我幼小的呼声，或者是他们发现一个生财之道，邮局开始了惊人的滥发：1985 年发行的熊猫小型张，面值高达 3 元（当时工资水平在几十元），居然一发就是 1 000 多万枚（过去最多也就200 万枚）。他们对小朋友的情操与消费力做出了超前的估计，于是，泼墨挥洒的小熊猫很快跌破面值。

对比熊猫小型张与金猴邮票，一个笨拙高贵，一个美丽廉价，我心中的情操渐渐开始发生变化，什么是美——能赚钱才最美。

邮市的癫狂

大众的热情是真挚的、难以扑灭的，在几年沉寂与国家少量的利好政策下，即减少发行量（控制 IPO 规模和再融资规模），提高邮票的官方牌价（纯粹的纸面游戏），中国邮票市场在 1997 年迎来井喷行情，邮票、钱币、电话卡市场集体爆发，当时人气之热烈，盛况空前。

由于实物交易，所有人都涌到北京、上海两地的交易市场，用一捆捆的钱换一捆捆的邮票、卡片。当时我去上海卢工邮票交换市场，短短 50 米的进场通道，硬是挤了 20 分钟。据说，你拿着一条磁卡（1 000 枚）从这头挤到那头，立马成交就可以赚 2 万元。外地的邮贩得知上海邮市涨了，带着一箱箱邮票送到上海，上海人民很好客，走的时候也都让钱把皮箱塞得满满的。

还记得，当时手机还叫大哥大，好多钱才捧回一个，但邮市里一下就冒出了好多部，来钱快啊！只要信息畅通，外地到上海做个差价交易，大哥大就够本了。

飞机不如火车，走路更好

当年许多真实的事情，现在听起来像谎言。

电话磁卡飞涨，即便新发行不久的，也涨到面值的数倍甚至十几倍。于是一群大户就决定去偏远的西藏找货。当拿着巨大的钱袋抵藏后，找到电信局长，一顿黄汤灌肚，局长打开库房，里面全是摞得整整齐齐的磁卡："加点价，随便拿。"我觉得"天上会掉馅饼"这句话的原创者一定也参与了这次长途大贩卖。

更有意思的还在回来的路上，大伙都买机票拼命往回赶。只有一位仁兄，实在是太有情操了，居然用买机票的钱，也买了百余张散卡。最后钱不够，只能坐火车回上海。西藏到上海，那时可没青藏铁路，坐火车足足慢了六七天。后来据这位仁兄说，一坐上火车，他就开始后悔了，万一这趟回去晚了，大伙都把货一抛，价格大跌下来，自己为了贪几百张卡的小便宜，误了大钱，那还不把肠子都悔青了。据说当时是心急如焚，恨不得下去推着火车走。

他猜对了开头——同伴回去都把货抛了，但没有猜对结果——巨大的抛盘非但没有把市场价格砸下去，在抛盘结束后，甚至上涨得更高（参见股市加息后的表现）。等仁兄回来后，大喜过望，居然比别人多赚了十几万元。真所谓牛市——炒家不如捂家，飞机不如火车。

后话是，当一个月后那些更瞠目结舌的价格出现后，仁兄一拍大腿：悔啊！早知道就该从西藏走路回来了。

宏远志向

说上面这些无非是想告诉你我当年经历的投资环境。谁也无法超越历史，我们都只能从当下与过往中吸取经验。于是当年那个酷爱京剧脸谱、西游记邮票，陶冶于中国古典情操的我消失了，而对于如何疯狂地炒买，把这纸头（邮票）变成那纸头（钞票），我是狠狠地上了一份心。"等下一次机会，我也要狠狠地炒上一把。"我暗暗对自己说。

这个志向有多宏远，看看我坚持等待的时间你就明白了，1997年转眼间来到2001年，跨世纪的等待啊！当这四年多的等待即将化为出手的时候，我豪情满志，认为历史还将简单地重复，而这一次，我已做好准备。

如果一定要说我忽略了什么，那就是我忽略了历史观，历史这东西似乎总在重复，又似乎总在变，而我们通常都只看到一面，要么是不变的那一面，要么就是改变的那一面，反正就是不全面。直到2005年我才第一次学会这个法则。

2001年真是个好年，中国股市来到当时的历史新高2 245点，上证B股也在政策性利好的鼓舞下，先是连拉5天指数涨停，然后还继续飙升。但我知道疯狂是无法持久的，它们早晚会跌回来。于是我决意退出股市。因为我要圆一个很多年的梦，我的情操——1997年后一直苦苦下跌的邮票市场。

"我将再造一个 B 股的辉煌。"我自信满满，带着从股市退出的大把资金，我这个王老五又回来了，再也不是当年的愣头青了，对于盈利目标我也没有"太张狂"，一两年有个十倍就好。

开始总是甜美的

出手是谨慎的，我先期仅仅投了 10% 的资金。事实也证明我四年的等待与观察是有价值的，因为我介入的时候，邮票已开始缓缓复苏，很快，投入的资金就已经翻倍了。于是我拼命地踩油门，加大资金投入。邮票是现货交易，大家都看好时就不太肯卖，那时，我只觉得资金实在太多了，而筹码总是捡不够，于是追高狂杀。这种感觉一直持续到 2001 年的劳动节。那天，人山人海，许多邮局的关系户都提着满满的大箱子来到市场，我也终于完成建满仓的心愿，长舒了一口气："让你们抛，等你们抛完后就会后悔的，到时你们会知道什么才是真正的上涨。"我想象着当年那位仁兄的境遇，笑了。

我认为我又遇到了傻瓜，只是忘记了多看一下镜子里的那张脸。

满仓之日就是套牢之时

我以前一直以为这是我的命不好，后来才渐渐发现，原来这是投机市场具有普遍意义的一条规则。邮票很快下跌，10% 的仓位盈利再多，也挡不住满仓时的亏损，于是没用多久，利润就被洗白了，但是我仍然坚持，因为我相信自己的判断，我还牢记着自己的情操："我可爱的花花绿绿的花纸头，大不了我抱着它睡觉。"我暗说道。现在我明白了，有些话是不能瞎说的，"上帝"他老人家可留意了。

我当时可没什么风险控制的思想，只一心想着怎么多赚一点，一旦套牢那就抱牢。我什么都不懂，也什么都不怕。无知者无畏！

很快我就输掉很多了，邮票跌起来很快。有多快呢？比涨的时候再稍微快一点。我的钱财已全部都投了进去，甚至连平时花销的钱都没有了（看起来我蛮像那位仁兄的，或者说潜意识我在向他学习，不过境遇可就差远了），于是我每次要花销的时候，就卖掉一点花纸头，每次卖的时候我都很惆怅，仿佛我的情操又少了一点点。就这样，我用时间、精力、执着努力地捍卫着。

直到有一天，我发现一个有意思的现象：每次忍痛割爱、换花销钱卖出去的居然都是好价格，当时痛得不能再痛，过后才发现，买我花纸头的人现在正痛定思痛。这时我才恍然大悟：邮票，大势已去！这个当年的情操，已随着电子时代的飓风随风远去。历史已翻启新的一页，我却还趴在旧日的四合院中空欢喜！算了，我撤。

损失累累，资产缩水惊人，其中有些还是朋友的资金（他们也是看着我 B 股的辉煌跟进来的），我当年是拍着胸脯保证过的："如果有损失，我承担一半。"说过的话一定要做到，但有时一句话可能就要了人命。当年我拍胸脯的时候，怎么也想不到，就是这不算多的一点赔偿，就要走了我剩余的全部（其实还稍稍不够，有些账我是两年后才还清的），呵呵，全军覆没。

不要爱上你的头寸

很多年后，心平气和，再来反观这段损失时，很多因素是多年前就种下的，比如，贪婪、对盈利目标的无限放大等。

在具体操作中，还有一个有意思的现象：邮市交易中，大家都喜欢整箱、整封、品相优的好东西，但往往这些好东西的结局却是输钱。究其原因就是因为，好东西实在太惹人爱了，哪怕涨到高价也舍不得出手；而到真的想卖时，肯定是被逼无奈的时候，这时候市场价格也早已下来，结果好东西却卖了跳楼价。反之，自己不喜欢的或者品相较差的却能获利颇丰。

邮市当时恶炒奥运普卡，这种卡片只是地方邮局自产的，无限量供应，所以我虽然也跟风买了一点，却心里时刻提醒着自己，这个东西要尽快出手。某天价格大涨，于是第二天一早我就把卡片从库房里一包包抱出来，结果，拿出来一包，就被抢掉一包，成交价也是扶摇直上，几个小时居然就涨了 50% 以上。因为压根就不喜欢这破玩意儿，我也是一路坚决出货，最后有两包卡片的品相很差，箱子都是破的，本来一直没人要，在最终大涨时居然也被人要走了，结果 15 分钟后就风云突变，一路暴跌，这两包卡片的成交价居然是全场最高价（别人都舍不得卖）。

反观我自己喜欢的品种，认为有投资价值的邮品，都被我抱得牢牢的，涨也不卖，跌也不卖，等最后割肉时，那真是血淋淋的。这种现象在股市、期货市场经常发生，翻开你的记忆好好看看，那些伤你最深、让你痛不欲生的是不是都曾是你的最爱？爱之切，伤之深！投机市场，千万不要爱上你的头寸。

◢ 投机十年，突然站在破产面前

邮市的失败深深烙刻心底，以至于我很长一段时间都不愿去翻动它。直到有一天，别人告诉我：清算过去，就是面向未来！

于是我忍痛算了一笔账，也就是我从事投资的最初十年，究竟是赚了还是赔了？赚，赚在哪？赔，又赔在哪？

以下就是按年度排序，我的投资收益率与主要事件。

1993 年，投资收益率超过 100 倍，第一批 60 元购买 2 张认购证，摇中新股申达股份与新黄浦，兑现后有了初始资本。

1994 年，投资收益率 −30%，第二次购买认购证，投资 5 000 元以上，摇中新股耀皮股份，兑现获利 50%，而 21 元买陆家嘴被套，经历了残酷的 325 点（历史大底），但反弹过程把陆家嘴换成四川金顶，各股飞涨，唯这位老兄淡定，第一次"价值投资"失败。（购买金顶是由于看好它的收益高，却不知道报表是可以做出来的。）

1995 年，投资收益率 15%，大部分时间休息，小玩玩。

1996 年，投资收益率 30%，长虹、陆家嘴等绩优股涨得风风火火，但我只喝了口汤。（四川长虹与陆家嘴都经历了上涨、除权、填权、再上涨……我早早看好，却也早早下车。）

1997 年，投资收益率 74%，转战天海 B 股（初涉 B 股市场，最高收益率 150% 多，年末又跌回去些）。

1998 年，投资收益率 −68%，天海 B 又大跌回去，换成联华 B 再度被深套。

1999 年，投资收益率超过 500%，加资金满仓在 B 股 23 点时抄底，4 分 6 厘美元买耀皮 B 股。（B 股的历史大底为 21 点，我在 23 点满仓介入，其实当时仍被套 10%，其中耀皮 B 股最低跌到 4 分 2 厘，跌停，但第二天开始连续涨停。）

2000 年，投资收益率 210%，把握住了网络股上海梅林（8 元涨到 20 多元）与 B 股。

2001 年，投资收益率 65%，撤离股市时还利润丰厚，但邮市先赢后输抹去了许多。

2002 年，投资收益率 −45%，邮市里，地窖下面有地狱。

2003 年，投资收益率 −100%，地狱还有 18 层。资本归零，信心为零。

第一次投资是甜蜜的，却由此高估自我

回顾自己前 10 年的投机史，可以清晰地看到这么几个关键词。

首先是认购证，这个计划经济中的创新产物捆绑着股市全新概念把我带入这个涨涨跌跌的世界，从此，我的资产就没有个准数。

刚开始总是赢的，相信很多人与我有一样的经验，这人生投资的第一课非常重要，现在知道，最好的初始结果是亏损。盈利固然甜蜜，却很容易让人忽略市场的残酷，而高估自己的能力。反之，如果最初是失利的，就比较容易培养出对市场的敬畏之心。后十余年的经验告诉我，这种敬畏之心是多么重要。如果最初没能成功建立，要在以后重建，代价之巨大，远远超出你的想象。

把对手当傻瓜的人最傻

我投机生涯的第二个关键词就是价值投资。当我凭着自己的小聪明，看了几本书后，就很自然地选择所谓的价值投资。当我们认真地选出一只有价值（所谓价值超过价格）的股票并买进时，我们是不是内心会窃喜："这些傻瓜，没有发现这么好的一只股票，还以那么低的价格卖给我。"当我们心里把对方当傻瓜时，事实的叙述总是相反——把对手当傻瓜的人自己才是真傻。

但我当时什么都不懂，只喜欢使用自己的小聪明，常常站在市场的对面。所以很自然，我的价值投资一塌糊涂，在经历了 325 的历史低点并反弹的过程中，股指涨我不赚，股指跌我赔钱，本来一涨一跌的起伏行情，我却大赔 50% 以上。价值投资让我明白了价格的巨大威力。

记得最困惑的时候，我确实有那种被人每天用望远镜盯着的感受，我错得太精准了，一买就套，跑掉就涨。后来，我发现与我有相

同感受的散户不在少数。其实道理很简单，股票也是一种"类对手盘"的游戏，散户多了，庄家的持仓就少了，他肯定乘势打压；反之，散户都不要的，那么庄家就困在里面，必然是拼命拉升。

敬畏市场的本质是敬畏对手

投机的秘诀就是要时常反思自己，尊重对手，想想他为什么敢和你反着做。敬畏市场的本质就是敬畏对手，因为市场本来就是人构成的。时刻了解自己是谁，自己在这个庞大的市场面前就是个小蚂蚁，站在你对面的有绿巨人般的庄家，有特殊背景的神秘资金，有各种大基金、小私募等。从智力来说，你也可以相信有太多的人能超越你，他们拥有更高的学历与专业知识，你懂宏观经济吗？懂定量分析吗？了解财务分析吗？知道银行运作过程与资金的融通流程吗？知道政府高层对经济的最新判断与决策吗？如果你不知道，那没关系，我告诉你，有人知道，他们各司其职，互相弥补，又有强大的资金与信息渠道，而他们正站在你的对面，请问，你是否应该更尊重他们？他们就是凭借这么多的优势，在这个市场赚取利润的。赚谁的？希望别是你的。

当时我还不明白这些道理，所以虽然输掉了一半资产，但我还是认为这是偶然的，或者是自己运气不好，我认为自己还可以再创辉煌。

盈利的错误

于是就有了第三阶段，关键词可以用"B股"，当然还可以用"成功抄底"与"盈利的错误"来表达，当我今天回头来看，我人生投资最大的失败其实是在盈利中就早早种下，盈利越大，错误的种子就种得越深，拔出来的时候就越痛彻心扉。

　　我一进 B 股就赚钱，你可以看到年收益是相当不错的，其实这已经是年末利润率退下来的情况，记得高潮时我的利润超过 150%，但第二年很快就得到 −68% 的大阴棒。

　　请你特别注意的是：涨跌的比率相同，但含义有巨大区别，简单说，每盈利 100%，亏损却只需要 50%。请你计算我第一年赚 74%，而第二年赔 68%，两年的投资总收益率其实是多少？以 10 万元为例，第一年年末是 17.4 万元，而第二年年末是 5.56 万元，两年下来我的收益率不是差不多持平，而是暴亏了几乎 50%。

　　1999 年我开始走运了，春节附近，我抄到了 B 股历史大底，也买到了几乎个股的大底——一只 0.042 美元的股票，精彩的还在于我是追加资金杀入的，可以说很快就赚得盆满钵满，见图 3-2。我为自己骄傲，家人也为我庆幸，只是我们都还不懂得，有些财富只是个伪装，在它亮丽的外表下却生存着一颗祸害的心，而我只是这些财富的

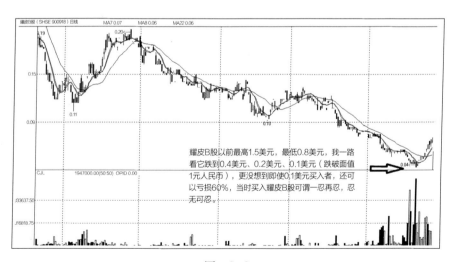

图　3-2

　　耀皮 B 股从 1.5 美元跌下来，最低 0.042 美元，然后一大波上涨，再次到达 2 美元以上。

暂有者。记得那时候，由于加的资金挺多的，而 B 股又确实连续大涨，再加上在 A 股上捞到了上海梅林这个网络领头羊（我是 8 元下面买的，最高涨到 30 多元），我的财富值猛地上蹿。当时 29 岁的我，踌躇满志，梦想开始大大地膨胀，绚烂人生仿佛就在眼前，却没想到天堂与地狱之间，竟然有直达的电梯，天堂的顶端就是地狱的开始。

归零

即便是破产，也破产得太快了吧！第四阶段的关键词很直白——归零！看我的编年史，你可以看到在 2001 年，我骄傲地撤离股市后，来到邮市里也是初战告捷的，不过这也可能是我在邮市的最后一捷。很快邮市就开始下跌，由于情结，我一次次拒绝了斩仓离场的良机。终于在 2 年多的挣扎后，我来到地狱的第 18 层——由于我的贪婪、超量介入，还愚蠢自大地为朋友承担损失（他也是我愚蠢的受害者），我的财富化为零。

所以大家可以理解我，早期的收益率我都只算个大概，一半是由于一些细节记不清了，更为关键的是，前面多赚一点、少赚一点，实在没什么意义，因为"无论翻倍多少次，破产都只需要一次"，只要一个 -100%，无论你前面赚的是 100 万元还是 1 个亿，全部都消失了。

市场让你付账的时候，从不征求你的意见，事实上你却想和它讨价还价。我在 2002 年年初的时候，其实已经很明确我的邮票投资是方向性错误，但我总想和市场再计较一下，向它讨还一点失去的财富。我每次很努力地想从市场手里拽回点钱财的时候，我自己就更深地卷了进去，一直到被榨得一干二净。

张国荣有首歌叫《由零开始》，当你真正身处其间的时候，会发现这个滋味一点也不抒情。事实上，你其实不是由零开始，而是必须由负数开始，因为你首先要平复你的心态、你的情绪，而最困难的是重塑信心。

我不是笨蛋，也不是傻瓜，那还能是什么呢

如果有一个信心表，能清楚读出信心刻度的话，那么，那时候我的信心度就已经是红灯区。我至今仍清晰地记得那种可怕的感受——无力感。我还年轻，四肢健全，也有不错的大脑和做点事情的冲动，却充满了无力感、挫折感。这不单是钱财的压力，而是那种彻底被击败的感觉。"我不是笨蛋，也不是傻瓜。"我对着自己大叫，想振奋起来。

"那你还能是什么呢？笨蛋、傻瓜也不会让自己输得那么彻底。"我的心又沉到湖底。

终于，我能了解颓废的含义了——每天不干什么，也不想干什么，似乎也没什么可干的。整天整天、整夜整夜地在网上下棋。

所有颓废的人都会坚持做某件事来麻痹自我，喝酒、吸毒、赌博都是。幸好我没有这些嗜好，但就是简单的下棋，也几乎把我打入万劫不复的境地，因为我就在地狱中。人在不在地狱中并没有关系，关键是他的心有没有在地狱里。张国荣财富、荣耀都不缺，为什么纵身跳楼？那是因为之前的很长时间，他的心已在痛苦的地狱中挣扎了。心之所向，身体是一定会跟着去的。

幸好母亲有惊人的豁达精神，父亲对人、对生活有超然的包容力，还有姐姐的支持让我走过了这一段最难熬的时期。对于那时的我，没有尝试从 30 楼向下飞翔，就算一种胜利。

> 最大的伤残是心灵的伤残！

痛是宝贵的财富

回顾这段历史是痛苦的，也是宝贵的，当你能直面时，过去的痛苦就化成了财富。彻底的挫败让我重新审视自己，懂得了投机并非靠小聪明，大赢一把也不能辉煌人生。与想象相反，投机也是一种先付出后回报的劳动，你投的其实是你的哲学，投的是你的人生观。盈利只是你努力学习、创造性劳动后的副产品。

这个世界很奇妙，当你拼命想要的时候往往要不到，不经意的时候却也推不掉。

小聪明与大智慧

沧桑十几年才明白：富足人生离我们并不遥远，它只需要我们的一个大智慧，而不是无数个小聪明。看看我的经历，曾经几年很高的年收益率，但如果不能避开人生的致命打击，那么一切归零。如果在你面前有两条路可以选，你会选前面很精彩，最终却面临致命打击呢，还是事事似乎挺糊涂，却事后安稳呢？

我常常问自己，也常常敲计算器，企图修改我的财富历程。实际上，我只要能避开致命的打击，哪怕我那些获利年份的收益率骤降一半，我的财富拥有量仍要比现在好上很多，生活的起伏也会平缓很多。

把年收益率降一半，避免亏损年份，你可以计算一下你的投资生涯表，是这样好，还是你现在的实际情况好？请拿出纸笔，好好地算计一下。千万别马虎，人生很多东西，需要静下来，仔细算一下。这个世界有些基本的规律，你会发现，这些规律最终在起作用。

无须超越市场平均水平

把年收益率降低一半，避免亏损的年份，在现实中是可以做到的。当然这意味着你要更注重风险。有时这确实会让你草木皆兵，甚至错失些赚大钱的好机会。但正如我即将为你展示的，无须为此操心，只要你能避开人生财富的大挫败，随着时间的悄悄移转，财富自然会出现在你面前，它也许无法让你成为李嘉诚或巴菲特，但足够让你一生过得富足充实。

现在市面上有很多考核基金经理的办法，其中一个重要指标是超越市场平均水平，这对于考核一个专业者是合理的。你并非基金经理，也没有人付薪水给你，所以，把这些都抛了吧，只要能持续地让资产产生正效益就好。

> 想让自己人生富足，并且轻松愉快的话，盯紧风险，如此足矣！

富足人生的三个关键点：①避开致命打击；②躲避重大打击；③达成以上两点的关键是，把对财富的期望值放在一个合理的区域，这就是目标！

在设定目标前，请允许我先来谈一下风险，对风险的正确认识是设定好目标的关键。

◢ "人"是最大的风险源

加勒比斯农场里，一群小猪正快乐地哼哼着，它们有吃的喝的，每天晒着太阳，还有人来为它们打扫房间。一天，大灰狼溜进来，叼住了小猪贝贝，贝贝惊恐地大叫，主人赶过来，把狼给赶跑了。还有一次，猪圈着火了，又是主人赶来，把火扑灭了。贝贝在主人的精心呵护下，渐渐长大。

"猪圈就是天堂，主人就是我们的守护神。"贝贝快乐地想。

日子一天天过去，大家逐渐长大，贝贝发现儿时的玩伴越来越少了，它们长大后，都被主人请了出去，然后就再也没有回来。终于有一天，主人告诉贝贝，明天也要接它出去。那晚，贝贝没睡好，它从来没离开过猪圈，它不知道外面的世界怎样。

"一定更幸福吧，不然猪圈那么好，哥哥姐姐出去后，怎么都不回来了呢？"贝贝想，还是去妈妈那儿问个清楚。

母猪听完后，开始流泪了："孩子啊，你以为豺狼可怕吗？它有尖牙与利爪，会捕杀我们，但最强壮、最勇敢的小猪仍然能用猪牙与它们周旋；你以为大火可怕吗？它会烧毁猪舍，把我们烧死、呛死，但仍然会有最聪明、最幸运的小猪藏身泥潭中躲过劫难。这世界上最可怕的……"猪妈妈顿了顿，摸了摸贝贝的头，接着说："去吧，孩子，去了后你就会明白，这世界上，'人'才是最大的风险源！"

对于交易中的风险，很多人认为在于制度的缺失或体系的不完备，小鱼不完全认同。

还记得吗？巴林银行倒闭、法国兴业银行丑闻、震惊全世界的麦道夫欺诈，国内的中航油油错、国储局铜错、中信泰富外汇错……这么多大型银行、企业，西方的、东方的，有百年老店，也有新型治理结构的，有国家严密监控的，甚至本身就是监察者的，都遭受了巨额的亏损，这些事件背后，折射出来的难道仅仅是制度的缺失吗？你难道没有看见这后面站立的利森、麦道夫、刘其兵、陈久霖吗？

制度是死的，人是活的，人才是最大的风险源！前辈高人尽可以制定严格、密不透风的规章制度，但后来者总能变着法子绕过去、钻过去，给自己弄出些便利来。

明亡于阉宦，太祖朱元璋早在午门外立碑：内臣不得干预政事，预者斩。清衰于慈禧，皇太极早定下红牌警示：后宫嫔妃不能干政。

祖宗的家法、先皇的圣谕都能变通，又何况公司规则呢？

　　太大、太远的好像说不着边，就拿自己来说吧，我的交易系统中有着详细规定的法则，例如"盘前十问""持仓十问""离场把握"等，但即使这些我自己制定也仅监督我自己的条款，在实际运用中也依然困难重重。

　　任何制度都无法充分设想未来的所有场景。所以，必然有许多含糊不清的临界点，这时候如何抉择就要考验执行者的智慧了。有很多次，面对明显的赚钱机会，做吧，违反规则；不做吧，又揪心，尤其是当现实反复印证你的看法——看好的品种走得突飞猛进时，内心的急迫仿佛在吞噬你，让你浑身不自在，好像悟空被绑上了无数的锁链。

　　哪里有"枷锁"，哪里就有反抗。人似乎天生有打破规则的冲动。有仗着权重位高，置规则于不顾的，也有静悄悄暗度陈仓的，还有内外勾结、偷梁换柱的……规则是人订的，所以也一定能找到变通的方法。就像我很多次故意忽略一些规则的提示，久久拖着不肯去写"操作申请书"，为什么？我想绕个弯。

　　是的，我们就是这个世界最大的风险源，"我"就是交易体系中的最大威胁。了解这一点，如同防火防盗一般地预防自己心中的贪婪，就是心灵交易的一块重要基石。

> 是什么使自我成为风险源呢？是对风险的漠视！

人死之前，都是活着的

　　有句特没劲的话就是这么说的。大部分时候，意外离我们远远的，远到可以让我们忽略它，进而怀疑防范意外的意义，但突然它又会很近很近——我昨天刚被告知，和我一起参加培训的一个学友下海游泳失踪了，只留下怀孕的妻子。我对他的记忆，却还停留在数年前的毕业庆典，他为我们高声朗诵自创小诗——远航。

醉酒撞死四人的孙伟铭成了"名人"，也把自己推到死刑的边缘。制造五个家庭的瞬间悲剧，你可以说是种偶然，但它又何尝不是一种必然呢？行车安全的意识难道只存在于交警的罚单中？

贪婪是没有底线的，但道德有。遵守道德好像很痛苦，像遵守交通规则一样痛苦。其实交通规则不是为了交警，道德也不是为了别人。

关注风险报酬率

是车子撞死那四人的？不，是孙伟铭，更确切地说是孙伟铭的安全意识。是交易系统让你亏钱的？不，是你自己，更确切地说是你设置的不合理的风险报酬率。

很多时候我们对于交易业绩的考核过于简单了——简单地看赚了多少。至于赚取过程中曾经承担的风险呢？被忽略了。

让我们来看看那些男主角们——利森是巴林银行的明星交易员，上一财年刚刚为银行赚得丰厚的利润；刘其兵也刚刚成功地把握住铜的一波大涨势，为国储局做出了巨大的盈利贡献；陈久霖则是中航油的缔造者，也在上一年度刚从原油衍生品中获取了丰厚的利润。

呵呵，淹死的都是会水的，确切地说都是不怕水、把水的风险视若无物的。

以前的成功让他们漠视了风险，也就可以对风险报酬率随意设置。任何收益都要观察所承担的风险——买垃圾债的收益一定高于买国债，如果民间放贷则收益更高。投资收益上，股票会好于银行，期货可能更高，但收益高的风险也一定大。

我们通常很容易理解，不同市场间有不同的风险报酬率，会十分谨慎地选择市场。但对于同一市场中，不同买卖点的风险报酬率如何计算，我们就模糊了。尤其当我们在一个市场待得够久，就更容易对风险渐渐麻木。于是我们交易时，常常不再考虑风险，只一味算计这个能赚多少，那个能赚多少。只在意什么是报酬最高的，却忘了对应的风险率。

风险报酬率不合理，赚钱就是有隐患的，因为运气不会每次都罩着你。

不同交易行为的风险报酬率，要定量分析，确实很难，通常只能得到模糊的数字、有弹性的数字。所以，最终如何决断又落到"人"的手中。于是你被推到风口浪尖：你既可以成为系统安全的保障，同样也可能是最大的风险源，这一切都只取决于你的安全意识。

> 让风险意识融进你的血液，镌刻在大脑里。

交易是生活的一部分，当你把风险意识融入生活，也就融入了你的交易体系。所以这是有多重的收获的——不但提高了你生活的安全度，也增进了你交易的风险报酬率意识。

改进生活以改进交易，体悟交易以领悟生活，这是本书的一个理想。理想多想想是可以实现的，你说呢？

测测你的风险意识

我们来做一个简单的过马路测试，你过马路走的是什么线路呢？

1. 一定走斑马线，90°垂直过。

2. 多数走斑马线，几乎垂直过。

3. 45° 左右，能少跑点也是好的。

4. 大斜线，尽量顺着自己的方向多走点，甚至在马路中间过不去的时候还会尝试往前移动。

毫无疑问，答案中，选择 1 的是风险偏好度最小的，选择 4 的是属于逮着什么机会都不愿放弃，而几乎很少考虑风险的人。

我以前就是那个选择 4 的人，有机会就上。危险？先不考虑，等有了危险的时候再说吧。那时候更年轻些，更有冲劲。但人是会改变的，我现在过马路时，几乎自觉地遵照 2 号线路行走，特别危险的地段，那毫无疑问是 1 了。年轻是美好的，有冲劲也是可贵的，**但在这个世界中要能够脱颖而出，就需要你活到能脱颖而出的那一天。**

明白了人是最大的风险源，也清楚了自我的风险偏好以后，才能够更好地为自己的富足人生制订计划。在投机市场，对市场的深刻理解并不容易，更难的是对自我的了解。下面要谈的是本章的主题，一个看似简单却蕴含巨大能量的方法——目标管理。

这个听上去非常学术的词语，在实践中真的有用吗？是的，非常有用。

▌没有目标的人就会陷入贪婪

目标就是你自己确定想要的

> 风险并不仅仅指市值波动，它还包括你无法实现自己投资目标的可能性。

我努力地想告诉你它有多重要，但我怕无论自己如何努力，也不足以用这些文字来描绘它在我心中的重要性。我也曾忽略过它，但很快我就受到了处罚，我以为自己对它已经够好了，但事实是，还应该对它更好，把它放在心中更重要的位置，时常问候它。

它就是目标！

小时候，老师说，要有理想，我说理想太远，手摸不到；老师说，要做个有目标的人，我说目标太烦琐，有这工夫还不如多看一本小人书。等进了社会，满大街地兜了一圈，才发现自己一事无成，什么没长就是岁数长了，什么没多就是皱纹多了，这才想起老师的话，也才知道"听人话，不吃亏"。

心灵交易者非常重视目标设定。对于一种向内寻求答案的方法，还有什么比知道自己想要什么更重要呢？但是很多人真的不在意，因为他们不曾细想过。

当擦亮了阿拉丁神灯，而灯神也真的跳出来并愿意满足我们愿望的时候，大部分人脑子里一片空白。

"你有什么愿望，我亲爱的主人？"灯神殷切地问。

"我想要钱！"

"多少呢？"灯神一脸的谦恭。

"很多很多！！"

"噢，那到底是多少呢？"灯神略微有些困惑地问。

"很多，越多越好！！！"

"那好吧！"灯神一下子给你一麻袋德国马克，每张最少都是 1 亿票面的。

是的，你没有看错，我也没有写错，这可能真的是这个世界上发行过的最大面额的钞票了。这种旧马克发行于第一次世界大战后期的德国。据说，即使这样一厚叠也换不来一个面包。可爱的灯神并不想欺蒙你这个救他的人，事实上他就是按你的要求做的，给你最多的钱。问题只在于你会不会提要求。

如果我们的内心都存在这样一个灯神，他有无穷的法力来协助你，那么我们至少要让他明确了解我们的需求，这就是设定目标！

大多数人的问题

很多人在你问他目标的时候，会笑而不答。你跟他说富足快乐一生，他说好；你跟他说怎样投资可以一年翻三倍，他说很棒。他既向往着长期安稳，又渴盼着短期暴利。这样的问题，其实不但是你，在小鱼的心里一样存在，而且即使当我很明了设定目标的价值与意义后，上述问题仍会长时间存在。因为**人几乎是憋不住地想贪婪的**。

一个人想要很多钱那还算不上十分贪婪，只要他愿意承受相对应的压力。最贪婪的人像蝙蝠——飞禽胜的时候想当飞禽，走兽赢的时候又想成走兽。

金庸笔下的韦小宝为何如此深得人心？实在是我们太渴望成为他那种左右逢源、黑白通吃、位高、权重、钱多还娶七个老婆的人物。我们越喜欢他，就越能清楚自我的贪婪之心，也就越应该警醒。

贪婪是投机人生的第一大敌，贪婪的第一步就是你不愿意为自己设定目标。没有（年收益）目标的人，总是在期盼最大的可能——1 000% 也不算什么，砸 2 元就该给个 500 万元，最好还连买 200 注，立马兑现！

所以心灵交易者首先要不断地拷问自己的内心——你想要什么？究竟是什么？为了这个目标你愿意舍弃什么？富足就是富足，暴利就是暴利，每一样你都要清晰地看到价值的反面。只有你想明白了，"灯神"才可以来帮你。就怕含糊不清，又搞来一大堆最有钱又最不值钱的东西。

所以目标管理的第一条就是：**一定要设定一个目标。没有目标的人就会陷于贪婪。**

大目标与小目标，它们之间的关系应该能统一传承。如果你的大目标是希望过着富足快乐的一生，小目标是期望年收益尽快翻倍，那么肯定高了。你的问题出在：看着自己手上的 5 万元，却渴望尽快过上别人 100 万元的生活。你忘记了复利的巨大威力，也忽略了我们曾经讲过的富足人生三要素。反之，如果你的大目标就是成为世界上的最富有者之一，你认同跌宕起伏的人生也是一种美妙（这也并不算错），那么你的小目标过分追求稳定的收益可能就会成为障碍。

大目标最好是具象的，把单纯的数字转换成某个生活目标。

合理适度的小目标的累积就能让我们看见一个美妙的大目标的实现。

很多书已经给了我们一些参考，但这绝不代表你应该依葫芦画瓢。你的目标是你的人生阅历与价值观的综合，这是谁也无法代替的。记得吗？我们说过，每个人的心灵都是独特的，所以每个交易系统也应该独一无二，这最初的一步就是从自我设定目标开始的。我希望你立即着手去做，可以参考，绝不照搬。找个安静的角落，平复心情，别为外界太多的诱惑干扰，认真地找出自己人生的目标，以及其后的每一个小目标。

人们常常高估自己一年的成就，却又低估自己十年的成就。

非淡泊无以明志。这句话就用在这里。

▌目标就是生产力

大多数人想改造这个世界，但罕有人想改造自我。

——托尔斯泰

约翰小时候和爸爸玩过一个游戏，他们在一条泥路上玩，比谁能走得又快又直。

比赛开始，约翰赶快一步挨着一步确保走出最直的线，并且尽可能快地移动步伐。不过当他抬起头看到终点的时候，爸爸早已在那里守候。

约翰不服气，拉着爸爸去比谁走得更直，结果在泥路中，他看见了两条路线，一条非常谨慎，一步紧靠着一步，却总是歪歪扭扭的；而另一条，每个脚步间似乎并没有那么严密，却整体上走得笔直。

爸爸告诉约翰：走成一条直线的秘诀就在于紧盯目标，而不是光看着脚下。

建立自己的交易系统就像建造一所房子一样，我们把自己的交易系统称为"交易之家"。

设定目标这一程序，我们可以说自己开始修建"交易之家"的地表部分了，它可不是什么理念（地桩）之类，它是看得见的屋顶。

在我们的目标体系中，保护本金、小心谨慎、以防守为第一目标成为主旨。这样就为我们确立了一个内敛、收缩、自我保护的屋顶，这也就决定了余下建筑的结构。比如，我们的建筑不会很高，但一定很厚实；它不会修在闹市区的黄金地段，而可能在有纵深的小区内；我们必须抛弃那些过于华美、夸张的构造和材料，而接受朴实与耐心的考验。

目标的重要性就在于此，它确立风格。

当你确立了风格后，你就懂得了取舍，你可以为自己的建筑添砖加瓦，而不是风马牛不相及地拼凑个怪物出来。这就是目标管理的第二条。

在确立大方向后，我们就可以按照自己的实际情况、金融市场的现实态势制定合理的年化收益目标。这个清晰明确的年化指标，必须白纸黑字地写下来，不能空想。这个目标，我认为至少应符合以下三项标准：具体量化，有可操作性，有保底的底线。

具体量化。把数字精确量化——最好直接把百分比换算成实际资金额。比如你现有 30 万元，期望明年的收益为 20%，那么你直接记为 36 万元。对，这就是你的目标！更好的方法还要具体化，光说要赚到 6 万元，这个目标还不能完全激起你的斗志，如果你明了自己赚这些钱是为什么，或为了谁，如用赚来的 3 万元请爸爸妈妈去马尔代夫旅游，另外 3 万元给女友买个钻戒等，把钱财化为直接的目标，那么这些具体的东西将更鼓舞你的精神。

有可操作性。在投资这个市场中，有勇气、有努力是重要的，但一定要合理，因为这并非单纯靠个人打拼就可行，它还要看市场的大环境。简单地说，就是我们也不能让"上帝"太难做，如果整体市场很萧条，你做的又是只赚涨不赚跌的股票，那么一定要强求 50% 以上的收益，"上帝"也会很难啊。

我当年也是雄心勃勃的——两年内赚个 10~20 倍。朋友怯怯地问我："能达到吗？"我大手一挥："志向要高远。这样即使达不到，完成一半我们不还有 500% 嘛，小家子气地定个 100%，全完成了不也才赚 1 倍嘛。"真是初生牛犊不怕虎啊！可是在动物世界中，老虎最爱吃小牛犊。

有保底的底线。这很重要，如同我们每一笔做单都要有止损一样，资金的年收益一定要有个亏损的底线。当然，天然的一根底线首先是保本，但如果年初一上来就亏本呢？是不是马上就不做了？其实只要你把心放在本金上，合理地配置资产，做好防守是可行的。当然意外也会有，这时就需要你为自己的资产设置一条最后的防线，即资金到达这个程度时，就必须全线离场，无条件地休息。

良性循环

有目标的人才有可能实现目标，也就有了良性循环系统——当你设定的目标完成后，你就更有自信；更有自信，就能设定出更高的目标，然后达成它，并给自己一个奖励。

这其中你会提升自我的才干、能力和乐观的心态。

哈佛大学曾对一群智力、学历、环境等客观条件都差不多的年轻人，做过一个长达25年的跟踪调查，调查内容为目标对人生的影响，结果表明：

3%的有清晰、长远目标的人，25年来都不曾更改过自己的人生目标，并为实现目标做着不懈的努力。25年后，他们几乎都成为社会各界顶尖的成功人士、行业领袖等社会精英，他们中不乏白手创业者。

10%有清晰短期目标者，大都生活在社会的中上层。他们的共同特征是：那些短期目标不断得以实现，生活水平稳步上升，成为各行各业不可或缺的专业人士，如医生、律师、工程师和高级主管等。

60%目标模糊的人，几乎都生活在社会的中下层，能安稳地工作与生活，但都没有什么特别的成绩。

余下 27% 的是那些没有目标的人，几乎都生活在社会的最底层，生活状况很不如意，经常处于失业状态，依靠社会救济，并且时常抱怨他人、社会与世界。

对于这样的调查结果，你千万别全都相信，调查很容易带有很多主观因素，但这也并不妨碍给我们一些启迪。无论你当年是否为自己许下了清晰的目标，也无论你当下的状况如何，这都不妨碍你在今天重新为自己设定一个清晰的目标。过去已成过去，而未来就在脚下。

人生就如同一个巨大的拼图游戏，如果浑浑噩噩地随手拼贴，那么你就把自己的生活交给了随机；如果一开始就有强烈的目标，那就如同在脑海里时刻浮现着自己想要的精美画面，那么其后的每一步都会走出意义。

所以小鱼要说：**目标也是种生产力**！

这种生产力的另一个体现还在于：我们根据年度目标，可以很清楚地推演操作计划的分配。

当我们不再为交易而交易，并且清晰未来一年中我们需要完成的增值目标时，我们就很容易冷静下来，远离焦虑，拥有耐心。这时再踏出第一步就会容易很多，而成功的第一步，又是提高我们的资金抗风险能力与未来良好心态的坚实一步……

目标对于财富人生的意义，我不再赘述。但我还是要提醒你，赶快去做，每件事最困难的是跨出第一步，设立一个目标并不容易，会很烦琐，我们都喜欢做些更精彩、更看得见成绩的事，但请相信我，也相信你自己，制定目标是成功最重要的第一步！

第 4 章

交易之门

▌给客户的信

人生最悲困的绝不是贫贱，而是对生活、前途的渺茫。同样，人生最大的财富并不是现时的占有，而是对自我的深深期许。

经历挫败，当我们从目标系统中重新汲取营养后，即开始着手建立一套在操作中可以运用的框架。房屋的框架是支撑起屋顶，从而形成整体建筑，并把大空间隔离成各个功能间的一些立柱与承重墙。因此本章内容不是简单寻找市场是涨还是跌，而是给自己的交易确立一些规范：哪些是可以做的，哪些是需要避免的，进场的时候该如何做，退场的时候又该如何做，突发状况下如何应对……

进有层列，退有秩序，如此方能成为一支有战斗力的队伍。

我写的这篇文章"写给客户的信"就是对这个交易框架的一次整体概述。

写给客户的信

××:

你好!

很早就看到你的帖子了,但我想晚一点再和你联系,因为我相信会有很多人给你写信,我希望排在最后一个,好让你更仔细地看清楚。

资金需要好的操盘手,操盘手也需要资金,但双方能够很好地合作是不容易的。我希望我们的合作不是1年、2年,而是5~10年。我能为你带来的是每年稳定的投资收益,虽然不高,但能年复一年。如果你也希望是这种收益模式,那我们可以好好沟通。我希望我们能彼此多花点时间,了解对方的想法和操作模式,千万不要因为急于想把钱赚回来,而轻率地开始合作。你需要长期的资金管理人,我需要长期信任我的客户,所以我们要很认真地彼此沟通。

做期货,我会把年收益率定在50%。如果是股票,我会定在30%。我认为这样的指标是我能够完成的,压力也不会太大。如果指标更高,会逼着操盘手去做一些冒险的交易,而冒险的交易往往不会有好的收成,虽然只是损失你的金钱,但对我操作心态和操作业绩的打击也将是巨大的,所以如果你的年收益目标更高,那我是不合适的。

我认为好的合作应该建立在良好的沟通上,我很希望了解你对资金年收益率的看法、你对风险的看法以及你如何看待我们的这种合作关系。关于收益的分配方式,我谈谈我的意见,我拿年收益部分的30%,也就是一年后,我拿盈利的30%,半年结一次账。年收益率再高我也只拿30%,因为我不想鼓励自己把年收益做得很高。这需要冒险，亏的是你，赢的我却要多分成，这是不道德的，而且如果我有这种心态，往往我最后什么也得不到，还会让你亏钱。

我的交易系统中首要的一条就是**目标管理**。我绝不为自己定过高的目标，我认为钱是靠一点点累积地来赚，每年都有盈利比一下子赢多少要重要得多。

我的交易系统第二条是**设立总资金的止损位**。如果我损失超过这个数字，我们的合约自动中止，我将失去你这个合作伙伴。因为无论什么原因，我如果造成如此大的损失，说明我的状态不好或者市场状况非常不适合操作，那么为了你的资金安全考虑，你应该另选伙伴了，这个比例我在期货中定的是30%。

第三条是**一年中操作战役不超过10次**。这是为了预防我进入一种交易饥渴症（很多投机者的通病）。兵贵胜，不贵久战。交易越少，我们盈利的机会越大。（需要注意的是，我的一次战役不是指一次操作，而是指对某种趋势判断后，所做的试盘、加仓、止盈、平仓等过程，这里不一一细述。）

第四条是**不做短线，也不每天盯盘**（我只会在星期一、星期三、星期五全天盯盘，星期二和星期四则不看盘，重仓和止损时除外）。我知道大部分期货同道都不赞成我的这个做法，认为太危险。他们认为期货瞬息万变，不盯盘太危险，却没想过为什么很多人每天盯盘，最后还是爆仓。危险来自不合理的持仓量。只有两种情况我能放心地离开盘面，即我对持仓胸有成竹，而且仓位较轻。其实大家可能不太知道，主力欺骗大家的最好工具只有一个，就是盘面，所以少看盘面绝对是有好处的。

第五条是**平仓制度和休息制度**。我会建立一整套严格的止损和止盈制度，并且规定，损失资金量的10%，无条件休息一星期，损失

20%休息三星期。

第六条是**持仓量管理**。①以亏定量（也就是当你看好准备持仓时，你的持仓量多少是由你准备损失多少来决定的，而不是由你想盈利多少决定）。②试盘量。③趋势正确，重拳出击。

第七条是**情绪、注意力管理**。好的操作来源于好的情绪和好的注意力。这条是对我日常生活，特别是交易日前的生活管理，何时该情绪止损，以及当情绪低迷时，如何帮助自己尽快走出低谷。

看了上面七条，你一定觉得我没有谈到市场，没谈基本面，也没谈技术。是的，我认为做期货就是一场资金的战争，首先是制定战争的目标，然后是战术纪律，最

> 快乐的人才有好的生产力！

后才是根据现实制订计划，计划不是死的，因为现实总会改变。作为一个操盘手，我一直努力让自己没有观点，既不效忠多头，也不誓死空头。就像利弗莫尔所说："市场没有多和空，只有一面，那就是正确的一面。"

其实看对市场并不难，你会在多头市场初期就找到很多坚决看多的人，但最后他们赚钱了吗？你会找到太多看对了又做错的人。他们做错的原因肯定有一个，那就是他们还不了解自己的弱点。实际上了解自己比了解市场更重要。

扁虫鱼

2004 年 8 月 8 日

信件解读

通过这封信，你可以看出我当时的交易框架，包括目标管理、设立总资金的止损位，还有防止自己进入过频交易的设置……

前两条我们在目标管理中已有涉及，就不多谈了，就后面几条，我再详细介绍一下我当时的思路。

第三条：一年中操作战役不超过 10 次

我必须承认，这个思想更多地来自巴菲特。这个精明的老人，对于任何成本都精打细算。所以伯克希尔的股票贵到十几万美元一股，却从不拆细，也不分红，因为据说这些都不能增加股票的价值，相反还会花费相当的成本。

对于交易中的成本，巴菲特更是非常留意。在他看来，每下一次注都是一次潜在的亏损（首先你要先交手续费，而最后把筹码换回本金时还要再交一次），而盈利却充满了不确定。正是这种对交易的理解让他非常节制。他总说："我感觉自己手上仿佛捏着一些交易条，每出手一次我就用掉了一张。这些交易条的每年可用额是有限制的，所以我总在想，这次真的就是最好的机会吗？"

必须感谢他的智慧，他讲的细节正是被大伙常常忽略的。事实上，也许正是他对机会严之又严的苛求，才造就了他如此高成功率的传奇。我们总是津津乐道于他价值投资的成果，而往往对如何形成"价值"的细节置若罔闻。

这条规则其实就是我对他的模仿。落到实处，就是我后来建立的专业交易条——操作申请书。它是心灵之家的门卡系统，借此我们能更好地控制，也更明确我们为何进出。

第四条：不做短线，也不每天盯盘

这条是争议最大的，也是当初我自己心里很没把握的。我曾很多次问自己，星期二、星期四不看盘，你真的做得到吗？当时我做的是商品期货，对于这个时刻跳动、反复转折的品种，我真的沉得住气？因为这意味着，如果我当天进的仓不平（我的规则是不到目标／止损肯定不平，我不做日内交易），那么我的持仓必须历经两晚与一个白天的考验。

这有意义吗？

间隔地看盘，本意是让自己与盘面保持一定距离。因为我是一个容易情绪化的人，过多地贴近盘面，就容易受到误导。其实也就是把市场想象成只有三天交易，只是其中多了两个大跳空。

在市场中多交易两天对你的盈利有帮助吗？从巴菲特的角度看，没有！所以你舍弃它并没有丢失任何价值。相反你能获得不少好处：①减少了盘面的刺激；②强制注意力集中到长期一点的角度；③与普通交易大众产生了形式差别。

如果真的照做，你很快就会察觉问题："正好在休息日发生突破行情怎么办？"其实我们是要赚钱，不是来参与每一笔行情的。我们早说过："不符合我们节奏的行情，我们都认为那'不是我们的行情'。"隔离一天既可能让我们丧失进场良机，也可能避免"回火"的风险，所以这本来就是一次双向回避，而真正的大行情是很难一去不回头、没有反复的。大部分人对行情的把握，往往不是太慢，而是过于迅速。

不过虽然我们做出了这样的解释，这样的休息实际做起来还是很难。但你一定要相信，恰恰由于它的不容易，也由此深具价值。还记得吗？这其实也是"平衡"的一个重要判断依据。事实上在我遵守的那些时间里，它都带给我很大的价值。（换言之，我还有很多时候没能遵守。）

第五条：平仓制度和休息制度

股谚说得好："会买的是儿子，会卖的是老子，懂得休息的才是爷爷。"

关于平仓制度与休息制度我用了大量的篇幅来研究。如何止损与止盈等平仓制度是我们在"离场把握"中的重点，此外还有"突发事件应急预案"和"STOP，截断亏损"。休息制度则在后文还会详述。

第六条：持仓量管理

很高兴看到那么早小鱼就提出了"以损定量"，这是头寸管理中的重要内容。我曾学到著名的凯利公式，如果对这两种控制仓量的方法进行比较，凯利公式由于过于数学化因而相对死板、复杂，而"以损定量"使用起来则有效得多，但"以损定量"必须建立在目标系统很明确的基础上。反之，对于一个贪婪、赌性十足者而言，凯利公式会更具有强制约束力。

仓量管理在交易中非常重要。很多人认为做股票时，仓量管理并不太重要。确实，我在很长一段时间内，也是习惯于全进全出，当时的理念是，看好就要敢全仓买，一旦不看好当然应该全出。但学习后才明白，不但做期货要仓量管理，做股票也要。这里面就牵涉一个很重要的原因：所有投资者在面对市场时都会产生"赌徒破产"困境。

第七条：情绪、注意力管理

我们之前已经讨论过，市场是一种情绪，交易是一种截线运动，截点的选择是在自我情绪与市场情绪共振下做出的，其中市场情绪是主导，但是要观察、体认到市场情绪的脉动，你的情绪必须小于（平和于）市场情绪。通常情况下，投资者的情绪波动比市场还大，市场猛地下跌了一下就恐慌得不得了，而一旦企稳刚刚拉出第一根大阳线，似乎世界又马上明媚起来，一万点不是梦，大牛刚启动……

请仔细回忆下：你很多"买截点"的选择是不是在大牛的感召下急切介入的，而"卖截点"的选择又是不是市场恐慌情绪下自我情绪的慌不择路？这两种情况都是市场情绪与自我情绪的共振，而且这个共振放大了贪婪与恐惧。说得简单点就是，你的情绪被市场带着走了。

这就好像你是指挥的将军，接到报告，死了 1 000 个兄弟，"啊！太可怜了。"你马上联想到血肉模糊的场面。关将军战死了，"啊！！我的二弟啊。"荆州失守了，"啊！！！可恶的吴国，我与你不共戴天。"玄德失去理智要找吴国拼命，才有了后面的火烧连营，白帝城托孤。小鱼常常记起这个故事，就是警醒自己是个资金战争的指挥官，情绪失控下做决定有多么可怕。

有人问：市场是种情绪，那如何观察呢？是啊，情绪看不见、摸不着，又来去如风，如何观察呢？细节很多，小鱼不一一展开，只说最重要的一条：当你情绪平稳时，你就很容易观察到别人情绪的波动。

就像女友（男友）发脾气时，你如果针锋相对，就会吵得一塌糊涂。但等情绪稳定下来，你就会发现女友（男友）的症结在哪一点，而其实那个点你是可以轻松解决的。为何当时没发现？因为你也有情绪。所以当别人来情绪时，你别被激怒，静静地观察，你可以很有意思地看到女友（男友）情绪的波动——如何激烈，又如何在你的某些姿态下软化。这时，你就可以参与其间，引导女友（男友）的情绪，进而得到你希望的结果。

其实市场很像那个女友（男友）。

我们一直在强调：市场是一种情绪，你与市场情绪的共振形成了你的操作。情绪部分是心灵之家的循环系统，这是软系统中的一个难点。本书后面对此还将详细论述。

▌盘前十问

1. 你是顺市还是逆市？对应的均线系统支持你的看法吗？

2. 你是用趋势性的眼光判断，还是短线的灵感？

3. 你握住了主力的手，还是站在散户中间？

4. 你准备持有多长时间，1个星期、1个月还是1年？你持仓的时间与判定系统、止损点、目标位、单量是否统一在一个时间框架内？

5. 你设立止损位了吗？别忘记每天修正你的离场位。

6. 你为什么要用这么大比例的资金来操作？万一损失了怎么办？会损失多少？你能接受吗？

7. 你这个计划是想抄底还是想抓顶？是否该再等等，等趋势更明朗些？

8. 你长期跟踪研究这个品种了吗？

9. 你派出先遣队或打定价单了吗？先遣队和定价单显示你可以追入吗？

10. 你信念坚强吗？

11. 你心态平衡吗？心情放松吗？你是否会太紧张你的头寸？如果太紧张，那说明第六感告诉你该离开，或降低些比例，这样你可以安心睡觉，有利于健康和心情。

12. 相关品种及各期合约的走势相互印证吗？

13. 你静心散步了吗？你对此认同吗？

上述就是"十问"的全部内容，从最初的10问扩展到13问，我为此做了几十次修改，顾名思义，它是做盘下单前的自我提示。

13条挺多的，也涉及许多层面，都是我挑了又挑，拣了又拣，无法再省略的。其中一些概念模糊、模棱两可、无法具体实施的都已经被我去掉了。还有些细节，是根据我自身的性格弱点而特别提醒的。在我实际的操作过程中，每一条都是我必须认真对待并回答的。

对于这13条，我谈谈有意思的几条。

　　有些人会问我第 3 条，所谓是否握住了主力的手，你也能量化判断吗？这肯定无法量化，它其实更多的是一种盘感，但这绝不是无中生有的感觉。当一轮行情即将启动，是有脉络可寻的，我把这种种的迹象，看成主力向你伸出的手。这种感受很难表达，每个品种、每次情况都会不同，而且每个人的感受点也不同，这真的需要交易实践的累积。

　　主力有时候会伸出手，有时候又没有，没有的时候，我们会把它定义为期货的无序波动；我们的操作正是要摒弃这种无序，所以这条是提醒我，市场有没有预动的先兆。

　　没有信心就没有利润！这句话是否太武断了？或许你不愿意轻易地反对，但你心中一定也有些不以为然：做多，行情上涨，即使没有信心，也会没有利润吗？再说，信心从哪里来？不就是盈利赢出来的。

> 没有信心就没有利润！

　　我们已经了解到，交易事实上就是一种截线运动，买进点与卖出点之间的绝对高度差就是（正负）利润。在买点固定的情况下，抛点的选择就决定了你是盈利还是亏损。事实上，行情很啰唆，它总在提醒你："赚了，赔了，又赚了，又赔了。"赚了它引诱你的贪婪，赔了它考验你的信心。如果你没有信心，又如何坚持到你需要的那个离场点？

　　一个人怎么会没有信心的？信心是盈利赢出来的，反之，没信心就是亏损亏出来的。如果你已经失去信心，那你一定受过市场的伤害，而且这样的伤害程度已造成你信心的挫伤。这可不是轻松的伤害，它很可能会造成操作困境：当行情向你示好，让你赚钱时，你会由于渴望更多地补回损失而贪婪；而当行情翻身折下时，你往往很快忍耐不住而生懊悔之心，责怪自己之前盈利的时候为什么没有平仓。如此反复，你的心被贪婪与恐惧纠缠，最后一定会被行情狠狠鞭挞。

我无法计算出你是会先赢后输，还是一输再输，但相信我，我和很多"先烈"都反复论证过了，得出的经验是这样：当你丧失信心的时候，继续操作一定会伤得更深。

其实总结到最后，一句话就可以了，很多高手会时不时地挂在嘴边："做交易就是做心态，心态不好怎么做怎么输。"

故而询问自己信念坚强吗，就是测试你自己的信心度，以及你对该操作的信心度。只有坚定的信心才能助你度过行情反复修正的暗礁，抵达成功的彼岸。

那么心态可以自查吗？可以。

内心宁静时，你就能把自我解放出来，让它慢慢升到半空，向下审视着你。这时候，它是公正的第三者，不带偏向地观察你的心态：急躁吗，挫败后急于求成吗，还是淡定自若，心如止水……在我的周交易计划中，总有自我评判这一项，我运用这个方法，真的可以了解自己所处的状态，并由此给出大胆进攻、谨慎、防守、休息和强制休息等建议。

说完第 10 条，我简单说一下最后一条——散步的意义。

我很了解自己，我常常会钻到一个胡同中死活不出来。在头脑发热的时候，我们这类人还特不听劝，越拉越倔强。看好的时候只看到好，坏的时候全是坏。我们不大愿意听别人的，性格学上我们都是自我判定型，事实上，不是这种性格的人还真不适合做交易。

> 散步就是为了散热。

不过，我们真的必须冷静。记得吧，有多少次，你热血沸腾，最后却只是空欢喜一场。所以，在最后决策入场前，我愿意再给自己个机会，重新思考。这是必需的一个过程，让大脑冷却后重新研判。我最喜欢的方式是散步，每当我围着小区遛弯的时候，就会情绪平稳，才思滚滚。

不抄底不抓顶

抄底也许是投机市场中最有诱惑力的事情了，即使很多人听过大师们的谆谆教导，在实际操作中，我们总还是免不了想抄底。对此，大伙也有理由：投资不就是低吸高抛吗？如果跌的时候不买难道涨了才买？

要搞清楚这个问题，首先需明确抄底的准确定义。

巴菲特是逢低买进的高手，他的许多成功投资都是趁市场恐慌的时候，吸进自己喜欢的、耐心等候的股票。所以逢低买进与抄底买进的区别在于："逢低买进"是你先认同了这个投资标的，然后等待市场恐慌后再低位买进，这是正确的；而"抄底买进"是由于看到某些股票跌得太多了，因为贪便宜买进。所以**真正要回避的不是低价买进的行为，而是仅仅因为价低而买进**。

认清这一点非常重要！

那如果不抄底的话，我们在哪种市场状态下的胜率更高呢？请看下一节。

▌什么时候更容易上涨

关于市场风险的教育，在中国股市是严重不足的。

为什么不能仅由于价格大跌而抄底，原因就在于对这种市场风险的尊重。

因为市场走势是有理由的，每次下跌背后都有其深刻的基本面。这或许是你还不知道的，还没被披露的，也可能是你没有亲临现场，没有亲眼所见的。我印象最深刻的是一位国外著名炒手谈到他的经历：有一年，咖啡丰收，价格大跌，跌得惨不忍睹，甚至跌到一袋咖啡的价格低于包装袋的价格。这明显过于夸张，咖啡的价格早晚一定会涨起来的。秉持这个理念，炒手瞅准极低价勇敢地冲进去了，相信只要能够长期持有一定能获得丰厚利润。

最后价格真的回升上来了，不过在此之前，这位著名的炒手已经止损出局了。千万不要就此认为炒手的能力不足，他在投机市场中的浸淫远超过我们，真正的原因是，市场的力量总是比你的忍耐更持久一些——炒手买入后，咖啡价格继续大跌，一直跌到炒手认亏出局。即便这样，咖啡价格还是在地板上又趴了两个月，然后才迎来上涨。

对于期货市场的这种夸张表现，小鱼心中一直藏有疑问：商品的价格跌到低过包装袋，这应该不是真实世界的状况吧，会不会只是期货市场的炒作因素呢？直到有一年我在海南看到了真实案例：

几年前，不知大家是否还有印象，网上传出吃香蕉致癌的说法，而首当其冲的就是海南的香蕉，那年它正好大丰收。

最初我没太在意，只觉得流言很可笑。直到有一天，我上街看见果贩的香蕉以1元3斤的价格出售，我才有些吃惊。真的很便宜，这个价钱似乎就是运输费与人工费了吧。

当我更多留意的时候，更大的吃惊出现了：果农用三轮汽车直接拉来的香蕉，卖1元5斤。这是什么价格？和白送差不多。我花了1元钱买下一大串，很努力地吃掉1/3，其他只能扔掉了。

后来正好参加驴友组织的一次户外活动，在海南山间徒步，看见当地的农民，我特意上前向他请教香蕉的问题。他告诉我：这几天，政府已出台了补贴政策，价格有所好转，但很多农民的香蕉依然烂在地里，没人收割，因为劳动力成本和运输费都卖不回来。现在村里都用香蕉喂猪，喂到最后猪都不愿意吃了。

我问到这次香蕉波折的最低价，老伯有些悻悻："反正就在一两分钱1斤，或者直接烂在地里，谁想要自己随便摘。"

仅仅是个流言，仅仅有些丰收，居然出现1分钱1斤的香蕉，真实现货市场的残酷，由此可见一斑。我也终于明白了那位著名炒手的悲哀，他并非我们想象的那么笨。实在是：在残酷的市场面前，那些没有经历过的人过于缺乏想象。

所以真正的下跌都是有深刻背景的，你必须尊重。当然趋势到了一定地步自动会转弯，但你一定无法命令它立即转弯。市场有它自我的情绪，它的固执往往超越你我的想象，这也就是不能随便抄底抓顶的原因。

上涨的时候更容易上涨

如果我们要找一种更容易盈利的市场状况，请问你认为什么时候更容易上涨呢？我这里有三个备选答案：①市场已经不断地上涨了，且创出新高；②市场在箱形振荡，现在正处在振荡的低点；③市场长期下跌，最近又创出历史新低。

这个讨论有意思的地方是，每个人都会给出不同的回答，选哪个的都有。我们来看看利弗莫尔的回答："当一只股票上涨时，重点不在于它是否涨得太高。你研究的重点应该是它为何上涨，并且观察这个理由在未来是否还会产生作用，如果确定无疑，那么你为何不该继续买入呢？没有一只股票会因为价格过高而不能买入，也没有一只股票会因为价格过低而不能抛出。"

市场什么时候的走势最猛？一种是超跌反转，底部猛地起来的时候；还有一种是迭创新高，快速冲顶的时候。如果要稍稍分辨两者的不同，那么前者是涨势先强，然后逐渐缓和；后者是初期犹犹豫豫，后来则越来越强，接近顶部时最强。所以西方金融市场上流行着一句话：**行情最"肥美"的一段就在最后的 72 小时。**

市场是有规律的，在一波趋势中，行情会自我强化。在这个强化过程中，最初是最弱的，也是最容易反复的。因为有太多人不确信，这时市场就需要时常用杀跌来考验下部支撑，只有每次都获得基本面的向上支持后，市场的信心才会陆续积累，而使更多的人投靠过来。我们一直说：市场也是有情绪的。但这种情绪的叠加需要一个过程（见图 4-1）。

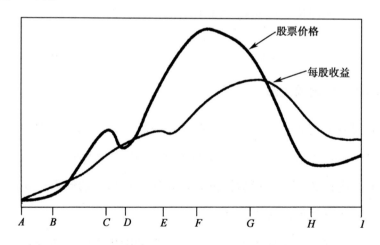

图 4-1 繁荣／萧条模型（本图摘自索罗斯的《金融炼金术》）

为什么？我们来看代表基本面的现货商的表现（股票过于抽象很难举例，我们以某个实际商品为例）。

现货商喜欢低吸高抛，这也是他们的生意经。但有种例外：当市场已连续数次得到下档的支持后，行情开始向上突破（市场产生情绪），现货商高位抛出去的货，开始无法在低位回补。他们在观望一段时间后，被迫在高位回补；当在更好的卖点抛出后，他们会发现再次回补的机会很少，稍纵即逝；稍稍犹豫就被迫又在更高点位回补……就这样，他们被市场反复教育，开始认同压货的意义了，应该流动的商品开始变成会生金蛋的鹅，炒家不如捂家的时期也由此开始。

于是，一旦再接手的货自然会非常珍惜，而不愿意轻易地卖出，随着越来越多的货被压库，价格就像起飞的 747，开始直冲云霄，越快速地上行越证明压货的正确性，于是造成更多的压库……所以与通常想象的相反：在行情的后期，行情越上涨，货物越少，而越少越上涨（如此循环）；最后的快速飙升都是空头被迫投降无奈抢进的，市场是有情绪的，高涨的情绪也一定会到达高潮。

情绪的节奏

有经验的玩家，都会清晰行情这种框架：最初在相对低位，行情走得异常反复，涨了又跌，跌了又涨，非常挣扎；而后行情的节奏突然不一样了，开始突破了，这时候开始总体是上涨的，即使有回调，也往往在一天内结束，行情开始持续创新高，最后加速腾空而起，再不回头。

那跳动的曲线就像一壶加热的水，最初温吞吞的，僵持的时间很长。即使你焦急地等待，却全无动静。每次你急不可耐地动手，都失望而归；但当你有些失去耐心，忽略关注时，突然有一天，它似乎苏醒过来，开始翻滚，不停跳跃（这其实就是最好的买点），最后，水蒸气从壶嘴一冲而出，发出长长的啸声……（小鱼比喻夸张了吗？丝毫没有！曾经沧海难为水，当你真正经历过市场牛熊转换后，你才懂得什么叫百转千回，什么又叫一飞冲天。）

利弗莫尔就是最擅长此道的行家。每当进入翻滚的关键点，他就毫不犹豫地把注码都压下去（盈利的再压上）。他自己也说："……我难道不应该小心点吗？这样的下注，市场只需要一个很轻巧的回档，就会把我清洗出去，但没有，每次我这样做的时候，市场总是非常配合，因为我介入的是个关键点，市场已开始无可阻挡地上涨。"利弗莫尔是个天才！

所以交易能赢的关键不是抄底或摸顶，而是当市场上涨时买入。是的，小鱼又仔细地再看一遍，上涨的时候更容易上涨，要学会在上涨中寻找契机。

在我们弄懂为何不抄底及哪种市场环境对我们最有利后，我们再来看时间要素的重要性。

▌统一时间

对于"盘前十问"中的第 4 条，我必须单独列一节来讨论，因为这里谈的是一个要点——**交易中时间框架的统一性。**

交易一定要有时间框架。在你最初选择进入时，一定有一种信心支持你。它可能是："市场屡屡上冲无果，目前又跌破了关键支撑，现价做空应该能赚一把。"或是："别看现在跌得挺猛的，其实市场还是在大区间震荡，现在已靠近下档支撑位，我可以依托有限的止损，尝试买进，盈亏比是 4 ∶ 1，值得。"还可以是："我们已跟踪市场一年多了，国际能源市场的高价格，以及国家产业政策的调整，都将利好该品种，而它经过 8 个月的盘整，即使遇到禽流感这样的重大利空，也只是探出新低后立即回升，只要再突破这个短期压力，一轮大升势就此开始。"

毫无疑问，上面三种情况，第一种情况是短期交易，乘势捞一把就走；第二种情况就需要些耐心，你在尝试把握大箱体震荡的利润，这是要费些时间的；第三种情况，你已跟踪了很长时间，期待的是一个大趋势、大利润，你不会斤斤计较一些短期的波动、起伏，因为你知道这是必然的，也是必需的。每种情况介入的理由截然不同，所把握的时间点也是迥异的，那么你依托观察的判断系统中的数据设定也会有很大区别。不但如此，你的单量、止损、目标位也是完全不一样的。就好像你去河边舀一瓢水，或想横渡过去，还是准备一叶轻舟，顺江漂流，目标的不同一定也带来手段的不同。

这就要求你清晰每一次操作的时间框架，并为此准备合适的工具，但人脑是很容易混淆的，你不给出严格的划分，大脑很容易以为这"时间"就是那"时间"，甚至还会为了某些原因自圆其说。

回顾自己的账单，有好几次，都是一进去就赚钱了，内心很轻松，于是就持仓想看看利润的船究竟能驶多远，结果没多远它就回来了，不但回来了，而且很快就给套上了。这时候我才清醒过来，当初下单就是因为看到了短线趋向、多头屡攻不破的回杀，所以这是个捞一把就走的活。因为贪婪，赚了钱还不走，还想捞，结果鱼没捞着，人却被潮水冲走了。

还有很多次，你是长期投资，找到合适的点位介入，却总期盼它立即启动，好让利润尽快落入口袋。但事实上，市场似乎有另外的打算，你的头寸行动迟缓，当别人黑马狂奔的时候，你的马却只是低头啃草。一轮行情下来，你的利润微薄，调整行情接着出现，所有的品种全部下跌，在恐慌的气氛下，你也仓皇出逃，美其名曰这是规避风险。此后你又被其他的短线品种吸引，最终当那匹黑马真正飙升的时候，你却被挡在了门外。

这样的情况你是否曾经发生，我不知道，但小鱼确实遇到过好几次，在总结错误的时候，我们不应该简单地把它们归类于运气不好，或者对后市研判不准。更准确地说，就是你轻易地转换了时间框架。把短线做成长线，又在一个长线行情中运用了短期的止损位。

在一次交易中，使用不同时间框架下的各项参照指标，是多数交易人经常犯的错误。为了避免这个错误，我们的操作申请书上一定要写明该操作的持有时间，而且绝不含糊；不是写什么短线、中线、长线，而是一定写清楚你准备持有多少个交易日。如果长线很难精确估算，也一定要标明其他判断依据，并且在每周周计划中，对此重新审查。这样你就可以很明确你的交易周期过去了多少，是否达成目标，是否需要执行"时间止半"等操作。（操作申请书与时间止半，后文再详加谈论。）

时间框架的内容涉及很广，人类行为的大部分都或多或少地与此牵涉，你需要时刻在头脑中提醒自己，对于每一个判断、每一个操作环节都必须加注其对应的时间周期，而在"一个操作"中，只能选取统一的时间框架。这是个很细节的工作，你必须审查那些模糊的地方，并对此一一做出修正。就像整理房间不留卫生死角一样，你的操作系统中不应该留下模糊的死角。

▍ 离场把握

如果我们为自己的每次入场都精心规划，那么怎么可以轻率地对待自己的离场呢?

离场是交易结束的最后一环,也是最重要的一环。其实每开始一笔新的交易,就应该考虑未来将如何离场。关于这点,李嘉诚有过很好的描述:"用 90% 的时间思考失败。"考虑失败,寻找风险,为各种风险准备好退路。李嘉诚就是这样做的,所以他是华人世界中的财富常青树。

其实对于离场的把握,是要存在心里的,而不只是条条框框。因为离场的时候最需要的是决断,有时候真的是电光石火一般。投机很像金钱的战争,需要长时间的准备、训练、两军对峙。平时大家练的就是内功,比的是勤劳、细致。真的开打了,只要不是一战即胜(即溃),那么就一定会出现些关键点,它们将真正考验你作为一个统帅的智慧:行情很纠结,时间很紧迫,而判断转折只在一瞬间,是战是撤,要马上做出决定。

所以我们首先要有一些离场的规则,这不是战时让你翻阅参考的,它应该是你对各种复杂状况预想的应对,先白纸黑字写下来,尤其是在不利、败退以及出乎意料的情况下的应对,然后牢记于心。我在 2005 年 3 月为自己编了以下规则,供你参考。

我们把离场分为止损、止盈、获利(达成目标),再加上时间要素、突发事件以及情绪控制共六点,并在后面的括号内提示节奏为全部或部分离场⊖,* 号后的文字一般是提示风控员的。

1. **止损离场**(全)。任何一次入场都必须包含明确的止损位,一旦触发,无条件全部离场。* 风控自动执行。

2. **止盈**(半)。适时修正止损位,当止损位越过成本价就成为止

⊖ 括号里的"全"代表全部离场,"半"代表一半离场。

盈线，到止盈位，可选择半仓或全仓离场。* 止盈的目的是规避风险、保护盈利，但并不是获利离场的最好方法。* 止盈的决定权在主操。离场后，条件合适，主操仍可选择重新入场。

3. **获利离场**（长线／短线）。

（1）**长线重赢**（三分法）。越是重赢，离场越要稳妥，既然做对了趋势、踏准了节拍、心态优良，又有大把的浮赢作为保障，就应该风帆尽驶。* 一个长期大趋势的改变需要一个漫长反复的过程。* 遵循逐步离场的步骤：①第一次信号，本金；②第二次信号，余者半仓离场，半仓运作；③第三次信号，20% 运作。如遇三次连续亏损，彻底离场。

（2）**短线重赢**（全）。当市场连续涨升，价格跳跃，人气沸腾，成交量巨大，突然出现不和谐声音，而后价格逐渐走软，则是危险信号，迅速离场。

4. **时间止半**（半）。入场后，行情迟迟无法走出盘局，此时应根据长线、中线、短线来确立"时间"，到时间，行情仍无起色，则先退出一半仓位，以调整心态。* 风控应及时提醒主操设立时间止半。

5. **突发离场**（全）。突发主操未能预计的重大事件，全仓离场观望。* 盈利则谢上苍所赐，亏则更应于第一时间离场。

6. **情绪止损**（全）。主操由于身体、感情、家庭等因素引起情绪的持续低迷或剧烈波动。* 风控应提请主操注意，并择机离场和拒开新仓。

上述内容还不够充分，但详尽无止境，我这个只能算抛砖引玉了。

关于止盈

需要注意的是，止盈也应该严格执行，但节奏正常后，应该允许主操再重新回来。毕竟止盈不同于止损，它没有提示你这是根本性错误。它只是严重警告，所以要执行它。然而很多趋势性行情也会走得非常反复，我就见过回调幅度深达 90% 的，但最后一波大行情还是走出来了。所以止盈后，如果条件合适，主操应该有勇气再回来，尤其是当价格超越止盈位后。一个好的操盘手应该是有肚量的，其中就包括允许自己的系统出错，以及错失一些行情的勇气。我就知道一位著名炒手的成功案例。

最初他是对的，布雷顿森林体系瓦解后，他跟随着做多黄金，赚了一大笔。

但很快，他就觉得金价升得太高了，转而做空，结果很快输了回去。

在随后的震荡中他也是输输赢赢，直到金价接近上次高点后，他又开始做空，可惜因金价迭创新高而亏损累累。

直到金价达到 250 美元 / 盎司[⊖]后，他才幡然醒悟，重新做多，但由于恐高，他每次只吃一小口就跑了出来，结果看着金价又翻了一倍，他咬了十几口，却还没扳回损失。

他最初做黄金时金价不超过 50 美元，但当金价来到 500 美元处，他勇敢地放下过往，从头再来，建多黄金，并坚定持仓，结果很快金价冲破 800 美元，他大获全胜。

交易要有否定自我的勇气，有时甚至是否定之再否定。但这种否

⊖   1 盎司 = 28.349 5 克。

定是需要有现实与时间要素做基础的，不然很可能变成反复无常或草木皆兵。比如，对于止盈后操盘手再次回来，是需要严格地重新填写操作申请书的，尤其是心态的重新归零很重要，不然很可能演变成上次止盈后不服输，把胜算交易变成赖桌赌博了。

获利离场

在获利离场中，其实情况也是非常复杂的。盈利的单子看上去很容易处理，其实不然，很多巨亏的起端就是从大盈利开始的。因为巨大的盈利最容易扭曲心灵及一个人的欲望。大赢下的市况往往波动激烈，很多瞬间达到的高点与低点落差惊人。就我个人不算丰富的投机经历中，我就遇到过一天内，赚得最多时与最后收盘比，金额相差了1.5倍。

现在我们在纸上随便写写或许没什么感觉，顶多是换来一声叹息。但在真实的场景里，你的心会扭曲得很厉害，尤其是当你看到账户上曾经出现的巨大数字（期货交易实时清算）时，你会觉得那些钱就是你的；当数字再次减少时，你会觉得你好像失去了那些财富。其实，它只是你账户内偶尔的噪声，却已激发起你巨大的欲望。

真的，那种贪欲会像忘关水龙头的池子一样，溢得满地都是，而你整颗心都浮在这水面上，无法沉静下来。我就有过这种感觉——一种幻想，脱离实际的幻想，想象着虚构的财富被你如何地铺张，而后财富还滚滚而来，就像一波波的浪潮……而你自己如何站在荣誉的讲台上，向听众娓娓道来……最要命的是，你觉得那些都是真的，是触手可及的，然后你为了真实地唤回这个梦想就下了一个重重的注……

所以如何在大盈利状况下有序离场，绝对是个技巧。它不但决定了你这一笔的输赢，更重要的是为后面的操作奠定了基调——是继续真实谨慎，还是走向虚幻狂妄。很多人的系统只关注到每一笔的输赢，努力的重点是单笔盈利的最大值。但我们不是，我们知道情绪、欲望是有传承的，赚得最多，却勾起贪欲，于是今日的奥斯特里茨就变为了明天的滑铁卢。

我们建议逐步减仓离场，这不但可以有效地获得平均盈利值，而且是舍弃瞬间暴利思想的好方法。长线重赢也代表你踏准了大趋向，而趋向的转换之复杂经常超出人们的想象。我们见过很多供求关系已经逆转而后继续上涨，见过持仓量、成交量都处于低位的连续上涨，也见过顶着无数利空重压下的迭创新高，所以逐步离场并适度保留仓位是继续获利的关键。更重要的是，它避免了连续踏空后的懊悔之情，这种情绪把控得不好，很容易走到行情的反面——由于踏空而做空，这种陷阱里的尸体早已白骨累累了。

以上这些，看似几条平淡无奇的字句，但背后所蕴藏的深意，不可不察。

时间止半

这又是时间要素在交易中的一个妙用。有了它，你可以回避许多困惑、内心纠葛的状态。心灵交易的最好状态是怎样的？是内心澄明，无忧无虑，积极乐观，又愿意经常解剖自我。我一下子用了很多形容词，不知你能否清楚我描述的那个状态。

在投机交易中，每天都有巨量的信息涌向你的大脑，它们彼此矛盾，在你还未完全厘清时，行情又给了你对"它们新的理解"。有答案当然很好，问题是它们的答案总是曲折变幻，所以投机客会有一种坐在"大洋中一叶孤舟的吊床上"的奇特感受。时时眩晕，时时困惑。其中最晕的有这么几个时间：①大幅来回波动时；②突发消息时；

③超越止损时；④连续亏损，接近止损时；⑤行情小幅震荡，迟迟走不出预想的波动时。这些都是极难决断的事，犹疑困惑是必然的，而且个案不同，很难找出统一的答案。那么当你的心跟着汹涌波涛来回荡漾起来的时候怎么办？心荡漾是交易中最可怕的（所以心灵交易者特别关注），不但因为你这一次决断后的得失，更关键的是：一个头晕、理智不清的人，即使回到平稳的大陆也会连续摔倒。

切断身心与摇摆源的联系！

我记得心灵交易使用得法的时段，我内心澄明、无忧无虑，不是我没遇到急风骤浪，而是我总能最迅捷地切断使自己身心摇摆的来源，很快让自己身心平衡。这时你实在无法悲观起来，退后一步让自己安全后，疯狂的海啸变成了可供欣赏的钱塘潮。你可以去感受那大浪落、大浪起的节奏、快感，如果与你身心合拍，你还会很乐意地冲浪。真的很难描绘那种轻松自如的感受，你一旦体验过，相信很难忘记。外面行情风潮涌动，电视、报纸、评论员声嘶力竭，周遭人焦急、恐慌，而你却独守钓鱼台，任那云卷云舒，只钓一江秋。

你的内心平静，所以很容易聆听到它的声音。你的心灵平等自由，所以很愿意像旁观者那样轻松地剖析自我。越是在这种状况下，也就越容易发现问题所在，防患于未然。

这种美妙的状态，最重要的就是让你的心免于颠簸。时间止半的功能就在于此。你长期跟踪的机会出现了，你介入后初始的状况不错，而后却迟迟不愿走出大行情：它不上攻，你无法获利离场，它也没有向下突破到你的止损位，你的系统告诉你该坚持。但坚持必须有个度，在投机战争中，我们没有宣誓效忠某一方。所以在纠缠和困顿中，我们要注意"时间"。通常来说，我们做长线大方向行情时，会考虑方方面面的要素，其中很多要素就含有"时间"。例如，我们判断即将进入消费旺季，那么此时间要素就从现在到旺季的中端，如果此后还未启动，那么这个支持理由就消失了；我们判断是前期银行贷款发行过量引起的流动性过剩，那么时间要素就是下个月的流动性是否改变；我们判断是甲型流感引起的恐慌造成的，那么就需要时刻关注恐慌情绪何时消退；我们判断依托的是这一轮中国经济的增长，那么这个时间要素就长得多。

综上所述，当初支持你下单的理由都会存在时间要素，随着时间的流逝，许多你已知的外部环境就会转化，这种转化是潜移默化的，虽然表面仍平静如水，其实是暗流涌动。所以设置时间止半，就是对抗这种悄悄的改变。为何止半呢？因为市场并未触及你的止损，它并未正式警告你，所以不是你全盘退出的理由。但降低一半头寸，就可以扩展、放松你的心灵，让你再次从多空两方面理智地来观察，找到下一步行动的基础。

好吧，掌握了时间止半，我们来看离场把握的第 5 条和第 6 条。

▌突发事件应急预案

这两条更像是个预案，一种突发状况下的应对模式。

突发事件应急预案很短，因为这是行动命令，必须简洁明了。

我不再介绍它的重要性了，相信过去的几年中，印尼海啸、汶川地震和次贷危机都教导过我们了。

这重要，那重要！有时，我也觉得自己挺唠叨的，讲了那么多，每一样都重要，那投机要注意的事也太多了。但就像造一辆汽车，哪个环节能缺失呢？车门吗？那里有几百项专利；轮胎吗？多看看 F1

赛车吧。

每个环节都是整体的重要一环。是的，发动机最重要，我们确立的心灵交易最重要，但要把发动机的能量很好地传递到车轮，最后形成平稳、快速、舒适的驾驶体验，那就需要每个细节的努力。缺一不可！其实我也很遗憾，我也希望大道至简，但那种至高无上的简是需要极其复杂的转化的，如同爱因斯坦著名的 $E = MC^2$，容易吗？

制定突发事件应急预案是种态度。它没有格式，也不应该有标准答案，应该根据每个人的实际状况去回答。关键是你一定要有所准备，这样当危机真正来临时，才不至于手足无措。

我觉得重点可以谈谈情绪离场。情绪不好当然应该离场，相信没人对此存在异议，问题是你如何确定自己情绪不好。记得以前看过陈佩斯与朱时茂演的小品《主角与配角》，陈佩斯由于无法演主角而消极对抗，朱时茂说："你有情绪！"陈佩斯回应道："没有，我没情绪。"那个龇牙咧嘴的样子至今还深深地印在我的脑海里。

情绪是很难捉摸的，因为我们都长大了，学会掩饰情绪了。如果你已明显地被人感觉出你的失望、焦虑，那对一个成人来说，已经属于情绪失控了。在交易中，这一般是连续的错误或者巨大亏损后才可能有的事，这时候才离场休息，也许已失去了心灵交易的精髓。

关注 NBA 的中国人都知道，姚明又受伤了，引力性骨裂，像这样的伤是日积月累落下的，也是队医对于姚明的身体状况不够关注，在他出现过度疲劳的情况下，却始终不愿强制休息，贪图在比赛中让姚明多扛个 5 分钟，却最终酿成了缺席整个赛季的后果。人心与筋腱一样，都是肉长的，每件事情的发生都会对它造成冲击，尤其是那些在情感上有影响力的事——失恋、家庭不睦、身体不适、亲人生病等。虽然我们外表装得像没事人一样，但它的影响力早就悄悄地潜入你的心，人前人后我们当然可以依旧职业地微笑、点头，但始终无法抹去心头那一份牵挂。

我们都愿意表现得像个男人，把烦心事一股脑地藏起来："该怎样就怎样，它们影响不了我。"如果你真能如此铁石心肠，那么我尊重你。但你如果只是想伪装，那么市场很容易就会察觉这一点，并借此惩罚你。

我自己已多次身临其境地体会过了。亲人发生的一些事让我有压力，由于我有这样的离场提示，所以很容易想到是否该全部平仓，离场观望。但是，当时我们的交易做得不错，市场也按照我们的理解在发展，所以仅仅因此而离场，实在很难下定决心。最后我决定把一些边缘的对冲头寸平仓了结，而把主要的盈利头寸保留下来。我当时想，由于可能分心，我照顾不了很多品种，那么就集中注意力在一两个上面，应该可行。

不知道你是否玩过"竖鸡蛋"游戏。当你集中注意力于一点的时候，你甚至可以竖起六个鸡蛋，不过当你的精力分散时，即使一个鸡蛋，你也休想竖起来。

有些痛楚，我们希望借由工作来麻痹；有些烦心事，我们希望借由工作来忘却。但你必须注意的是，如果你的工作是交易，那你必须慎之又慎。有些工作的确可以机械、麻木地完成，但交易不行，在这方面交易很像艺术，艺术是需要创作情绪的，你没有达到那种状态，逼是逼不出来的，即便是逼出来的，旁人也会很清楚地察觉——应景之作。你最佳的交易情绪是什么？这需要你自己去寻找，我们可以先记下来，后面再讲。但是我们知道这种情绪最好不要受到打扰，市场是无数个对手的累加，它一直在搜寻人性的弱点，正常人尚且很难对付，何况还是个有不良情绪的人呢？

情绪离场的重点是我们要尊重情绪，要敢于承认自己是有情绪的，敢于承认情绪对自我的影响力——你越尊重它，才能越好地驾驭它。

■ 伙伴：第三方风控

交易中需要伙伴吗

首先，绝不要一群人坐在一起开会、讨论。这是一般投资者经常做的事，根据"大众总是错误的"原则应该回避这种做法。大部分交易者实际上都是单兵作战，所以如果能找到一个彼此互补的合作者，那将很可能是天作之合。

真的，一个好的合伙人如同一段好姻缘一样难求，甚至更难，因为后者至少还存在着荷尔蒙与性冲动，前者则只能靠气味相投了。不过成功的配对也往往意味着更成功的业绩，如巴菲特与芒格，索罗斯也曾经与罗杰斯配对。

一个好的伙伴就如同一面镜子，能常常映出自己的不足。不但如此，他还可以督促你、告诫你，帮你摁住交易中那只盲动的手。

在交易中，最好的搭配就是主操与风控，主操负责行情的判定、机会的把握，而风控则在目标、头寸管理、离场把握、情绪控制等方面加以约束。如果简单比喻，则主操是将军，风控是监军；将军在外面打仗，监军掌控内部事务。从这个意义上说，心灵交易者是最好的风控候选人。就我自己来说也是如此，我一直以为，我更适合成为一个风控手，而对于主操的位置，我或许有些勉为其难。

在交易生涯里，我一直渴求好的合作伙伴，但其实真正的合作可谓少之又少，其中理念不同是最主要的原因。心灵交易这样一套法则，不敢说前无古人，但至少可以说应者寥寥，在我遇到的绝大多数交易者中，技术派几乎占 2/3 以上，其后是基本分析，主要是现货商和一些研究员，还有趋势追随者，以及一些程式交易者。像我这样更多以问心法为主的，我还未遇见过。曾经遇到个故事，让我啼笑皆非。

有一次，在同行聚会中，认识了一位前辈，聊起一本名为《通向财务自由之路》的书，大家心有戚戚焉。

不久，我被邀去聊聊彼此的交易系统。由于是前辈，过去挺有建树，故而我也颇感荣幸。前辈先是表扬了我对书的理解，又介绍了自己的交易系统，并提议如果可能便彼此合作，最后就提问："你的系统是怎样的呢？"因为我一直相信师傅领进门，修行靠自身，如果我讲的你能够听懂，那说明你已经到了这个领悟点上了，于是我据实相告。

讲了一半，被他打断，他说："这些理念的东西不谈。那你关键的操作指标是什么呢？"我想他是想了解我平时使用的技术分析指标以及相关参数设置，我只好解释，我用的这些都很简单，因为我系统的关键部分不在这里，然后我又开始为他解释我的系统构成……

或许是认为我在搪塞他，他再次打断我，有些恼怒地说了些话，意思是人要有气度，他可以把他的核心内容拿出来，我又何必那么小气，不然大家如何合作。

我知道他误解了，但考虑他是前辈，我还是很努力地解释，他这样的系统其实在我的系统中，只能算判定系统，而整个交易系统的建立应该从目标建设开始……可能由于着急，我说的话过于直率了。这引起他的勃然大怒，他觉得这个后生简直不可理喻，狂妄又虚伪，最后竟拂袖而去。

有些事就是如此，当你努力说真话时，却被认为是说谎者，而曲意奉承，却被视为知己。我不怪那位前辈，但我也知道，道不同不相为谋，对于频道不在一个波段的朋友，不说、少说是最好的。

> 一片云下一场雨，一个语境说一番话。

最初的尝试：风而不控

当然在后期，随着我把交易理念逐渐在博客上发布，还是得到了很多朋友的认同，于是也有人来找我合作。其实我很愿意倾囊相授，彼此成长，并在其中找到自己一辈子的合作伙伴。不过很遗憾，这里面还有个小误区。

其中我也请过一两位朋友，尝试做我的风控，由于大家在各地，我们通过 MSN 大量沟通，我把我的理念传递过去，并且按照风控的原则，给予了他相应的权利。根据规则，他完全可以停止我的操作，而我在任何操作前，也一定要经过他的认同等。应该说，他们做得也很努力。但是……

所有的理念都是我的，他们都很尊重我，我们的关系稍稍类似于师徒，在很多模糊地带，他无法自我判定，也就不敢轻易地制止我，甚至还需要向我探询该如何办。于是我又变成了自我审查，再捎带上徒弟。

良好的主操与风控的关系绝非如此。他们是合作关系，绝非主操聘请风控。在我的记忆中，我也多次看见许多成功的个体交易者，认识到风控的价值，高薪聘请风控，但无一例外地失败了。风控是起到监军作用的，你见过哪个监军是将军本人招聘的？他起到最后监控的作用，也就是根据规则拥有最后一票否决权，这就需要他拥有崇高的威望，或者是"权威的转移"，如皇帝钦命、持尚方宝剑等。总体来说，风控的资历应高于主操为好。但在现实中，主操的作用、决定权要大于风控，所以往往倒过来，资历高的做了主操，而资历浅的做了风控，最后变成风而不控。

梅里韦瑟

在我的印象中，完美的主操与风控组合是：梅里韦瑟和所罗门兄弟公司的总裁。当时，梅里韦瑟还没有独立出来，是所罗门兄弟公司的王牌债券交易经理，他主导的债券交易明星团队创造的业绩曾经占所罗门兄弟公司的 60%。他领导了一个好团队，所罗门兄弟公司也全力支持他们，给予他们倾斜的奖金分配机制，给他们更多的信用授权。但人心的贪婪与猖狂是没有底线的，在该团队无数次的成功后，整个团队都会发出要求更多信用授权的呐喊。这时，所罗门兄弟公司的总裁总会站出来，平息他们过分炙热的欲望，适当地收紧缰绳。他是总裁，也是交易员出身，在经过无数沧桑后，他深刻洞察了人心的贪婪与市场的诡变，所以他深谙收放之道。

更关键的是，他能收得住，因为他有更多的市场经验与更崇高的地位。于是，他们确实配合得很完美。

可惜，内部管理的一些疏漏，使得一个交易员触犯了政府底线，最后造成梅里韦瑟辞职。而后，梅里韦瑟再创长期资本管理公司，打造出这个世界最炫目的明星团队，并几乎制造了一场金融危机。

我始终认为，他们的失败，除了书中总结的大部分原因外，最可惜之处就在于缺少了一位如当初所罗门兄弟公司总裁这样的最后风控者。梅里韦瑟是个天才（《说谎者的扑克牌》一书对他有精彩描述），但很可惜，即使天才也有弱点，人最难监管的恰恰是自我。

第三方风控公司

现实中优秀的风控可遇而不可求。而且，操盘手对于实际操作的业绩确实有更大的作用力，这样在利润分配上势必应该向操盘手倾斜。然而，我们又要求风控的资历要比操盘手高，这显然是个难以调和的矛盾。

风控的作用很重要，但实际工作又比较轻松（后面的风险控制原则中提到，风控是不能对行情有主动见解的），利润分成应该比较低，这些都说明，一个操盘手单独请专职风控不合理。实际上，鉴于风控人才的极大缺乏（不是外面公司里的那些普通风控员），第三方风控——专职的风控公司其实拥有很大的市场。

特别是那么多的国有企业，中航油、国储局、香港中银，不让它们使用衍生工具进行对冲是不合理的，但当它们使用时，谁能真正有效地监控呢？仅仅依赖它们内部建立的风控机制，那么设100个风控员也没用，因为他们都是老板招来的。只有一个独立的、专职的第三方风控公司，才能起到有效的督察作用。

可以想见，这是个新兴行业，而且前景灿烂。

我看到一个报道，在长期资本管理公司倒下后，梅里韦瑟又创立了一个对冲基金，可惜辉煌难再，又几近清盘了。一个曾经的传奇就这样倒下了。

所以，曾经的辉煌、高潮并不代表永远，如果想长久地在交易中生存下去，你一定要切之又切地解决那些最根本的问题：找一个你尊重又有相当实战经验的前辈，做你的风控。可能平时他并未带给你多少助益，但最后定是他保障你到达彼岸。

当然，我必须指出的是，以上属于完美的构想。伙伴间的合作需要磨合，性格与专业的分工也应该根据实际状况。世有万众，也有数不尽的合作模式，巴菲特与芒格、索罗斯与罗杰斯，都是不同的合伙方式，适合的才是最好的。

伙伴并不是心灵之家的一部分，而应该是另一座城堡，两个城堡彼此联通，则左右逢源。好伙伴难得，但一定别放弃我们的追求。我相信好伙伴在一起，1+1 远大于 2！

▌风险控制：原则和策略

一家大户室曾经做了一次投资收益调查，发现盈亏比例是 2∶8，而在另一份投资判断的调查中，研究人员惊奇地发现数据居然整个改变，在判断的正确性方面，对错的比例居然是 7∶3，这不由让人惊叹不已，居然有那么多人看对了行情，却输了钱。在随后跟踪的一对一问卷调查中，他们发现了这些亏损的主因，即资金管理和风险控制（简称风控）不当。如何控制风险，在国外早已是一门专业的学科，从目标管理、心态的控制，到战略战术的配合，以及具体操作中的离场和加仓原则的选择，有一整套切实有效的手段，由专业人士负责指导客户的风险控制。经过一段时间的磨合，客户的盈利率水平普遍提高，风险控制在不影响个人操盘意愿的同时，大大地提高了个人的盈利能力。

（1）风控手应谨记，不对行情做方向性判断。

1）这不是风险控制要做的事。

2）没有先入为主的概念，做风控才能客观理性。

（2）风险控制针对的是人，人是投机中最大的风险源。人性的弱点因人而异，风控也要因人而异。

1）和主操深入细致地沟通，理解他的交易系统，了解其中的优缺点。

2）熟悉主操在行情过程中何时会有超自然的情绪反应。

（3）风险控制的根本是心态控制。心态控制的首要是目标管理。（很难想象，如果主操把年盈利目标锁定为700％，你如何能让他冷静，不要冒险。）

投机者在投机过程中总会输输赢赢，反复经历着贪婪和恐惧的考验。心态不可避免地大起大伏，在胜利后狂傲，在错误后杯弓蛇影。风控的职责就是让投机者在狂妄时冷静，在颤抖中平静。

（4）风险控制的实质是投机流程的细分化和规范化。

1）必须包含开仓原则、加仓模式、如何离场以及如何应对突发状况。

2）如何离场是关键的关键。

（5）风险控制也是节奏的把握。好的风控手就如同交响乐的指挥。声音非他奏响，但音乐因他而和谐。

1）风险控制的第一目标是降低风险，但一定不要忘记，我们所做的一切也是为了更好地创造盈利。当主操近期盘感极佳时，也要懂得适时放松缰绳，让他和利润一起飞奔起来。

2）飞奔时容易摔倒，如何让主操在飞奔时不脱离可控范围，其中的拿捏就看风控手的节奏把握度了。

（6）风险控制必须掌握一些准则，这些准则就是登山者的保险绳。

1）绝不透支和负债交易。

2）不逆大趋势。

3）满仓即代表风险。

4）绝不摊低成本。

5）不抄底，不逃顶……

需要注意的是：究竟是哪些准则没有必然，每个风控手可以根据自己的理念确定自己的准则，但要注意准则之间不要相互冲突。求学弃宗，就别拿着剑宗的经书在那里把玩。

（7）风险控制的价值在于不改变主操操作技巧和对市场研判的同时，能大幅降低亏损，提高盈利。

1）根据我多年的实践和了解，好的风控对于初级投资者的减亏幅度有时能达到 50% 以上。

2）可能对中级投资者起到转亏为盈的效果。

3）大型专业的投资者都应该聘请风控手，因为这是能长久稳定盈利的一个保障阀。

（8）适合你的风控手就是好的风控手，但并不是每个好的风控手都适合你。一对完美配合的主操和风控必须满足以下基本条件。

1）双方能合得来，在原则和目标上有统一性。

2）个人在自己专长上都有独到见解，并坚守准则。

3）双方坦诚、细致地沟通，遵循操盘为主、风控为辅的架构。

4）在涉及准则问题时，主操对风控是尊重的、敬畏的。

风险控制问答

问：我学会了风控，可不可以自己给自己做风控？

答：设置风控的初衷就是第三方监管，就是为了避免主操一些人性弱点上的反应。为什么那么多人学了那么多年大师的技巧，却总走不出投资亏损的怪圈？就是因为人性的弱点靠自己克服是很困难的，所以哪怕你是个优秀的风控转做主操，也必须再聘请自己的风控。

问：请优秀的风控就能实现盈利吗？

答：风控是投资决策里的重要一环，但在盈利环节主操的作用可能更大。风控的价值到底在哪里？这里举个例子，在一波行情中，两个投资者，一个做多一个做空，都亏钱了，这肯定就是风控没做好；同样一个做多一个做空，也可以都盈利，这就是风控的价值。

风控的权利和禁忌

风控不得改变主操的多空方向，不得参与多空方向的研判。决定权在主操，下单权在风控。风控必须和主操共同确立交易准则，唯有当主操违背准则时，风控才有权完全否决主操的决定。风控的职责就是平稳主操的心态，并使进场离场都成为理性思考的产物。

▌交易之钥：操作申请书

我考虑了很久，要不要把我的操作申请书格式和大家共享。最后我放弃了，因为我认为这样不公平，对于一个渴望构建自我交易系统的年轻人来说，我不应该用自己的方式框住他。所以我更愿意提供几个小建议。

操作申请书应该是你进入交易环节的钥匙与门锁。它既可以保证你的交易大厦不是一个随意进出的场所（提防自己过度交易），又能够在行情合适的时候，让你有效地运作。

操作申请书是清晰明白的指令。做什么，怎么做，为什么，以及时间、仓量、止损、离场不一而足。

操作申请书是一纸信心。勇气是一瞬间的事，犹疑却会让你提不起笔。你的信心应该至少体现在你的思维清晰与否。如果是，那么你很容易一挥而就。

操作申请书是严明逻辑思维过程的影印版。思维可以天马行空，白纸黑字让你脚踏实地。恋爱中的承诺，海誓山盟容易，一纸契约很难。我们不是恋爱，不需要幻想；我们是做交易，需要真实。所以把你的思维过程影印下来，如果看着白纸黑字，你依旧能坚守，那么这次交易至少准确地表达了你的意愿。

操作申请书是风险认可书。你有没有从反面想过，从对手的角度观察？你是否注意到自己的盲区？对于可能的风险你是否有充足的准备，并且当它确实来临的时候，你能否依旧微笑地面对？和巴菲特一样，把每一笔交易视作亏损的开始。

操作申请书是一个程序，是一个必需的过程。流程是有意义的，它把行动的每一步分解开来，能让错误凸显出来。如果有风控，这个操作申请书的过程正好是与风控交流的过程。

特别注意的是：任何操作决定都应该是在脱盘的情况下独立做出的。如此，屏蔽了价格的即时波动，也许你会害怕失去最新的资讯，其实你恰恰远离了市场情绪的干扰。另外在交易的逻辑思考过程中，你应该避免应用"因为……所以……"的思维结构，我们的行为是我们思维的结果，但市场并不遵守。一旦你过分陷入这种思维模式，那么你很容易觉得市场不可理喻。当然我们都知道，与不可理喻的市场讲道理，其实质是我们笨得不可理喻。

把思维模式改成"如果……就……"模式，你会快乐很多。如果市场这样，我就这样；如果市场那样，我就那样。这样你会有充足的弹性。操作的弹性首先来源于思维的弹性。

好吧，交易小屋就此安上了门。

在即将结束本章所有内容前，我还想说：关于方法论的探讨，没有终极真理。

学习与传承，突破与创新

交易可以说是社会学的一个分支。由于社会学牵涉人这个本体，所以它本身就是一种互动变动的关系，没有最好，只有更适合。

甚至我可以更大胆地说："哪怕在自然科学中，哪怕是研究客观的世界，也很可能并不存在所谓的定律。因为这些定律都来自人的感知与定义。"就如同最简单的1+1=2，其实也只是简单地生存在我们的定义中。

1是个数字，它来自人类的感知与规定。简单地说，它是个抽象概念，是从每个具象中把某个特性抽离出来，这种（抽象）能力大部分来自学习。就像一个初成的孩子，他如何理解："为何一个苹果与一棵苹果树都是1……当你举起苹果，咬掉一口，剩余部分还是1……你继续咬，直到剩下的那个核，居然还是1……但是把咬的那口吐出来，却神奇地变成2了。"这些都来源于我们的规定，为了统一计算，我们对事物做了大量的抽象规定，这些规定都是人类的，你不能强说它们就是"万物"，是"自然"的。

抽象——特性的抽离。就像我们把一只大苹果与一只小苹果都定义为1，我们放弃了大小；把一只好苹果与一只有虫斑的苹果都明确为1，我们放弃了好坏；把一只国光与一只红富士都算作1，我们抛下了品种；把一只苹果与一只梨或一只鸭子或一个孩子都当作1，我们有那么糊涂吗？请看下面这样的描述：她准备回娘家了，带了四样东西，一只苹果、一只梨，还有一只鸭子和自己的孩子。

懂了吧？这就是人类，人类为了构建信息，为之建立了语言、文字、数字等，这一切无一不牵涉抽象，而抽象的过程一定代表一部分的具象的舍弃，舍弃就意味着不完整。这时候如果只在人类约定俗成的规定中，矛盾并不能显现；而一旦走出人类最初的规定，或需要重建另一种标准时，矛盾也许就此产生了。

牛顿在树下等到了苹果，发现了万有引力，牛顿力学也有了三大定律。但时间车轮飞转，爱因斯坦出现了，提出了时间、空间都具有相对性，从而瓦解了牛顿三大定律的基石……但这远非尽头，我们将一直发现……并推翻我们曾经的"真理与定律"，这就是进步。

哪位大师说过这句经典的话：**我们只有把科学视为不完善的、可推翻的，我们才可能继续进步。否则如果一切已经完满，我们也就失去了成长的空间。**

这当然不妨碍我们继续使用牛顿三大定律，我也赞许人类的这些规定与知识，它是我们进阶的基础。我更想说明：规定、方法都是人定的，你也是人，别只顾着学习与传承，你也要有质疑、突破与创新。

我们提出了一些建设性的建议，但这些都仅供你选择。你的系统的最后完善，必然依赖你自我的观察、独立的思考，以及你特有的个性与智慧，如此方能成就适合你的交易系统。我们不介意你模仿，我们更期待你的创新与更优见解。周杰伦同学歌唱得不错，最近还老做广告，我套用一句他曾说过的话来说明交易系统，那就是："你的系统，你做主！"

第 5 章

投机者的扑克

▍赌性的由来

赌博与投机，是同父异母的弟兄。同父，都是人类操作，直面人性的弱点及都是用钱搏钱；异母，似乎是投机的名声好一些，有点社会价值，容纳的资金更广大。谁知道呢，我还真无法给出更好的答案，只好打个比喻：一个是嫡子，一个是庶子。

我所见过的大交易者，鲜有喜欢大赌的，理由太简单了，已经供奉了太子，还需要在小皇子那儿烧香吗？所以很多投机客看不起赌徒，认为他们大抵都是赌鬼，其实这种看法基本也没错，只是说这话的时候忘记照照镜子了。本性上，这两群人都有相同的 Y 染色体——赌性。

人类的赌性究竟从何而来？科学家说，在人类的长期演化史中，很多先发性的行为都带有很大的赌博性，比如从树上下到平地，比如尝试用火……可以说，人类能在众多动物间最终脱颖而出，本身就是无数次冒险、幸运，再冒险、再幸运的累加。如果失去了对未知的探索及勇敢尝试的精神，那么我们至今可能仍在树丛间用尾巴勾着树枝玩呢。

科学家的说法让我好受很多，但十赌九输的经验仍在，人们为什么还喜欢在一些毫无希望的游戏中耗费自己的精神与财富呢？比如，去赌场赌博。这个问题我们应该拷问一下大脑。

排出一组数字、颜色、形状或其他任何事物，即使这一切完全随机，大脑也很乐意站出来发表些看法，这似乎已经是种习惯。大脑生来就用于判断，这是它的职责，也成为它的喜好了。是的，所以我们的先哲很乐意对着星空发呆，而我们也很乐意去搏一下某张闭合着的牌。

在长期进化过程中，大脑寻找到一种方法，即对任何重复出现的事物加强关注。如果有两次偶然的连续预测成果，大脑更会派生出"我知道了"的观念。在无数次的观察与预判后，总有些答案重合，于是你开始相信，你抓住了规律，或者你至少拥有了"优势策略"。这时，成功预测的大脑就要求能够得到奖赏，于是，还有比赌一场更直接、更刺激的吗？

赌博：你早已成功入围

赌博开始了，多巴胺也出现了，它是人类自身的分泌物，它是快乐的源泉。当这种化合物产生的时候，你就会有欢乐、愉悦的感受，甚至只是一场赌局的开始，它就开始慢慢分泌了。

　　大脑什么情况下分泌多巴胺最旺盛？研究表明：大脑偏爱那些概率小的事件。也就是说，风险越大、越难成就的事，多巴胺神经细胞就越活跃，分泌也会越持久。有时候仅仅是想一想就够让人兴奋了。

　　想象一下，你坐在沙发上，电视上即将播出彩票开奖节目，你花了 2 元买了一张可中 500 万元的彩票，又买了一张 10 元的、中了给你 200 元的彩票，你会更关注哪张呢？一定是中 500 万元的！但实际上，后一张彩票的成本要比前一张高 5 倍，而且中奖的概率也高得多。但你呢，却情愿望着那遥不可及的 500 万元。

　　500 万元算不了什么，人类天生就是赌博的高手与胜利者。回忆一下"你"形成的最初：千百万的兄弟中，只有你最努力、最幸运，能从一尾拼命摇动尾巴的精子孕育成伟大的人，所以当我们坐在一起打牌时，或一起谈论投资时，就已经是一群胜利者之间的竞争了，海选早已结束，大伙都成功入围。也许性格或教育会造成赌性的差异，但毫无疑问，最初孤注一掷、奋力拼搏的基因已经深入我们的骨髓。所以中奖概率小又算得了什么，"只要存在，就有希望"是我们内心深处最易认同的想法。

正视赌性

　　好吧，我承认了，这就是赌性，我们人天生的赌性。有时候还非常盲目、荒唐。这是自然进化赋予的结果，它当年帮助了我们，今天也一如既往地困扰着我们。比如，我们一边欢呼着把同类送入最荒凉的太空，渴望着对其他星球的新开垦；一边很多人又大剌剌地坐在赌桌旁，赌他个昏天黑地。是的，我把尊敬的探索、冒险精神与赌性联系起来了，这实在让人很难接受，但这正如一把双刃剑所代表的正义与邪恶，它们也只是多巴胺的两个面。

我说这些并不是谋求为"赌性"平反，而是正视我们自己，拥有赌性就承认吧，如何善加利用更为重要。真正可怕的是不自知、不自明，那么一旦陷入，也就不能自拔！

不用憎恶赌博，而是要提防它。提防自身赌性毫无约束地发挥。巴菲特很喜欢打桥牌，也愿意多少来一局。但是他不会接受关于下一杆能否上果岭的赌局，即便只有 5 美元也不行。毫无疑问，他不担心钱，他担忧的是任由赌性乱跑。

赌博与投机最相似的地方在于：你可以把投机当成一种赌博，当然也可以不。

即使如此，也别太看扁赌博了。正如乞丐群里出了洪七公，赌博就不能做出些成就吗？世事万变，你不能把什么都看死了。赌博中还真跳出过这么两位高手：法国数学家帕斯卡以及后来的爱德华·索普。

帕斯卡在 17 世纪通过对赌博问题的思考，创立了现代的概率学。到了 20 世纪中叶，爱德华·索普更是跳出来直接挑战赌场，利用现代计算机，寻找出"赌 21 点"的优势策略，最终他凭借"数牌"技巧以及低胜率时下小注、高胜率时加大赌注的方法成为第一个真正意义上打败过赌场的人。

索普的故事无疑很吸引人，一个科学家不研究学问，开始研究赌博了！

而且索普很幸运，计算机适时出现。于是，那一年，索普所在的麻省理工学院的那台笨重而昂贵的计算机整个夏天都在噼噼啪啪地吞吐着数字。击败赌场，概率学开始粉墨登场……

▊ 战胜赌场

从一盒牌中抽到梅花 3 的概率是多少？ 1/54，这就是概率！

但是不是一定要抽 54 次，才能抽到梅花 3？不一定。

你可能第一张就抽到，也可能 100 次以后也没抽到，这也是概率！事实上，第 54 次抽，抽到梅花 3 的概率也只有 1/54，这还是概率！

我并非有意把你搞晕，只是想借此告诉你，这是一门模糊学科。它似乎不怎么确定，唯一勉强确定的是所谓的大数法则，即样本数越大，所得到的样本平均数越相似，越趋近母群平均数。

话拗口，举个例子就清晰了。我们知道掷硬币时，出任意一面的概率是 50%，那么在实际抛的过程中会不会呈现一面各一次呢？不一定。有可能你连抛了三个"花"，也没看见那个"1"字。那么下一次你抛的时候是否更容易出现"1"字？也不一定，概率仍是 50 对 50。唯一确定的是当你无数次地抛下去后，你会发现，出现"花"的概率开始无限接近 50%。

也就是说，概率最后一定会显现它的价值，那么多久呢——无数次后（还是不确定）。这就是大数法则！

赌场的秘密

你绝对不要小看大数法则，现代保险业的理赔基础就是据此建立的，而索普战胜赌场也来源于此。至此，我们必须了解赌场最大的秘密。它并不全是作弊与欺诈，而是**即使不使诈，赌场也能赢**！正常情况下，赌徒无一例外的必输无疑。这其中的奥秘就在于赌规，赌规看上去挺公平，接近 50：50，但实际呢？

例如轮盘赌，标有从 0、00～36 共 38 个格子，其中除了 0 和 00，红数字与黑数字各占一半，而你赌对颜色的赔率也是 1 赔 1，那么你的实际胜率就是 18/38=47.3%。这被吃掉的 2.7% 就是赌场的利润。可别小看了这 2.7%，即使你时常会赢一把，但是只要你持续赌下去（请注意，你去赌场一次，赌博次数并不是 1，而是你下注多少次就是多少），你的本金终究会消失。有些人死得快点，有些人撑得久点，但殊途同归。所以赌场不怕你赢钱，它只怕你不赌。久赌必输的原理就在于大数法则。

这让我们想起投机中的日内交易。

如果把投机当成赌博来做，日内交易就有这个功效。例如在期货交易中，由于杠杆原理，资金被放大，使很小的波动也变得有机可乘，很多人开始迷恋起这种谁比谁更傻的抢帽子游戏。其实短线变化完全不知所云，仿佛就在赌一场 50∶50 的轮盘赌，但由于交易佣金的存在，以及买入、卖出的点差（为了能快速成交，点差实际一定是存在的），就成为大量吞吃掉你本金的轮盘赌上的那个 0。

事实上还有庄家控盘吃两头，但即便我们假设这个赌场是纯粹干净的，这个小小的"误差"也能"杀"了你——大约 180 次（全额）交易后，即使不输不赢，你的本金也完全消亡了。所以，投机中有"久赌必输"的规律，也许有人不同意，因为很多人是想规避持仓风险才选择日内交易的，但他们忘了，这个世界经常是这样的：**不像陷阱的地方，往往充满着陷阱**！

战胜赌场的方法

要真正战胜赌场，方法只有一个，把胜率的天平颠倒过来。索普就是这么做的。

每一种赌博游戏，都隐藏着赔率，吃角子老虎机与轮盘赌是对赌客最不利的。那么最有利的是什么呢？通过计算，索普发现了 21 点的奥秘：在游戏中，5 点是对赌场最有利的牌，而 10 点是不利于赌场的，进一步分析发现，由于 21 点的独特规则（庄家牌面小于 16 时必须无条件续牌），剩余的牌中，小牌多时有利于庄家，而大牌多时有利于赌客。

一定有大牌多的时候，也就是之前大量小牌被使用后，如果平时都下小注，此时下重注呢？经过仔细的计算，索普发现，这个方法确实可以把胜率提高到 50% 上面一点点。而正是这个一点点，就意味着，持续赌博，久赌必胜！

在得到这个惊人的发现后，索普除写了一本书外，更是与人合伙，频繁地进出各大赌场，来实践自己的理论。20 世纪 90 年代，有人组织了一伙高智商的神秘算牌团，乔装打扮，分工合作，席卷美国大小赌场，取得了年收益 130% 以上的惊人成就。行动中，他们有的是算牌师（永远下最小赌注，算牌），有的是打手（负责传递信息），还有几个装扮成阔佬，频繁地穿梭于各个 21 点牌桌旁，轻易不出手，一下就是重注，赚完就走……

后来由于分赃的矛盾，这批神秘者的故事终于被泄露了出来，而赌场在尝到最初的苦头后，也开始充分应对，神秘团队随之烟消云散，只成为好莱坞电影津津咀嚼的甘蔗条。

这时，我们放下故事，你会想到些什么呢？我们能否也找出某种科学方法来击败投机市场，击败交易？

在索普的故事中，这种独特的法门就是概率学。事实上，最初我也兴奋过，也努力地搜寻过，但是，**投机不是赌博！**不要妄想用概率学去完成对投机的掌控。扑克牌仅 54 种变化，赌 21 点其实只有 11

种变化（1可以作1或11，2~9都作本身；10，J，Q，K都记作10）。这11种变化，再加上几张牌之间的组合变化，就需要让索普动用计算机来测算。

投机有多少因素？大大小小，恐怕要成百上千了吧，而且各个因素还不是等量的，是大小变化的。它们之间的排列组合即便是超级计算机也无法算清，原因在于根本无法定量。在投机中，你甚至都无法找出可以计算的"牌"，人们也许可以把行情走势勉强画成 K 线图，但扑克中的每张 2 都代表明确的数值，无论是梅花还是方块，可近似的阳线能反射出一样的信息吗？绝不可能。这个市场上从没有完全一样的两根 K 线，你尽可以大胆地去猜测、想象，但你实际上什么也确定不了。

在 21 点优势策略中，索普是靠计算"出过的牌"来推断"未来的牌"的，其要点是，牌是有限的。但投机呢，充满了无限！你不能说因为小阴线出得多了，就吆喝着后面要出大阳线了。不能，完全不能！

期待假说

做投机的最大特色在于：我们总是犯错，在事实面前，我们总像个傻瓜。不过幸好，利润并非绝对来自正确。我更相信：**行情在走它自己的路，利润（亏损）来源于你对它的注释。**

最后，还是索罗斯带我走出了这个泥潭，他首先把自然科学与社会科学做了清晰的区分，指出了其中的鸿沟，由于社会科学包含"人"，而"人"又具有根据不同情况做出不同反应的主动能力，所以在社会科学中会呈现奇特的相关反身性。这就是索罗斯最引以为豪的发现。

其实所谓"战胜赌场"的结局也是如此，科学家们也许能找出击败赔率的方法，但仍旧无法从赌场中真正赚钱。因为赌场的老板也是人，他会有相应的解决之道。看看如今，依旧存在很多赌场，耳边却是所谓战胜赌场的传说，你会更相信哪一个？

科学、概率、数学模型，到底能不能击败投机市场？我想仅凭我这三言两语仍旧无法说清。不过幸好我们还有先行者，他们是出类拔萃的人，聪明又执着，他们的故事一定会给予我们更多的启发。好吧，这几乎是个绕不过去的投机史的经典，我们马上就讲述这个关于"长期资本管理公司"的故事。

▌长期资本之殇

如果我是一名投资者，让我为自己来挑选最佳理财团队，那么也只能是长期资本管理公司了。信用与资历，无可挑剔；过往业绩，熠熠生辉……这几乎就是三连霸时期的芝加哥公牛，或者更形象地说，是皇马的银河战舰时代。

星光闪耀

从所罗门兄弟公司辞职后，梅里韦瑟其实拥有更广阔的前景。资深的背景、良好的人脉、愿意紧紧相随的明星团队。很快，1994年，新的基金公司成立了——长期资本管理公司，做的还是最熟悉的行业——债券套利。

透过这样一个名字，你可以知道，梅里韦瑟的决心和信心。当然，他完全有这样的资格，因为现在站在他背后的不但有曾经的明星团队，更加入了三位超重量级的人物——诺贝尔经济学奖得主罗伯特·默顿和迈伦·斯科尔斯以及美联储前副主席戴维·莫里斯。前两位因确立了期权的定价公式而荣冠诺贝尔奖，尤其是默顿。这么说吧，当时最大的投资银行的 CEO 们，拜读的最前沿的金融学理论就出自他们的笔下。第三位的官职则基本可以说直通"金融的圣堂"，其深厚的人脉网……如果想象一下，这些人还都是为你打理钱财的"服务生"，那睡梦里你也会笑的，不但三生有幸，实在是祖坟冒青烟了。

事实上，真正的客户也确是些祖坟冒青烟的主。80 名投资者，最少投资 1 000 万美元。贝尔斯登、美林、瑞士联合银行都向长期资本管理公司大笔认购，并且只优先分配给自己最优质的客户。客户的狂热支持也是有道理的，这不但是最优秀人才的集合，而且他们的交易策略也非常妥帖——债券交易。不但因为它是各交易品种中最安全的，更因为债券的到期收益固定，也是最容易进行数学模型定型的。简单地说，就是利用两位诺贝尔奖得主的定价公式，再配合债券市场的历史交易数据，将理论与实践很好地结合在一个数学回归模型中，接着通过计算某两种不同债券之间的价差，找出超越平均值的部分，然后电脑自动跟踪下单，不断地赌它们之间价格正常回归收敛。

梅里韦瑟说自己就是在"扫垃圾"。由于投机市场中永远存在的情绪和恐慌，当债券价格急剧波动时，往往会产生超出合理区间的波动。通常，这些垃圾金额很低，毫不起眼，而长期资本管理公司就把这些毫不起眼的垃圾扫在一起，集小利为大胜。（这与银行算账里的四舍五入一样，几厘钱当然不入法眼，但是当你把全世界银行内这些不用入账的垃圾扫到自己口袋的时候，你就是亿万富翁了。）

当然在华尔街扫地也算技术活，至少应该具有两项品质。①比别人先发现垃圾的能力。由于两位诺贝尔奖得主的加盟，以及明星团队的一贯把持，这一亩三分地还真是他们的地盘。②超强的融资能力。由于确实是垃圾，利润薄得不能再薄，所以就需要用杠杆来把它加厚。在这方面，梅里韦瑟的人际网可谓功不可没，几大投行不但供出最低廉的交易费用，更是在融资上鼎力支持。最后，在贪婪与纵容下，破产前的长期资本管理公司融资杠杆比例竟达到惊人的 60 倍。

上帝欲毁你，必先让你疯狂

最初的表现也确实炫目：50 个月内，资本由最初的 12.5 亿美元上升到 48 亿美元，实现了年均约 40% 的回报率和 284% 的总资本收益率。长期资本管理公司也成为与量子基金、老虎基金、欧米伽基金齐名的四大基金之一。关键是，与索罗斯动不动就踏足期货、外汇等高风险市场相比，长期资本管理公司要收敛得多、稳健得多，它们低风险的策略，一直为大客户们所称道。

如果你以为梅里韦瑟缺少风险控制策略，那么你就太低估华尔街了。事实上，梅里韦瑟一直很重视风险控制，因为他就是最后的把控者。根据历史统计，它们把风险控制在最大的波幅内，而且在不同市场（如美国市场、欧洲市场、亚洲市场、南美市场）间分散配置筹码。由于这些大市场彼此分割，因而即使一两个市场出现了小概率事件，也无法击垮长期资本管理公司。它们的风控策略很清晰，只要不被某次偶然事件击败，那么长期来说，就等着收钱呗。有点相似吧，与索普的战胜赌场一样，都是用"科学"的方法找出胜利之道，然后期待科学带你走入盈利的天堂。

科学可以预测天体的运行，但无法预测人性的疯狂！

这句话不是我说的，是牛顿说的。我只是把其打头的"我"改成了"科学"。

你可以面对冰冷的牌，找出规则的漏洞，但你不要妄想仅凭此就能走上永久盈利的殿堂。狂妄之后，偶然很快就会出现……

风暴起自俄罗斯

由于油价下跌，卢布贬值，俄罗斯宣布暂停债券兑付。于是风险厌恶情绪上升，大量资金涌入美国国债、德国国债等"安全品种"避险，同时"垃圾债券"（高收益率债券）价格急跌，长期资本管理公司亏损严重。更要命的是：避险风暴开始席卷全球，欧洲、拉美无一幸免。最要命的是：长期资本管理公司赌的都是价格收敛，而且用了60 倍杠杆……

让人还能说什么呢？既然河南安阳某位达人买彩票能中 3.6 亿元，一个冷僻的号码连买 44 注，居然还中了，谁能解释人性的疯狂与上帝的偏执呢？梅里韦瑟先生一定没见过那位安阳的朋友，也没有亲自询问上帝，所以他栽了。

栽了，认，那还有得救。但不认呢？

梅里韦瑟不认，因为根据数据，当时的情况已经严重超越历史统计。他判定，这样的状况无法持久，现实一定会扭转回来。是的，现实最终轻松地扭转回来了，但一定是在你赔光以后。

因为还有人，坏人，或者更准确地说，不算坏但有些自私的人。

他们就是交易员。那年 9 月 21 日，市场上开始充斥着关于长期资本的流言，只要是长期资本做多的无一例外地暴跌，做空的就暴涨；市场似乎联合起来，不论合理不合理，只要反着长期资本做就可以了。因为你即将垮掉，那么你必须回补你的头寸，鉴于你庞大的头寸，那么我要求什么价你都必须承受，这就是市场的逻辑，也就是每个"理智"交易者的逻辑。墙倒众人推，说的大概也是这个意思。这一天，梅里韦瑟就输掉 5.5 亿，美元啊！

高盛是其中脚步最快的。最初梅里韦瑟寻求帮助时，就找到这个铁哥们儿，于是高盛的交易员就凭借查账最先了解长期资本的交易状况，然后在市场上率先疯狂抛售。他们的理由很简单：即使我们不干，其他人也会这么干的，那只能证明我们是傻瓜。

历史那条河

历史统计、科学的方法，这些冰冷而又极其逻辑的东西真的很难统治属于人、人性的投机世界。先说历史统计吧。就像你可以阅读得知："我们进入不可兑换的法币时代，到今天为止也不过近 50 年。"货币的历史几乎还是崭新的，这让人怎么看待那些投机统计数据？历史，我们每天都在翻开新的一页。统计的那些陈旧数字，只是在反复提醒我们：**历史就是被超越的！**

科学的方法、概率学，在投机中你可以用，但别希望太管用。它们只是盈利的一个辅助，却无法成为全部。也许我今天说这话有点过，谁也不能保证未来科学能进步到什么地步，但你必须尊重"人"这个主题。在任何时候，人都是以善于随机应变而著称的。就说索普研究的 21 点策略，运用了当时最先进的电脑与大脑，但即使这些优势，也被赌场改用"蜗牛发牌器"轻松化解掉了。想跟人斗，恐怕还得靠人。我深信这一点。

长期资本管理公司之殇，带给我们太多的启示：当时最著名的四大对冲基金，最使人感觉到风险的涉险生存了下来（量子基金），最让人感觉安全的却倒下了（长期资本管理公司）。你禁不住摇头叹息，市场瞬息万变，真实的危险并不在于你做的是什么，而在于对风险的意识是否真的深入你心。还是那句话——"人"才是最大的风险源，也是最好的保护伞。

▌梭哈

　　赌博可以带给我们很多的借鉴。你知道一个投机客在与市场的搏斗中总是很难长期生存的原因吗？如果你擅长梭哈，那么一定会了解一些。

　　我对赌博的兴趣不大，但对于赌规的了解与探究却很积极。因为从很多意义来说，它们对于人性的考验一样非常精彩。梭哈作为经典赌博游戏，传说有一个非常有效的技巧——那就是大鱼吃小鱼，钱多的赢钱少的。我一直很神往，但苦于赌艺不精，也就没有真金白银地大战过（梭哈玩的是心跳，赌注太小的时候，也就玩不出真感觉）。直到有一次坐火车从北京回上海，同车的一位好友一时技痒，正好那时大家都赚了一笔钱，时间又很宽裕，于是他就提议玩上一把，体验下心跳的感觉。我答应了。

　　如果说还藏有什么私心，那就是我的本钱比他多，从这个角度，正好是证明理论是否可行的一个机缘。统一了梭哈的赌规后，我们就开始了，这里面的一个细节是你可以"梭哈"的全部，就是你台面上的全部的钱。

　　一切准备就绪，故事开始了：

　　朋友是位赌博好手，敢于搏杀，而且深知虚实之道，当然也就非常留意我的"偷鸡行为"（手里拿了小牌，却故意叫大吓退对手）。于是比赛的初期，进行得很直白，基本就是比谁的手气更好些，钱在我们之间流来流去。最初我们放在桌面的都不多，输了的就拿点再补上，唯一的区别是，当他赢了一大把的时候，他会习惯性地把桌面上的钱收进口袋一部分，仿佛是给自己一个奖励，又仿佛是兑现了盈利，因为桌面上的钱是随时可能遭遇"梭哈"的，似乎并不可靠。而我呢，秉持着我要在本钱上占优的习性，在赌局没有结束前，我都不曾把桌面上的一分一厘塞入口袋。

赌戏还在继续，输输赢赢左右摇摆，他的赌本一直保持在最初的附近，而我由于输了就补，赚了不回，桌上的钱开始越堆越多，这时，戏剧终于开始上演。由于我钱多，他梭哈一次，即使赢了也奈何不了我，而我梭哈一次，则清空他台面；每当这时他就又从口袋中补回最初资本。这看上去似乎并无分别，但在心态上似乎出现了严重偏差，他对于"梭哈局"越来越谨慎；而我呢，他越紧张，我越放松。渐渐地，他变得更容易放弃，于是我的一些"小偷鸡"开始奏效。当胜率的天平开始向我倾斜时，突然它（天平）变得极不平衡，因为我越赢越大胆，而他似乎也更畏首畏尾，牌运似乎也真的（或如他感受般）离他而去……

他也会偶尔摸一手好牌，赢几把，但由于他的本金小，相对于我那时高高耸起的小钱堆（我一直没回过钱），他的积累总是无法达到一个有分量的程度，就被我一次梭哈全部捡回。真的，我当时的感觉就是如此，输了钱仿佛就是寄存在他处，即使他连赢四五把，我一个梭哈就全回来了，我甚至开始不太依靠牌的好坏，只要时常给我一次机会足矣。他开始擦汗、紧张，本来最讲究的泰山崩于顶而色不变的内心波动，由于无法自制而变得透明，他越克制、越掩饰，我看得越清澈；而不论我什么牌，只要我表现得足够强硬，他又非有绝对把握时，就只能放弃。

机会不多了，他必须抗争，必须有个决定性意义的胜利扭转这败局，他渴望寻求与我一决雌雄的战机，这一次，他摆出了5倍最初的筹码……这也基本是他最后的赌本了。

你以为你在决战，你以为不是你死就是我活，其实在赢家的眼晴里，这只是一条肥鱼的最后挣扎，也意味着最后的收网。你的心已乱，手在抖，你的筹码只是我冰山一角，你凭什么斗？

…………

战斗很快就结束，结束得似乎过于简单，简单到看不见悲壮，他所有的钱都变成了我的。我没有使诈，牌运最初也完全没有偏向我。本金有些差别，但只在一倍内，关键的差别就是这个小小的操作习惯，我用实践印证了在梭哈的战斗层面，大鱼吃小鱼是大概率事件。

后来他还尝试借钱来赌，我也同意了，当然每次借的不会太多。他想借小钱来翻身，但这些最后都成为猎人口中的开心小碟。最后他的欠账可能也与输掉的一样多了，我结束了赌局。当然作为朋友，这些欠账最终没有兑现，我也默许了。在这样一个晚上，我的收获已经足够了。

钱的一时得失终究不是大事，但如果你不加以总结，那么容易得而复失；反之，千金散尽还复来！梭哈赌的是手气，但赌本的大小有决定性的影响。如同投机者在面对市场时，无论你的初始资金是多少，你的亏损只在一个100%，而市场呢，却可以承受你赢无数个100%。如果每次你都勇敢地赌上全部，即使再有运气，判断得再好，连赢了无数次，最后只输一次，那么结果也会与那个第一把就全输的人完全一样（从这个意义上来说，交易的资金管理与梭哈应恰恰相反）。

赌徒破产

在赌博中，像索普那样占有概率就一定能赢吗？并不一定，甚至还会输得很惨，这就是有趣的"赌徒破产"现象（见图 5-1）。

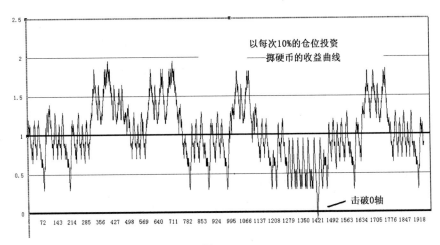

图　5-1

这是一场概率 50 对 50 的赌局，赌徒每次拿本金的 10% 作为赌注，由硬币决定输赢。很显然，整个权益波动曲线就围绕本金轴在波动，也就是从长期来看，赌徒趋向于不输不赢。但事实呢？我们注意到曲线其中有一段，已经向下杀到了 0 轴以下，那么从那一刻起，赌徒其实已经破产了，曲线后面的回升与赌徒的实际权益已经没有任何关系了。数学已经证明，随着赌博次数的不断增加，曲线的波幅还在增加。只要你赌的时间越长，遇到小概率事件的机会就越多。

如果你的胜率是 60：40 呢？这只不过代表你的中轴是微微向上倾斜的，小概率事件一样可以轻松打败你。从严格的意义上说，即使是 9：1 的胜率，赌徒依然存在破产的可能。这个例子和上面的梭哈，其实都告诉了我们一个简单而重要的道理：**在投机中，不但要能够提高胜率，如何有效地控制仓位也是你能否长期生存的关键。**

如果你胜率很高，但你一直勇敢地满仓（重仓）搏杀，那么你即使能把 5 万元变成 1 000 万元也毫无意义，因为总有那最后的一拍，回归虚无。这也就是"无论翻倍多少次，破产都只需要一次"的科学证明。

在投机中，我们还有个错误的思维，即买进套牢后，不断地逢低买进，越跌越补，希望摊低成本。这个方法不能说一定错，但的确蕴含一定的风险。因为很多人接受这种方法，就是被一种奇妙的谬论所迷惑，这就是倍注法。

倍注法

赌博中，第一次下注为 1，如果输了，后面每次下注就赌上一次赌注的翻倍，直到盈利为止。如此赌注分别为 1，2，4，8，16，32，64，128……稍加计算，我们会发现这样的好处是：只要你赢了任意一次，你就能把前面所有的损失补回来，并且刚好还多盈利一个单位，只要你敢于一直赌下去。难道你会一直输吗？这确实是个充满诱惑的下注方式。

这么简单实用又似乎很有效的方法，为什么不用呢？为什么也没见什么人通过这个方法发了大财呢？

这也许是市场中流传最广的错误之一。它看上去非常有道理，但其实稍稍仔细辨别，你就会发现这个问题与小学数学故事中的"国王还债"类似。

国王要赏赐发明国际象棋的乡村教师。

教师机敏地要求，在第一格棋格中放一粒麦子，第二格放两粒，依此类推，放满整整 64 格即可。国王一口答应，最后却发现这是个惊人的数字，仅最后一格就将达 90 多亿亿粒，即使穷尽全天下所有的麦子，也差得很远。

最初的翻倍也许并不起眼，但持续下去，答案很快是惊人的。倍注法初看很不错，其实犯的也是骄傲的国王同样的毛病，最多十几次以后，你就不可能再拥有让你下注的本金了。即使有，你还有再赌一把的勇气吗？因为当你面临这最后一赌时，你的获胜概率其实还是一样的，并不会因为前面的全输而会发生改变。

其实概率是会发生改变的，索普的 21 点游戏策略给了我们很好的思考框架。

既然你前面都在输，那么说明市场走势不利于你，也许我们无法看清市场究竟为何对你不利，但通过索普的例子我们也许有些明白：现在正是牌盒里小牌多的时候，有利于庄家。如此你为何要拼命地加注赌博呢？索普在什么时候加注？当牌面对他有利的时候。也许你无法像索普一样算牌，但对于自己的输赢你应该是很明确的，那么理智的做法恰恰与传统思考的相反：不与市场执拗，输的时候缩小注码，在顺利时加注。

古人曾经说过：祸不单行。交易者确实要面临幸运及不幸的考验，就好像牌桌上，也许会鸿运当头，但一定也会有悲剧连连。概率也许可以期待，但黑天鹅也可能正在飞翔……

生活从来就不公平，就像你摸到的那一手牌，但生命就在幸与不幸中交织，它不曾特别青睐你，所以它是公平的——公平地让每个人选择如何应对。

梦想逆风飞翔？想错了吧。哪只雄鹰不是借风起势？把这四个字拆了吧：逆风雌伏，借势飞翔。张良曾提鞋，韩信胯下辱，然后成就伟业。赢，就赢在你懂得适时低头，然后迎风高翔。

第 6 章

危险与逃生通道

还记得吗？交易人生的富足关键——避开致命的打击。

但交易市场中确实隐藏着各种各样的地雷，甚至还有大量的恐怖分子，稍不留神，也许就坐上那个航班……我们为死难者哀悼，也必须提示自我及其他人警醒：危险不期而遇，生存靠老天但更要靠自己。

国外有位历经数次空难而幸存的牛人，虽然很难用幸运或不幸来评价他，但有一点，他自己总结的：经历了第一次空难后，他再坐飞机时就特别注意几点：坐过道而非靠窗，上飞机后一定立即记清楚逃生门的位置，空难后冲向火光处——因为起大火的地方说明有氧气，通常这也是可以逃生的缺口……

人生无法预知，空难或车祸也不知在未来哪个拐角，但我们应该从曾经的灾难中汲取经验，很多时候仅仅是一些细节的把握，却可以把我们带往生存。

▌市场通缉令

交易市场中隐藏着很多的陷阱，就仿佛一个个危险分子，稍不留神，就会被偷被抢。尤其是连长期资本管理公司这样的大亨都会被劫作人质，被敲诈勒索，就更不用说我们这些无所依靠的良民了。为了帮助大伙提高警惕、加强自我防范意识，小鱼经过仔细比对、分析整理，找出了其中一些惯犯的习惯作案手法，今公告天下，欢迎大家跨省追捕。

不活跃市场的风险

一号通缉犯：强盗。利用市场容量小、流动性不足而抢劫，或者强买强卖。

在长期资本之殇中，我们注意到，梅里韦瑟们就是这样被打劫的。当然，债券市场本身容量并不小，只是由于长期资本的贪婪，持有头寸过于庞大，就像一艘前所未有的超级邮轮通过狭小的赫尔姆斯海峡而搁浅，那么索马里海盗们当然乐享其成。于是形成一场特殊的小鱼吃大鱼事件。

这给予我们警示，任何时候都不应该超高比例持仓（即你的头寸占市场总头寸的比例），即使你是实力庄家也是很危险的。当年德隆的三驾马车，何其天马行空，我行我素，最后也架不住资金链的紧张，轰然倒下。我们一般的操盘手不能让持仓超过正常的流通水准，否则就很容易被盯上，遭到某些实力资金的追杀。这个流动度，以你的持仓能很轻松地在三五个价位内迅速成交最好；如果是在十个价位以上，那么就需要完全不同的交易预案了。

这就如同水流量与船总吨位的关系，你也可以在小河内畅游，前提是你的船足够小，如果你的船占据航道的显著位置，却不是其中的控盘庄家，那么你很容易就成为众矢之的，最好立即退出，这样的水域，充满了未知的危险。

对于散户投资者，虽然能在很多水域游刃有余，但仍需提防那些极端冷僻的市场，例如，部分 B 股、三板市场的股票，一些冷门期货合约……在这些狭小、阴暗的角落里，成交量很小，波动却不小，似乎也能吸引人们的参与。散户资金少，自然不会被追杀，但很可能陷入被强买强卖的境地——进去容易，出来难。

有一次，我为了熟悉市场，参与了纽约金属交易所的钯金期货交易，我本意是想寻找当时的钯金市场对黄金走势是否有先行引导性，由于一贯注意到这种流动性风险，我就仅做了一手，心想问题不大。结果等我想退出时，发现钯金由于成交极其低迷，买卖价差居然达到 1.2%，在国际期货中，我们知道资金是放大 20 倍的，这样我一个动作，居然要损失这一手头寸本金的 24%，这当然是个无比夸张的比例。虽然整体金额不大，但这种被强买强卖的感觉依旧很难受。

强盗总是隐藏在那些狭小、幽闭的小巷子里，所以仅仅从风险概率来说，对于不活跃市场（品种）的参与也是需要特别当心的。另外一个考量指标就是立即变现的能力，免得急于用钱的时候被偷被抢。

规则之细则

二号通缉犯：小偷。利用的方法与一般电脑病毒类似，规则之细则的漏洞。

　　小鱼一直挺注意对于规则的解读，每每参与一个新市场，就把其中所有的规则仔细进行解读。但读多了，也不由得头昏眼花，有时候想想干这行也挺不容易的，文字都要念了又念，不理解的地方还要多方求教，就是因为在这些细则背后往往隐藏着盈亏的玄妙。

　　1. 对锁头寸掉链子

　　就以我现今做得比较多的期货市场来说吧，几乎所有的规则及细则我都烂熟于心，但依旧有意外，这一天就发生在2008年的10月，金融危机大爆发之际。

　　所有的品种都哗啦啦地暴跌，我趁着某一天反弹时，建了一些沪铜的空头仓位，刚成交没多久，铜一下就跌停了，第二天继续跌停。考虑到自己是追空的，我希望在利润不错时，先获利平仓出局。当晚伦敦铜继续疯狂暴跌，我很满意，不过这个价位已跌穿一个关键止损位，所以暴跌是由于止损盘出局所致，这样一般情况下，等止损盘出局完成后，通常会有个明显的反抽。

　　这时，我有些犯难，如果正常操作，我会先趁低在伦敦铜上买多对锁，然后再观察盘面反弹的高度决定是否解锁。但当时跌势很猛，市场是否连像样的反弹也没有呢？如此就有踏空的危险。前思后想，我认为宁愿少赚也要保持安全，最后决定还是低位买进伦敦铜对锁，这样我的头寸就变成做空上海铜与做多伦敦铜对锁，仓位平衡。这等于把丰厚的利润已提前入袋，最大的风险就是踏空行情。但巧了，周一开盘，沪铜继续跌停，已经是第三个板了，根据规则，沪铜停止交易一天，而后一天，一般都实行扩大涨跌停板继续交易，这已成惯例。但这次上期所害怕如果继续暴跌造成多头客户爆仓后，期货公司若追索不力，有可能形成坏账。基于这种考虑，上期所在休市一天后，突然宣布下一个交易日，将使用"强行平仓"的规则。于是我的沪铜空单突然消失了。

还好伦敦铜走势符合我的预计，超跌后反弹了。如此我应该很快乐，因为我还有伦敦铜的多单呢，但实际上，我愁云满布。

由于伦敦铜的反弹正好发生在上海铜休市的那一天，所以虽然反弹有收益，但我不敢贸然平掉手中多单。等上期所宣布强平时，伦敦铜已经反弹结束，猛地又一头扎了下去。于是我突然变成单边持有伦敦铜的多单，这开始成为亏损的源泉。

怎么办？平吧，这样的损失我实在不服；不平吧，万一继续下跌呢？

2. 成交价好的不赚钱

一波未平，一波又起。当时我还持有大豆的空头合约，获利丰厚，此时也进入第三个跌停板，由于大连商品交易所一向是三板强平的，所以如果我继续看空后市，一定要在第三板的时候先把前期的盈利单平掉，然后继续开出新的空单，这样由于新空单盈利不多，就不会被强平（强平条件是先平盈利多的）。

这样做的条件是，大豆一定要打开跌停板，由于我知道主力空头也需要如此操作，因而我很自信大豆的跌停一定会打开，果然在开盘半小时后，巨量跌停被打开，我的空单早已平，就趁着反弹一个价位一个价位地挂空单，最后我的新空单全部成交，看着最后大豆又被巨量打到跌停，我轻松愉快，这下可以好好考虑如何处理铜的问题了。

天不遂人愿。晚上 5 点，经纪公司打电话过来，告诉我好几个账户的大豆空单被强平了。我大吃一惊，说："不可能，我前期空单全部平掉了，洗过盘的，怎么可能平我的呢？而且同样的情况，为什么我一部分账号被强平，一部分又没有呢？"公司查了下，确实如此，问题的答案连风控总监也回答不清楚。

投机与电线工类似：都涉及对线的处理，而且经常要直面莫名的危险与恐惧。

　　我只能打电话去交易所，通过熟人查询原因，我感觉一定是被别人黑了。忙到晚上 9 点多（交易所当天也一直加班），答案终于出来：由于当天大量平仓，盈利单不够亏损单分配，所以即使是当天成交的，只要有盈利的也要全部强平。至于当天是否盈利，就看你的成交价是否在当日均线之上（期货的结算价就是当天的均价），由于我是一点一点挂单，所以有的单子在均价下成交，有的则在均价上成交。

　　负责整个交易所的风控总监也说，这种情况还是第一次碰到，而这第一次也碰巧地让我遇到了。结局变成：成交价格不好的单子由此继续持有，继续获利；而那些成交价格稍好、超过均价的，则被强平出局，无缘这场空头的盛宴。如果不是亲身经历，说出来我都不信，太奇妙了！

铜三个跌停板后的处理惯例的突然变化，在期货规则中的细则是被允许的，在"特殊情况"下交易所可采取几种规定模式中它认为更合适的某一种。而对于大豆强平时的细节，则只会在非常极端的情况下才会发生，可以说是细节中的细节。于是，"特殊情况"下的规则突变与"细节中的细节"，突然不期而至，全部于同一天拜访了我。什么叫黑天鹅，就是你以为绝不可能，而它却飞来了一双。

我摘录了大连商品交易所的《风险管理办法》中的一小段，建议你认真地读一下，切身感受下什么是烦琐，什么是细节。

第 3 章　涨跌停板制度

第十四条　涨（跌）停板单边无连续报价是指某一期货合约在某一交易日收市前 5 分钟内出现只有停板价位的买入（卖出）申报、没有停板价位的卖出（买入）申报，或者一有卖出（买入）申报就成交但未打开停板价位的情况。

第十五条　当黄大豆 1 号、黄大豆 2 号、豆粕、豆油、棕榈油、玉米、线型低密度聚乙烯、聚氯乙烯合约在某一交易日（该交易日记为第 N 个交易日）出现涨跌停板单边无连续报价的情况，则当日结算时，该期货合约的交易保证金按合约价值的 6% 收取（原交易保证金比例高于 6% 的，按原比例收取），第 N+1 个交易日黄大豆 1 号、黄大豆 2 号、豆粕、豆油、棕榈油、玉米、线型低密度聚乙烯、聚氯乙烯合约的涨跌停板幅度为 4%（原涨跌停板比例高于 4% 的，按原比例执行）。

第十六条　若第 N+1 个交易日出现与第 N 个交易日同方向涨跌停板单边无连续报价的情况，则从第 N+1 个交易日结算时起，该黄

 此为 2005 年版《风险管理办法》。

大豆1号、黄大豆2号、豆粕、豆油、棕榈油、玉米、线型低密度聚乙烯、聚氯乙烯合约交易保证金按合约价值的7%收取(原交易保证金比例高于7%的,按原比例收取)。第N+2个交易日该黄大豆1号、黄大豆2号、豆粕、豆油、棕榈油、玉米、线型低密度聚乙烯、聚氯乙烯合约涨跌停板幅度不变。

第十七条 若某期货合约在某交易日未出现与上一交易日同方向涨跌停板单边无连续报价的情况,则该交易日结算时交易保证金恢复到正常水平,下一交易日该合约的涨跌停板幅度按合约规定执行。

第十八条 若第N+2个交易日出现与第N+1个交易日同方向涨跌停板单边无连续报价的情况,则在第N+2个交易日收市后,交易所将进行强制减仓,如连续同方向涨跌停板系因会员或客户交易行为异常引发,则按第7章规定处理。

第十九条 强制减仓是指交易所将当日以涨跌停板价申报的未成交平仓报单,以当日涨跌停板价与该合约净持仓盈利客户(或非期货公司会员,下同)按持仓比例自动撮合成交。同一客户持有双向头寸,则其净持仓部分的平仓报单参与强制减仓计算,其余平仓报单与其对锁持仓自动对冲。具体强制减仓方法如下。

(一)申报平仓数量的确定

在第N+2个交易日收市后,已在计算机系统中以涨跌停板价申报无法成交的,且客户合约的单位净持仓亏损大于或等于第N+2个交易日结算价的5%(棕榈油合约标准为4%)的所有持仓。

若客户不愿按上述方法平仓可在收市前撤单,不作为申报的平仓报单。

(二)客户单位净持仓盈亏的确定

$$\text{客户该合约单位净持仓盈亏} = \frac{\text{客户该合约持仓盈亏总和(元)}}{\text{客户该合约净持仓量(手)×交易单位(吨/手)}}$$

客户该合约持仓盈亏总和，是指客户该合约的全部持仓按其实际成交价与当日结算价之差计算的盈亏总和。

（三）净持仓盈利客户平仓范围的确定

根据上述方法计算的客户单位净持仓盈利大于零的客户的所有投机持仓以及客户单位净持仓盈利大于或等于第 N+2 个交易日结算价的 7% 的保值持仓都列入平仓范围。

（四）平仓数量的分配原则及方法

1. 平仓数量的分配原则

（1）在平仓范围内按盈利的大小和投机与保值的不同分成四级，逐级进行分配。

首先分配给属平仓范围内单位净持仓盈利大于或等于第 N+2 个交易日结算价的 6% 以上的投机持仓（以下简称盈利 6% 以上的投机持仓）；

其次分配给单位净持仓盈利大于或等于第 N+2 个交易日结算价的 3% 以上而小于 6% 的投机持仓（以下简称盈利 3% 以上的投机持仓）；

再次分配给单位净持仓盈利小于第 N+2 个交易日结算价的 3% 而大于零的投机持仓（以下简称盈利大于零的投机持仓）；

最后分配给单位净持仓盈利大于或等于第 N+2 个交易日结算价的 7% 的保值持仓（以下简称盈利 7% 保值持仓）。

（2）以上各级分配比例均按申报平仓数量（剩余申报平仓数量）与各级可平仓的盈利持仓数量之比进行分配。

2. 平仓数量的分配方法及步骤

若单位净持仓盈利 6% 以上的投机持仓数量大于或等于申报平仓数量，则根据申报平仓数量与单位净持仓盈利 6% 以上的投机持仓数量的比例，将申报平仓数量向单位净持仓盈利 6% 以上的投机持仓分配实际平仓数量。

若单位净持仓盈利 6% 以上的投机持仓数量小于申报平仓数量，则根据单位净持仓盈利 6% 以上的投机持仓数量与申报平仓数量的比例，将单位净持仓盈利 6% 以上的投机持仓数量向申报平仓客户分配实际平仓数量。再把剩余的申报平仓数量按上述的分配方法向单位净持仓盈利 3% 以上的投机持仓分配；若还有剩余，则再向单位净持仓盈利大于零的投机持仓分配；若还有剩余，则再向单位净持仓盈利 7% 的保值持仓分配。若还有剩余则不再分配。

分配平仓数量以"手"为单位，不足一手的按如下方法计算：首先对每个交易编码所分配到的平仓数量的整数部分进行分配，然后按小数部分由大到小的顺序"进位取整"进行分配。

（五）强制减仓的执行

强制减仓于第 N+2 个交易日收市后由交易系统按强制减仓原则自动执行，强制减仓结果作为第 N+2 个交易日会员的交易结果。

（六）强制减仓的价格

强制减仓的价格为该合约第 N+2 个交易日的涨（跌）停板价。

（七）强制减仓当日结算时交易保证金恢复到正常水平，下一交易日该合约的涨跌停板幅度按合约规定执行。

（八）由上述减仓造成的经济损失由会员及其客户承担。

第二十条　该合约在采取上述措施后若风险仍未释放，则交易所宣布为异常情况，并按有关规定采取风险控制措施。

看得头晕吧，作为专业人员，我也头晕。对于强平的规则，我以前给自己总结出一个规律：遇到三板，若想继续持仓，你一定要洗盘。现在知道，这还不够，应继续加上以下部分：若极端情况，一定要使新持仓成本低于当日均价。直白地说，价格怎样差怎样做，千万别成交好价格。

这就是规则的细则。类似的情况还有：你清晰权证的交易细节吗？知道可转债的转换条件和赎回原则吗？知道大宗交易的细节吗？了解代办股份转让的规则吗……这些都很烦，但什么是专业精神？专业精神就是当别人在烦琐前却步，或囫囵吞枣消化不良时，你却埋首在繁杂与枯燥间抽丝剥茧，甘之如饴。

这有什么好处？请看下文。

3. 合法的偷盗

南京有位"好脑子"股民先生，搞清楚了两件事：第一，2006年8月1日以后，可以市价委托了。第二，权证的最低交易价格可以是1厘。他把这两件看似不相干的事组合在了一起：如果有人市价委托卖出，但当时市况冷清，下方的接盘只有1厘会怎么样——会以1厘成交！"市价卖出的单子将以最高买价成交，哪怕这样的买价是1厘。"他明白，概率很小，但他几乎没有风险。

概率是个问题，但低下的概率可以通过每个交易日的反复挂单来增强。

后来就有了2007年3月1日的轰动性标题：《1厘钱买到海尔权证，南京股民一天狂赚700倍！！！》。捞他个不明不白（见图6-1）。

学好规则的细则吧，别羡慕别人，要学会以后羡慕自己！

图表的误区

三号通缉犯：利用图表与数据的偏差误导投资者。

这是个严重的罪行，它的最可怕之处就是害人于无形。很多时候你吃了亏、上了当，却还没有意识到自己被忽悠了。

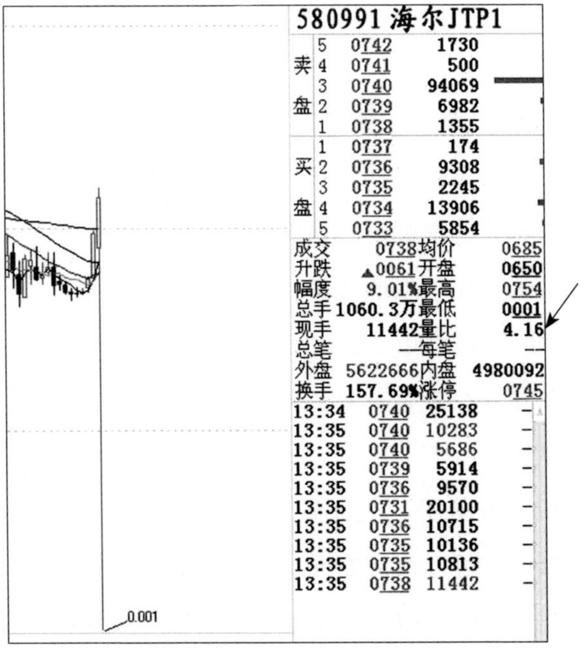

图　6-1

资料来源：http://news.QQ.com。

1. 拔凉拔凉的心

20 世纪 90 年代，我曾短暂地在一家券商处上班，有一天在教客户基础知识的时候，正好聊起一只股票以前的走势，由于对那只股票很熟悉，就随口说出某天的走势，并打开软件准备为他进一步讲解时，我惊讶地发现软件显示的 K 线与记忆的完全不符，我大吃一惊，以为自己记错了，支支吾吾很是内疚。

回去以后，我立即打开电脑中自己常用的另一套软件，结果显示我记忆正确，对比两个软件间同一股票的不同数据，发现我们公司的那个软件的数字输入有误。这么重要的数据居然会错误，我赶紧拿其他股票一一比较，结果不比不知道，又发现两个不同。这可是个大问题。我决定把这个熬了大半个晚上的重大发现上呈总部，这样的服务质量会严重影响公司的形象。

副总淡淡地看了我一眼，那神情好像在说，年轻人，耐不住，激动了吧。"其实这个问题我们也发现了，你知道的，数据太多，难免有时候会出现差错的，不过客户也没投诉过，所以，"他顿了顿，"让他们当心点就可以了。"接着他抬抬眼，关切地问："市场开发最近怎么样了？"

我灰溜溜地出来了，心里夹杂着失望与不堪。我也是个股民，我深切地知道数据对于一个投资者的重要性，而一位大券商的副总对于数据的错误似乎已是司空见惯。这怎么能不让我的心拔凉拔凉的。

这就好像一个前方打仗的将军，使用的却是错误的情报，如因此造成损兵折将，那会是多么郁闷的事。在国内，由于交易数据是免费提供的，所以也没有相关的错误赔偿条款，于是漫不经心等引起的错误也就成为家常便饭。只要使用不同软件观察同一标的时，就很容易发现问题：不是复权价格不一样，就是最高价、最低价数据不一，而这些都必然引发指标的失真。于是你拿着常常失灵的导向仪，走在危机四伏的丛林里……

正确还需要靠自己，一个小小的复核习惯就能够帮上自己大忙，就像针对现在社会上普遍存在的短信诈骗一样。记住，在你即将汇出任何一笔款项的时候，一定与对方通个电话确认一下，一个好习惯会让你受益终身。

不过还有比数据错误更可怕的，那就是图表的误导。我们来看图 6-2，涨势凌厉，你认为未来是上涨还是下跌？如果你处在当时那一时点，你是买进还是卖出？我们再来看图 6-3，在这张图上，你认

为未来是上涨的概率大还是下跌的概率大？如果上涨会涨多高？下跌
会跌多深？

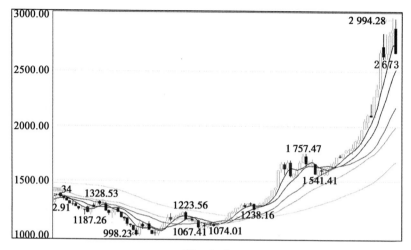

图 6-2

图 6-3

我知道，光凭这样一张图表去做出买卖决定是困难的，也是不理
智的，但为了更清楚地了解自身，希望大家还是很认真地回答一下，
凭你的直觉就好。

其实这两张都是上证指数的 K 线图,区别是图 6-2 为周 K 线,时间点离我们也不远,最后一根 K 线 2007 年 2 月 2 日,上证指数收于 2 673 点,后来一路上扬,创出 6 124.04 的高点,其后的走势(周 K 线),你可参阅图 6-4。

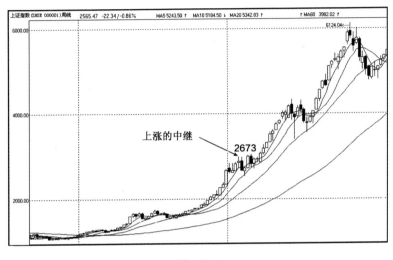

图　6-4

图 6-3 的故事发生在 1994 年 2 月 2 日,当时点位在 772 点,其后连续下跌,在已经下跌 50% 的基础上,再次拦腰一断,最低达到 325 点。其后走势,可看图 6-5。

请多多体味其中的差别,为什么我们的视线总是容易被框住呢?在看图 6-2 的时候总觉得上方被压制,而看图 6-3 则总觉得下面有支撑。因为视屏不经意中给了我们"信息",把屏幕的上下当作压力与支撑。电脑程序希望把图形放得更大,可以让我们清晰观察的好意,却无意中形成了一种错误的心理暗示。(请特别注意的是:这个例子并非鼓励大家反其道而行之地追涨杀跌,其实市场创新高回落的情况比比皆是,我只想提醒大家一点,别被图表的一些局限欺骗了。)

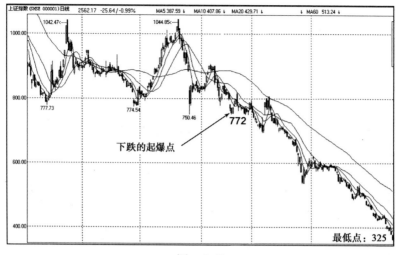

图 6-5

我在 2000 年做股票的时候，就碰到这么一件事，一位老股民朋友，在市场创 1 500 点新高后屡屡看空，当时市场人气鼎沸，炒作网络股热气腾腾，我就很奇怪地问他为何如此看空，结果他神秘地掏出一张折叠很旧的纸，一层层打开，原来是他自己每天手绘的一张 K 线图，包括自己计算的移动线和一些指标，居然连续画了五年多，可见花了很多心血。

在这张巨大的纸图上，上证指数每每遇到 1 500 点就快速下跌，而这次指数创新高后，他已画到图纸的最顶端，于是虽然市场人气高亢，但他总是感觉压力沉重，而更多关注的是市场的负面消息：超买的 KDJ、钝化的乖离率，越看越心惊胆跳，自然越看越空。最后我告诉他一句话：**在你超长的图纸上方再贴一张新的白纸。你看到的世界将全然不同！**

2. 饥渴的水坑边总隐藏着猛兽

请大家仔细观察 K 线图 6-6。毫无疑问，涨势如虹，在图中圆圈①部分震荡向上，圆圈②部分加速向上，最后的灰线（—·→）提示，几乎是笔直地上涨。在这样的市场，请问：如何操作是最好的方法？

图　6-6

请一定多动脑筋，并仔细地观察，设身处地地想，如果你身处其中，你会如何操作。

毫无疑问，看多最重要，如果方向看反，那就死无葬身之地。

好，我们再来看看图 6-7，在这样的行情中你又看到什么？

如果我们对比图 6-8 的话，那么很明显，图 6-8 向上突破了，我们可以看见，图 6-7 中当时比较难看的向下突破被化解了，行情似乎继续向上发展。那么这三张图有什么联系吗？细心的读者可能已经发现了，图 6-7 和图 6-8 都是图 6-6 的局部。也就是说你看到的图 6-7 与图 6-8 都是一波超级大牛市中的一段走势。你会发现，如果你当时身在其中，看多并没想象的那么轻松。

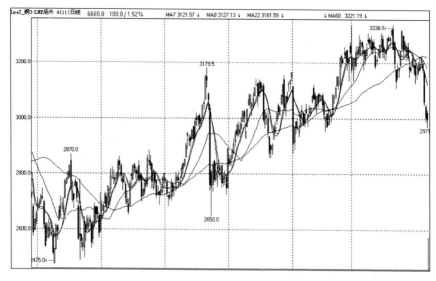

图 6-7

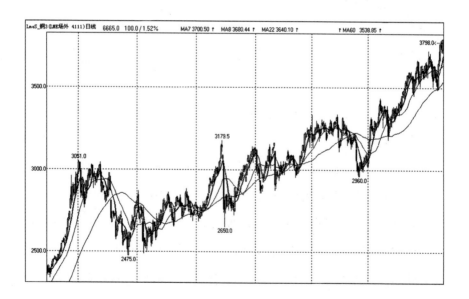

图 6-8

好，我们来看看图 6-9，我们注意到图上最后留有一根巨大的大阴棒，这根阴棒有多可怕呢？跌幅超过 10%。这是伦敦铜的日 K 线图，如果一个期货品种一天暴跌 10% 意味着什么？以 20 倍杠杆来说，如果你半仓以上做多的话，则全部被爆仓；即使只使用了 30% 的资金，那么你的当日亏损也将达到 60%，如果是 100 万元，那么 60 万元一天就没了。

图 6-9

这是一个极具杀伤力的走势，我至今仍记得那天早上打开电脑后的目瞪口呆。但数年后我们再来观察这些图表呢？其实从图 6-6 到图 6-9 中，全部都画有这样一根惊天的大黑棒，但你注意到了吗？你视而不见，因为你的视觉（思维）已经被蓬勃的涨势所吸引，所以即便是这样一根巨大（几乎史无前例）的大阴棒也被你当作了一个可有可无的小回调。你提前透知了未来，于是你对过程麻木不仁。但对于当时真正在操作的人呢，那是心中无法抹去的巨大阴影。

比如我。

我没有被这根黑棒伤害到，但被它恐吓到。我在那轮铜的大牛市中，是比较早的坚定看多者，还专门写了一篇文章《黄金·历史·铜》来探讨铜的上涨理由，但即使如此一篇论点正确、论据充分且自我撰写的文章，也没有把我带到利润丰厚的多铜收益中。其中的原因请你再仔细看一遍图6-7。

在这波上涨的初期，主力除了这次10%的大杀跌外，之后还有三次快速的大洗盘，每一次都让做多者心惊肉跳，做空者欢欣鼓舞。一次、两次、三次、四次……盘子被洗得精光锃亮——到即使你看多也不敢持续做多时，行情才开始强力启动，连续拉升。而你，早已失去了最初很好的入场点。为什么一波轰轰烈烈的大牛市下来，真正的获利者总是那样少之又少呢？因为市场从不简单，即便它似乎早已明明确确，却依旧让我们吞吞吐吐。

从图6-6开始我就请你仔细读图，请问你看到那根大阴棒了吗？你看见随后几次回调的风险了吗？如果没有的话，为什么？你应该合上书，认真地叩问自己，叩问自己的视觉误区，也叩问自己的思维误区。

请千万不要简单，简单地说什么图形太小了，简单地说自己不曾仔细，如果你总是如此简单地总结历史，那么也一定会草率地结论，指着图6-6说："多好的一轮大牛市啊，如果我身逢其时就好了，一路坚决做多，肯定赚翻了。"真的能赚翻吗？

当再有人把K线图打开，手把手地教你，看，这个位置双底突破，这里是头肩底反转可以赚多少，这里跌破上升趋势应该出货时，你就要小心了。他说的只是一个个毫无生命也毫无意义的"纸牌游戏"。当年那些人性与热血的搏杀，与事后的遗迹——生硬的K线之间其实有着许多细微却天翻地覆的差别。所以别被历史的图表迷惑了，别以为看见的就是真实的。

> 不仅仅是探讨图表的误导，我们其实还在寻找思维的盲区。

　　只有最愚昧无知的人才会依然信奉那个陈旧的眼见为实的说法，你所看见的正是你首先应该怀疑的。

——安·兰德

▍心中的小白兔：盈利的错误

　　有一只小白兔快乐地在森林中奔跑，在路上它碰到一只正在吸烟的长颈鹿，小白兔对长颈鹿说："长颈鹿、长颈鹿，你为什么要做伤害自己的事呢？看看这片森林多么美好，让我们一起在大自然中奔跑吧！"长颈鹿看看香烟，看看小白兔，于是把香烟向身后一扔，跟着小白兔在森林中奔跑。后来它们遇到一头正在准备喝酒的大象，小白兔对大象说："大象、大象，你为什么要做伤害自己的事呢？看看这片森林多么美好，让我们一起在大自然中奔跑吧！"大象看看酒，看看小白兔，于是把酒向身后一扔，跟着小白兔和长颈鹿在森林中奔跑。后来它们遇到一头正在准备打电子游戏的狮子，小白兔对狮子说："狮子、狮子，你为什么要做伤害自己的事呢？看看这片森林多么美好，让我们一起在大自然中奔跑吧！"狮子看看游戏柄，看看小白兔，于是把游戏柄向身后一扔，冲过去把小白兔狠揍了一顿。大象和长颈鹿吓得直发抖："你为什么要打小白兔呢？它这么好心，关心我们的健康又叫我们亲近大自然。"狮子生气地说："这个兔子，每次用了兴奋剂就拉着我像白痴一样在森林里乱跑。"

　　每个投资者的心里，都藏着这样一只小白兔。

　　生活中，做正确的事情，并非每次都让人愉悦；反之，很多错误的事情，却能带来短期的快感。毫无疑问，投机也属于生活。

被兴奋剂驱使而狂奔的兔子，只用了一句"美好的谎言"，就诱使大家认为它关心健康并亲近自然，于是，错误的行为被冠上堂皇的外衣，其实危害更大。我们应警醒，投机中是否也有类似的行为？

市场没有免费的礼物

通常，在投机市场，反馈总是来得直接而真实，你犯了错，市场就会以一种恰当的方式来修理你的口袋和自尊心，犹如一份强迫性的学费。

但是也有例外，当幸运之神附体时，一切都变得友好：急功冒进成为勇于进取，死撑硬扛成为沉着坚定，鼠目寸光变为知足常乐……当幸运笼罩一切时，错误的行为也往往变成盈利的助推器。刚开始，你或许还会为自己违反规则而惴惴不安，但随后而来的盈利洪流将很快冲垮"谨慎的篱笆"，"在这个世界上，还有什么比实实在在的赢钱更能证明自己行为的正确呢？"你志得意满，并在一片喝彩中，质疑起先前的规则是否过于保守。很快你将谨慎束之高阁，替换上新的"盈利经验"，并在实证一栏上，急迫地签上自己的姓名。

在所有可怕的错误上面，一定裹着厚厚的一层糖衣。谬论也是一种"论"，它也有着充足的理论与依据，特别是当它披上盈利的外套时，也就越发楚楚动人了。

一个抄底赚过大钱的人，怎么会不渴望再来一次成功的抄底呢？这种心结会强烈地纠缠着他，就像抽烟喝酒的幻觉与快感一样。上瘾的人总会听见耳边诱惑的声音：再来一次。但抄底与逃顶也许是投机十诫中最重要的禁忌了，而所有受伤最深者都曾深信：我是例外。

谁也不是例外！长颈鹿不是，大象不是，狮子也不是。在抽烟喝酒获得快感的背后一定是被它们更深的折磨。投机也如此。不正确的赚钱方式一定会强化坏习惯和不负责任的行为，一旦交易者品尝到来自错误方式的成功滋味后，他们总会去重复这个错误直到这种错误方式深深地伤害自己。

真正的交易大师对于在市场中交好运不感兴趣，他们不会去追求或希望那些尽管他们犯了错误，却依旧来到他们眼前的收益。当这种收益真的来临时，他们甚至不会享受它，反而很努力地唾弃它，因为他们心里明白：这是一只用了兴奋剂的小白兔——盈利的错误。市场并没有免费的礼物，请不要让你的心被小白兔带离了家园。

如何提防盈利的错误

亏损是痛苦的，但它带给我们警醒；盈利是快乐的，但快乐背后也潜藏着危机。所以在每笔盈利交易之后，回顾交易流程的每一个细节，并将其与自己的交易体系一一比对，寻找其中的错误，特别是违反规则的地方，当发现错误行为的盈利时，一定不要忘记撤除自己"胜利者"的角色，因为它会向自己传达一个错误的信息——我所做的每个行为都是正确的。这就是"心中的小白兔"。

有效的交易体系并不能让你每次都成功，一个严密的规则一定会限制你甚至让你失去很多盈利机会。这是成功的代价。**一个成功的交易体系，除了最初的完美设计外，更重要的就是交易者的坚守。**

其实犯错并不可怕，我们一直在犯错，生活会惩戒我们，让我们从中学习；可怕的是"盈利的错误"，它让我们丧失犯错的痛觉，进入一种享受错误的快感中。然而，幸运总难持久，当我们习惯错误后，最终代价将非常昂贵。

从这个意义来说，我们甚至应该感谢痛感！

市场充满了欺诈、强买强卖，数据可能是错的，图表还不时地误导我们，甚至连盈利都可能是个陷阱，你一定感觉糟透了，交易为生的环境多恶劣啊！是的，这个市场充满了危险。但环境对于每个交易人是公平的，你的困难也正是别人的困境，所以别只会抱怨，你要学会应对。当你应对得度，市场的缺陷是否就变成了你的优势呢？别悲观，市场正是透过困难给予机会！

下面小鱼跟大家聊聊，带你走出危险境地的心灵交易的独特逃生系统——打不过你，还逃不过你？

▌STOP！截断亏损

这是心灵之家对付危险最后的应对模式——逃生通道。

在投资市场待过一阵子的人，都知道止损的重要性，但能做好止损的人却非常少，而且经常还有人跳出来反驳："你看，我的账户就是在一次次止损中被消灭的。"所以，我们常常会自问：止损真的有价值吗？如果真有价值，那该如何做好呢？

首先我们来看很多人不能止损的原因。

割肉很痛苦

止损之所以难，在于痛苦，因为我们把它叫作割肉，你能想象那血淋淋的场面吗？何况这还是割自己的肉。于是很多次，你亏损了，很痛苦，举起手，想割肉，最后却放了下去。因为割自己的肉的那种痛感超过你持仓的痛苦，于是，你又开始幻想，是不是会有反弹，或者是主力在洗盘，马上就会拉升。最后，你把今天的事拖到明天，把即刻要办的事拖到未来。

请问，股市中，哪只股票是把人一棍子打死的——从 30 元跌到

3元一气呵成，不带反弹的？很少吧。或多或少都曾给参与者很多次逃命的机会。那么，你如何对待这些逃命机会呢？

很多人学会了鸵鸟战术——遇到危险把头埋在沙丘里。遇到反弹应该坚决了结时，他们却燃起希望，并在希望中等待；当再次下跌，应该夺路而逃时，他们却在自责，然后在自责中麻木……

如果你最初，当你的头寸被套时，就遵从内心的害怕，然后做了那件简单的事：解雇你的亏损头寸，你就不会受那么多内心的煎熬，而你的财富也会被保护住很多。

记住，当你**下次面对亏损时，解雇它**！

做投资也像开公司做生意，唯一不同的是在公司里帮你赚钱的是员工，而投资中帮你赚钱的是你的股票（头寸）。如果一个员工已经不能为你带来收入，甚至还在不断消耗你的资源时，你会怎么办？解雇他！所以止损的第一个秘诀就是：**把割肉这个词换成解雇**。

你看，仅仅是一个词的转换，"解雇"就让你的止损变得不再困难。

把面子还给市场

有时候我们不肯解雇亏损头寸，还有个重要的心理因素，那就是不肯认错。

我们都很好面子，因为在心里，我们都把自我放得很重。这在宠你的父母面前当然没有问题，但市场绝不宠你。

你判断行情准确，赚到了钱，在业界有了些小名声……这些都是谁给的？你真以为自己就那么伟大、正确、不可修正了吗？说到底，你的些许成功都是市场给予的。你把奖章挂满胸口，你把黄金缀满翅膀，它们只会降低你飞翔的高度。当你把自尊、骄傲作为一种态度在市场面前显露的时候，你露出的正是你的死穴。

把面子还给市场吧，错了我们就赶快认错。在投资市场中，没有什么是不可能错的，我们要保持弹性的心，把所有那些论据充分、论点精辟的观点都只看作一种假说，不要爱上你的头寸，也不要爱上你的观点，它们都只是对市场的一种解释。市场在变，解释也需要随时调整。

保护好你的心态

在投资市场中，止损为什么如此重要？第一点是因为你需要截断亏损。第二点更重要，就是要保护好你的投资心态。

心态是个微妙的东西，甚至大脑也无法控制它，它更多地就像是种感应。当你持有一个亏损的头寸，而且它的走向又超出了你的想象时，潜意识中你就会有压力。不断的压力会让你自我怀疑，降低你的信心，也扭曲着你的心态。然而，心态决定着你未来的状态：你可能心情特别好，对人特友善，别人也特别喜欢你，而你做什么事都特别有信心，做什么都很顺利又让你有更好的心态……反之你的心情如死灰，看什么都是灰蒙蒙的，朋友都对你敬而远之，你做什么都不顺，心态更是雪上加霜……

你还是你，没有改变，唯一变化的是你的心境。做盘也会有这样的起伏，当正循环时，一切会变得越来越好；反之则似乎是个无底深渊。我们无法改变外部的环境，那么我们只能由改变自己的心态开始。这就是心态的重要性。

一旦行情超越想象，而你又仿佛在经历煎熬——看着自己滴答流血，那么请大声喊出"STOP"，立即结束这种状况。你会发现，一旦结束，所有的担忧都会烟消云散，亏钱是很痛苦，但一切已经结束，那种了断的感觉真好！

停止对健康的侵害

了断还会带来一项重大的财富，这就是健康。

神经性胃溃疡，听说过吗？怕是很多人都体验过了，我就是其中之一。我的身体一直很好，但当大量做盘后，就会有一种持续的压力，压力最大时就是被套时、行情超越想象时，而你还坚持持有头寸时，你的内心就会不停地交战，你会问自己，然后回答，再问，再答，你反反复复，自我焦虑，整晚整晚难以入眠……

> 如果要输就让我输钱吧！输钱没什么可怕，输掉心态、毁坏健康才是更可怕的事！

这实在是一种既伤害口袋，又伤害心灵，还严重损害健康的事。所以为了睡个好觉，一定要止损。

止损是为了更快地重建

在投机市场，很多人是被耗死的。

中国股市 2001～2005 年的大熊市，跌幅最深也不过 55%，远远比不上 2008 年的"辉煌"，但对于很多长期投资者的伤害却是致命的。由于深信中国经济的未来，相信股市总是能上 5 000 点，很多人在 2 000 点上方长期投资，死捂不动，最后不但赔了大钱、捂坏了心态、损害了健康，还消耗了宝贵的岁月。

一位当年叱咤风云亿万资产级的人物，曾经痛苦地告诉我，最可惜的是浪费了时间。如果早点把他的财富全部夺去，那么以他做实业的关系和能力，也许很快就东山再起了。但持续的阴跌，却好似一种慢性病，让你既失望又间歇性地给些希望。英雄最怕病来磨，这种磨会磨掉时间，也磨掉英雄的锐气。

所以真的要失败，就让失败来得干脆些，不要拖泥带水又儿女情长，输掉金钱再输掉时间才是最可惜的。

…………

不止损的危害是如此严重，所以我们应该立即把它写下来：**不止损会损害你的口袋、心灵、健康还有时机！**然后把它贴在最醒目的地方。

止损与砍仓

需要特别指出的是：以上所说的止损，都是指那种先制订交易计划，明确设定止损位后，市场价又到达后的正确止损。反之，那些你事先都不曾准备，临到行情反复时，又失去持仓勇气，仓皇鼠窜的胆怯行为，都算不上真正的止损。那只是缺乏自信的一种表现，这时候所谓的"止损"只是你逃跑的一个借口。那种反反复复地轻率介入，又轻率出逃，被情绪玩弄的行为，就是所谓"资金都是被止损止光的"的真实注解。

这种行为真正需要的是休息与重建信心，以及克服自己草率做单的习性。

止损还有个要诀，就是一定要快。第一时间解决，快刀斩乱麻。你想想看，心灵之家发生危险了，需要你打开逃生通道了，难道这时候，你逃跑的过程中还要一步三回头吗？一位大师说得好："当我在铁轨上行走，看见一列火车迎面而来的时候，我总是敏捷地跳到一旁，让它先开过去，之后，我可以随时再回来。我这样做时甚至都不会表扬自己，你见过一个人为了躲避火车而表扬自己的吗？事实上，这是最自然的一种反应，因为在这个世界上，没有比保命更重要的事了。"

这个世界上总有些人不信邪，他们或者因为仓位太重，或者实在心疼下不了手，他们知道怎么做是正确的，但总想拖一拖，期望奇迹能出现。是的，也许人类最美好的情怀就是希望了，但这种情况绝不存在于市场中。在市场中，希望是贪婪与恐惧的近亲。

接下来，我会用亲身的经历来告诉你一个事实：光学会了"止损"远远不够，有时候，你不但要跑，还要跑得足够快。

▌要跑，还要赶快跑

每当我写下类似文字的时候，我总会想起那场战役，虽然岁月已划下了好几道印痕，但它在我脑海里仍如此清晰。

最初，如果用战争来比喻，我们是大获全胜的。由于对战场（市场）大方向很好的把握，加上我们成功开辟的几个新战场（品种）带来的丰厚回报，我们部队的实力大大增强，人数已是最初的好几倍了。而且难得的是，我们依旧清醒，保持着冷静，经常反思与警醒。

多头战争的末期，我们识时务地退了出来，并静静等待空头反攻的开始。迹象已非常明显，前期的龙头品种，也已弯下了腰。那天是周五，我们仅是由于谨慎原则没有跟随追杀，但我们相信，周末的外盘将是风雨飘摇。

果然，外盘跌得很猛，甚至超越想象。这样，周一各品种很可能直接跌停并被牢牢摁死。我们略有些遗憾——没有头寸，但这本身也包含在我们放弃的策略以内，市场节奏经常与你不吻合。这有些可惜，但总比昨天做多的人要好，小鱼懂得惜福。

预计没错，开盘，几乎所有品种都齐刷刷地跌停，横成了一条直线。但有个品种稍稍倔强——橡胶。5 分钟后它居然打开了跌停板，向上反弹。我们很清楚，市场经过长期上涨后，需要一次大的调整，现在仍处高位，所以无论是转势还是大调整，目前都是很好的放空机会。而且我们已看见，铜与石油都已经转向，整个背景有美国政府出手干预的影子，加上长期多头利润的积累，现在是一个宣泄排污的时刻。

对于橡胶，我们一直心有余悸。这是个小品种，操纵主力的手法非常老到，常有惊人之举。所以我们在前期的品种选择上有意回避了它，它的节奏太快了。这次我们没有选择，因为我们所有有把握的品种都牢牢地被摁在跌停板上，只剩下橡胶。

再有15分钟，股市也将开盘，我们对于上证指数的看法也是调整，而且压力不小。由于坏账太多，央行已开始收紧银袋子。"这至少是个短线机会，"我看着反弹起150点的橡胶说，"股市的崩跌将再次带领它走向跌停。"我感觉那150点就像放在我口袋里那么稳，"而且如果错误，"我在屏幕上画出一条线，"我将在这儿轻松地止损离场。"

这个计划虽然很小，但看起来并无太大的不妥，而且我们的胜利之师已经休整一段时间了，"该是出手找找感觉了。"我寻思道。

高位挂空，成交……股市开盘后快速下跌，橡胶果然也被迅速打到跌停，并且牢牢地封死。我期望的利润很快到手，现在就是我把钱放进口袋与继续玩玩的区别了。我很轻松，也愿意把利润兑现。只是橡胶实在缺乏买盘，封得很死，再无成交。我当然可以轻松地扔出平仓的买单，给那些疯狂出逃的多头一个机会……但为何不再等等，如果就此封停到收盘，那明天是否还有更多的收获呢？

"我们已经稍稍遗憾地失去了空铜的最好良机，能否在橡胶上补回一些呢？毕竟市场大方向对我们有利。"我寻思着。下午的市场平淡无奇，所有品种继续一字线跌停，橡胶也是，被大量的平仓单压得毫无动弹，我于是放心地持仓过夜了。

第二天一早起来看外盘，美原油大跌后居然最后回升上来，收出根长下影，虽然保持绿盘，但毕竟有些难看了。我想起昨日橡胶的率先开停，还有它独特的个性，便有些发怵，心里隐隐有种不祥的预感。于是我渴望平仓，但希望不要付出太大的代价，昨天无量跌停的印象还顽强地站立在脑海中。

但，市场说了算。橡胶的开盘令我吃惊，直接高开 500 余点，并迅即再拔高 200 点，这意味着我盈利不成，突然还形成较大的损失了。我的大脑有些空白，似乎无法接受如此的变化。征战那么多年，我已经习惯了很多瞬间的转变，但这次在大背景正确的前提下，我该止损吗？我该在这个价格止损吗？我天人交战。其实如此突发的变化，"离场策略"中早有定论，但"这一晚的代价也太高了点吧"，我心里嘟囔着，一边把市场先生伸向我钱袋的手努力地推开，"耍流氓啊！"我愤愤不平。

该止损，不该止损？两种选择仍在我脑海里反复纠缠，最后我终于说服自己，咽下损失。但这时铜等品种又开始纷纷翻绿下跌，我的大方向没错。于是我把止损的单子向有利的方向挂了点，行动说出了心里话："好吧，你牛，我认输，但大势不好，也别太得意，给个优惠的位置让我离场吧。"

价格起起伏伏，有时偏软，却始终没有撮合我的成交，我本该坚决果断，但我选择一等再等。

下午，其他还继续跌，橡胶却始终盘整。一直等到最后半小时，橡胶久盘不下，再次向上高昂起头，我的心也开始抽紧了，这实在不像一个好现象。我开始极度渴望平仓，但似乎其他空头也在恐慌，所以价格上升得很快，700 点，800 点，900 点了，我颤抖中报出的平仓单居然两次都没有成交。再次撤单后，准备无论如何也要立即平仓时，我的脑海突然闪现：昨天多头不也是这样的恐慌？跌停跑不掉，却没想到今天还赚钱。当下同样的空头恐慌，是否经过一天也没事了？市场是否只是来回地洗盘？我内心犹犹豫豫，却燃烧起希望，它像一剂吗啡，止住了暂时的痛楚，于是鼠标也就不再痛苦地挣扎……很快，3 分钟过去，市场收盘了。

兴奋劲过去，当天晚上就是个提心吊胆的夜晚，我破例看起了外盘，虽然一直提示自己：放松，放松，看外盘也没有用，但就是忍不住想看。平衡倾塌的时候，站立就变成了一种奢望。

你所担心的，就是市场即将呈现的。虽然其他品种依然表现不佳，但原油却大幅反弹，大涨 4%。

第二天开盘，橡胶直封涨停，维持到收盘。我终于强烈意识到这是一场灾难的时候，它已经重重敲在了头上。我迷惘不知所措，我甚至忍不住扔东西，气急败坏，可这又有什么用呢？账面被重重地削去了一大块，我身体的一半也仿佛透明了。

睡觉只是躺着，我的情绪很难从悲凉中拔脱出来，明天，又将是如何的昏暗？

当晚的原油冲高回落，让我开盘前舒了口气，但橡胶依旧大幅高开，在我心口重重地一击——又一大块肉没有了，我在痛苦中自艾自怨。行情继续冲高，几乎要触及扩板后的涨停板了，我急急收拾起情绪，落荒而逃。

打扫战场，三天的市场反弹行情，由于希望的吗啡、止损的游移，我们居然吞下 -12% 的错误，在期货的杠杆下，这意味着约160% 的亏损，即使我们 30% 持仓，总资金的亏损也接近 50%。

是的，我还不够成熟，情绪把控得也不好，虽然有着种种规则的把控，但我依旧缺乏面对市场极端情绪的应变力。更重要的是：**在这个市场中要长期生存，你不但要会止损，而且止损得要早，要快，要不谈代价。**

第 7 章

天底下最好玩的游戏

▌站着看盘，别坐下

在交易室中，电视机悬挂在比较高的位置，旁边小一点的是电脑屏。为什么？因为我是站着看盘的，对！站着看，别坐下。

你看见哪个将军是坐着指挥的？站着，让人更有活力，智慧也更觉醒。想象一下，你坐在舒适的软靠椅上，专注地看盘；另一边，你站起身，舒展下身体，然后隔着一段距离冷冷地观察。差别在哪里？就在高屋建瓴！

坐着看盘的问题是很容易被盘面迷惑，投机是场短兵相接的战争，它需要的是观察与思考，要像看军事地图一样看盘，冷眼旁观，心与盘面保持着冷静的距离，这样你的大脑才能获得思考的空间。如果坐着看盘久了，很容易感觉自己也仿佛进入盘面，曲线来回地跳跃，心也跟着起起伏伏。5 分钟 K 线，突然的突破以及猛然出现的几笔大成交……大量细节的信息不断冲击着大脑，让它疲于应对，而忘记了思考。这时候，我们说，你跟着盘走了。

看盘久了被吸引，就如贾瑞看风月宝鉴的正面一样，是很自然的一件事。所以要有节制地控制自己对盘面的关注度，坐着的时候可能缺乏提醒，但站着，酸麻的腿部就是最好的提醒。

一边是远观的盘面，一边是播放的财经新闻，两者都时时入眼，却又不执着，去伪存真，很多灵感就开始显现。当然不经意地看也有问题，就是行情大波动的时候，可能疏忽了，这时候就需要两个好帮手：一个伙伴就是看盘软件中的"突破提醒"，只要事先设置好上下突破的警示点，那么行情一旦越线，电脑自然就会发出警报；另一个伙伴就是定时器。

成熟的交易者都有这样的经验，盘面不同时间跳动的意义是不同的，会有些关键时点，在这些时点中，盘面跳动的指向性作用比较明显，而且股票、期货各有不同。根据你自己的交易系统，找出你需要重点观察的时段，而在其他时段放轻松。就像一个作战司令一样，他不必时时记挂每一刻的战况，只需要对重点做出了解，这个重点含有两层意味：**重点区域和重点时间**。定时器就是提醒你重点时间的。

除此之外，你还需要什么？一杯龙井或一杯咖啡？当然都可以。你最需要的是一大块白板，一个让你倾诉、宣泄、串联的空间。大脑的反应是很快的，内容很多，所以好东西也会很快被淹没，这时，你手中的笔就是用来记忆的，把你想到的、需要表达的，简单地标识出来，两个圈，一个省略句都可以，只要自己能明白。愤怒的情绪、不解、困惑都可以在上面发泄。这是一个很大的空间，在心灵之家中，这几乎就是整个一面墙。这样你的思维才不会受到局限,你可以把任何东西自由地串联起来。

创造性劳动来自哪里?联想、脑力震荡、发散性思维等。对,在这面墙上,你自由地发挥吧。大多数时候,你都在胡言乱语,都在矛盾与虚无中度过,不过,即使如此,也不要让他人碰你的东西,即使擦黑板也必须亲力亲为。只有你确认一定不需要的,或已深入脑海的,你才放心地擦去。把剩下的留下吧。你相信吗?有很多次,就是在清除的时候才给我灵感,几个月前仍未褪去的部分,与最近的遭遇碰撞出智慧的火花。真的,这是自我在跨时空交流。

其实这样的白板共有两块,看见对面的墙了吗?它也是。在这面书写板上,我会把更系统、更有条理的思想放在上面。如果说第一面墙散放着各种智慧拼图,那么在这块白板上,就是放着拼好的部分,当然,它是未完成的作品,还缺失了好几块,但它已呈现了一定的模样。用它来构建你未来的操作基础吧。

▌对冲

整个世界经济是联动的整体,金融即资金的融通。所以无论贸易、投资、投机或者仅仅是利差交易,资金都在努力地流向收益更高的区域,这就是所谓的逐利。我们要从中交易取利,就要能概其全貌。我在跟踪地理学中的洋流时突然感悟到它们之间的相同点,看似整体的大海,其实处处暗流涌动。你要了解如何有效率地航行,了解全球气候未来的变化,就一定要懂得洋流的奥秘。

15世纪后叶,葡萄牙称雄全球,靠的就是无数航海探险家用生命绘制出的那张航海地图,当时的葡萄牙王室规定,所有有关航海地图类的文件都是国家的最高机密。今天，掌握住资金的洋流动向，你也同样握有了寻宝图。

资金连通器

有一种基金被称为对冲基金。如果市场中的庄家是大鳄鱼，那么对冲基金就是一群驰骋在大洋中的大鲨鱼。鲨鱼喜欢在洋流交汇的区域遨游，因为冷暖水流交融的地区，滋养了许多浮游生物，这吸引了鱼群，于是鲨鱼也赶来参加这场盛宴。

在金融市场中，利率、汇率、商品、股市等彼此关联，它们或成杠杆，或为连通器（见图7-1），当某些因素发生时，市场应该迅速变动，达成新的平衡。但事实上，就如同洋流的汇聚、融合需要时间与过程。由于各个交易市场间彼此割裂，这个传递的过程并非如想象的那么流畅、迅捷。

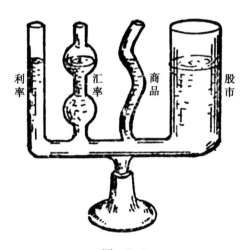

图 7-1

我们很容易注意到：大部分股民并不会因为商品热了而参与期货，或者轻易去尝试外汇交易等。因为对他们来说，熟悉的市场氛围是必需的生存环境。由此，每个单一市场中占绝大部分的投资群都相对固定，这就使得本来应该很快达成的融通、再平衡有了不完全性及滞后性。就像几个彼此联通的连通器，如果各器皿间存在很多栅栏、阻隔，再加上较大的摩擦力，那么很可能在一定时段内，造成连通器中某几项高于其他状况。如果这个差额在扣除交易成本后利润依旧丰厚，那么，在全球市场紧密跟踪的对冲基金迅速出动，高沽低揸，大快朵颐。

由于对冲基金在总的头寸比例上保持多与空的基本平衡，这样就规避了各个独立市场后续不可预测的变化，所以他们并不需要抓对某个品种的趋势，而只是捕捉高低不平衡市场间的落差。随着时间的推移，市场终归回复平衡，鲨鱼们也快乐地吞下自己的美味。

这就是金融"海盗"的快乐生活。利用专业的全球化知识以及充沛的资金实力，在全球各大交易市场对冲投资，捕获其他小型投资者无法获取的利润。这种高超的手法也称作对冲。

现代意义上的对冲基金以此法为主，但不全然。由于贪婪的本性，对冲更多地演变为只要搜索到任何利润就紧咬不放的"凶猛动物"。所以我们在历次危机中总能看到他们的身影，1998 年亚洲金融危机时，当时还在马来西亚做领导工作的马哈蒂尔曾发自肺腑对他们做出过言简意赅的评价："这就是一群强盗。"索罗斯代表鲨鱼们回应："苍蝇不叮无缝的蛋。"

对冲情绪、对冲健康

对冲似乎离我们很远，小鱼能经常运用的机会也很少，但这并不能成为我们可以忽略它的理由。熟悉它、了解它，由此带来的全球视野会带给我们很多思考：原来钱是可以这样赚的；原来这些资金勇敢入市，并单向坚决的做空是有深厚的背景的……

我们当下也许无法像鲨鱼一样遨游大海，但绝不代表我们不应该见识下风浪，历史在赋予人们那些特殊机会时，总不忘垂青下那些稍稍向前多跨出一步的先见者。

说到这里，不由得想起古龙。在他的武侠小说中，最绝世的高手也许就是那些最不起眼的小人物——某个一直蜷缩着背的老婆婆。其实对冲也是一样，最精妙的道理也许就在我们平凡的生活中。当你仰望星空，希望看清宇宙的真相时，你却发现真相首先要抹开那一粒眼屎；你把酒问苍天，成功路在何方？其实很多时候成功的起步首先是要套上那双旧跑鞋。

好吧，让我们套起那双旧跑鞋，向生活学习吧，别忘记它是我们最好的老师。比如生活中，吃药水太苦，就再吃块糖，这就是味觉对冲；写报告累了乏了，站起来走走做个体操，这就是脑力劳动与体力劳动的对冲。对冲的本质，最重要的还不是技巧，而是心态，我们真正应该关注的，并多加运用的是：对冲你的情绪，对冲你的健康。

赚钱悲伤的例子

我曾见过一篇报告，说的是一位仁兄，操作期货如何从几万元翻到几百万元，时间仅用了一年还不到，可以说，那是很多散户梦想中的场景了。他操作的是铜，长线坚决做多，并用盈利加仓，文章描写得很细腻，谈了很多操作细节与当时的心态想法，配合当年的行情可以认定是真实的。其中有一段特别打动我，说道：他在这一年中的紧张心情和精神煎熬，不大的年龄，却由于这么一次操作，熬白了头。我想："天哪！这还是赢钱的，要是最后输了，那又会怎样？"

看完后，总觉得应该同情他。本来人家是大赢家，但我怎么觉得他更像一个损失者呢？

　　投机市场的风险、压力，我深有体会。有看到过大冬天冷汗直流的；有说着不担心，不担心，却突然摔下去的……更多的金融人士，刚过 30 岁已有了大量的白头发。这样的付出值得吗？这样的付出又是必需的吗？

　　就拿前面做铜的大赢家来说，他看准了方向，下注后也赢了，但无奈仓位太重。用浮盈加仓，即使已经赚了很多，后面仍心神不定。因为如此重的仓位，只要一个不大的回调就能将他扫地出局。所以他每天晚上都要与伦敦盘一起结束，不到凌晨五六点钟根本无法睡，一早还要起来准备国内操作。就说有天晚上，实在疲劳之极，强迫自己关电脑上床休息，结果仅仅 5 分钟，就又从床上跳起来，重新打开电脑，他说：实在太累了，但电脑开着睡至少心里踏实些。

　　他为什么这么累？为什么熬白了头发？因为他的心态没有得到对冲，他的健康也没得到对冲。这样赢来的钱，总感觉像是用命换来的。如此的操作，即使换来了利润，未来的健康堪忧，长期的盈利也一样堪忧。

　　说到这里，请你审视下自己的内心，是否还会对这个一年内翻上百倍的赢家有羡慕之情？你是否还会在心里暗暗嘀咕："损失一头黑发，获得一笔丰厚的利润，是值得的。大不了做完以后我不做了。"我劝告你，人的行为有延续性，而且这种延续能力常常超过你的控制力。如果你这次心动了，用牺牲健康去换取利润，那么你以后还会这么做。但这是一种可以持久盈利的方法吗？我的经验是：这是前往亏损者群居地的最佳单程签证。

　　可是！！9 成以上的人还是时不时会被案例中的大赢家诱惑，其中也包括我，这就是人性！！！

　　所以**清醒自我，化解这种情绪，平衡你的身心就是你在投资中关键的关键**。这时候，对冲已经不是一种手段，而是一种理念了，一种在交易中达求平衡的高级模式了。

对冲离我们并不远。还有个更近的，甚至可以让我们在实践中不时运用的，那就是套利。

如果说对冲是在大海里冲浪，那么套利更像在江河里淘金。二者在形式、手法上很相近。即使在市场中交易多年的老手，也常常不能正确说清两者的区别。如果我们从实战来区分两者的差别，大概可以这么说：套利一般发生在紧密相关品种间，而对冲品种间的关系会比较远；套利一般在两个品种间，增加品种则增加风险，而对冲则更有利于在多方间，随着品种的增加，风险可能降低；另外套利的利润更容易理解，但利润也相对较低，而对冲需要很高的金融领悟力，需要找出品种间深层次的内在关系，一旦发掘，利润也较高。

好高骛远不如路在脚下，让我们从实战中领悟吧。

▌套利：淘金游戏

套利一般分为三种：跨期套利、跨品种套利、跨市场套利。

如果把套利比作一次沙里淘金的过程，那么首先要有敏锐的眼光寻找金砂的所在，然后是耐心、细致地把金粒从沙石中挑出来，淘金是要用手的，套利也是，而且是两只手——一手做多，一手做空……

跨期套利

2007 年农产品已经进入牛市，其中大豆更是国内农产品的领头羊，受到越来越多投机资金的追捧，很多新资金更受到"商品超级牛市"的感召而试水期货市场。

10 月国庆节过后，资金的流入出现井喷，大量新多资金开始疯狂追逐农产品中的大豆。期货是种合约，同一大豆品种按到期时间的不同有多个合约，当时的主力合约是大豆0805（就是2008年5月到期的大豆合约），还有大豆0809（2008年9月到期），但这些品种都已有大资金入注。新来的资金可能不愿意帮别人抬轿子，就开始在更远期大豆0901合约（2009年1月到期）上大量建仓，并由此推动期价大涨，从图7-2中圆圈①可以清楚看到，大豆0901合约，从9月底后12个交易日共涨幅400多元，而同期A0805上涨200元不到，两者的价格，甚至在盘中曾瞬间打平（都是4 200元），我们当时一直观察着，因为这里面存在一个误区——种植季节误区。

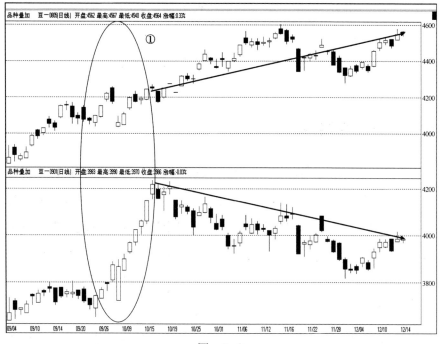

图 7-2

圆圈中，下方的A0901涨势明显好于A0805，而后，A0805却呈现上升态势，A0901却根本性相反，两者差距拉大。请注意旁边的价格提示线，出图时，价格都在4 200元附近，但最后，A0805在4 600元附近，而A0901仅仅4 000元不到。

中国大豆的主产区在东北，东北大豆一年一产，新豆上市季节在每年的 11 月左右，所以几乎所有 08 合约交割的都是 2007 年生产的大豆，由于之前价格低迷，播种面积不大，而 2007 年大豆生产又遭遇严重干旱，所以 2007 年大豆是大幅减产的，这也是 08 系大豆牛市的主因之一。然而大豆 0901 的交割期在 2009 年 1 月，那时 2008 年的新季大豆已上市，由于豆价已被炒高，可以预料的是，2008 年的大豆种植面积会比 2007 年大幅提高，而 2008 年是否还会遇到如 2007 年的大干旱减产，那还是个未知数。08 系大豆被炒高是有理由的，而大豆 0901 与 0809 看上去时间相距不远，但大豆 0901 的价格却不能以 08 系价格为参考，它应该是新因素的重新编排。

"十一"后新入市的游资，却乘着人气高涨，不管三七二十一盲目炒高了大豆 0901 的价格，那么很可能遭遇有现货背景的大主力狙击，比如中粮等。

果然在连续放量后，大豆 0901 最高上冲到与大豆 0805 价平后，就开始疲软下来，价量齐至，我们没有理由不出击的，由于价格回落迅速，我们在价差（大豆 0805 减 0901）达 90 时开始进入多大豆 0805 空大豆 0901 的套利组合，在 130 时加仓，完成了基本建仓。很快，价差就落到 200 附近，并在此稍加徘徊，这时，市场已明显表现出大豆 08 系强势特征，它涨时大豆 0901 只能小涨或不涨，而它一盘整，大豆 0901 就开始下跌，我们耐心等待市场跌出新低——价差突破 250 的时候，再用浮盈追仓。其后大豆 0805 继续强势上扬，而大豆 0901 甚至在 08 系上涨时都忍不住下跌，现货主力开始屠杀盲目入场者，最后大豆 0901 主力多头信心崩溃，价差拉大到 600 余点，并最终保持到大豆 0805 摘牌，现货主力大胜，我们也跟着喝了一口汤。

　　结算利润，平均 400 点的利润，接近 10%，由于国内期货的放大杠杆在 15 倍左右，所以满仓操作的利润是 75%（套利由于双边建仓，所以资金使用率是一半），其实由于心灵交易、谨慎小心的原则，我们只双边持仓 40%，这样概算下来，利润也达到总资金量的 30%。很棒的盈利！

　　你看，套利交易并不复杂，只要了解透彻，你可以轻松坐等利润的实现，而不用担心大豆行情的波动如何，你不用在乎美盘大豆的涨跌，不用关心美国的库存报告或种植报告数据，也不用在乎国内政策是否有调整，你需要做的只是一个正确而且基础的研判，然后避其锐气，击其惰归，如此而已。这种同时买卖同一类交易品种不同交割期限合约，来构成套利组合的模式就叫（同品种）跨期套利。

跨品种套利

　　我们再介绍另一种（同期）跨品种套利，看字面就可以理解，就是同时买卖两种有逻辑关联的品种，赚取其中价格强弱变化的利润，我们来看 2008 年上半年在植物油上的跨品种套利。

　　中国期货市场这两年来迎来不少新品种，其中大连商品交易所上市的豆油与棕榈油，及郑州商品交易所的菜油，构成了期货市场的油脂三剑客，我们平时的食用油 85% 以上都由这三种油脂来调和，其中又各有特性。

　　国人以前多是吃菜油，后来随着国外大量豆油的侵入，现在以豆油为主了，似乎更油腻一些的菜油退居次席。而产自热带的棕榈油，对国内消费者来说相对陌生，它的价格更优惠，口味独特，能很好地与豆油、玉米油等调和，但它有个缺点，就是凝固点较高，冬天，调和油中的棕榈油成分容易凝固，使整个油品显得浑浊。所以，在我国，对于棕榈油的使用，南方多于北方，热天好于冷天。深秋以后，即使南方，棕榈油的使用量也急剧减少。由于这种明显的消费周期特性，棕榈油与豆油的价差也会呈现较明显的季节变化。这是现货市场的特点，而期货市场还会提前反应。

这本来也不是个多大的秘密，但由于当时棕榈油上市时间不长，成交很不活跃，所以很多人就不关心这个品种，这也给了主力操纵的机会。

其实光知道这点并不能带来收益。影响油脂价格变动的因素很多，它们独自的特性无时无刻不在发挥作用——海外大豆的价格、东北天气因素，东南亚的棕榈油库存、当地的气候等，反映在盘面上就是每日的涨涨跌跌，很长时间它们的关系都呈现无序的波动。这就需要你有个耐心观察、等待的过程。

2008 年年初的时候，由于资金的大量介入，豆油走得超级强势，而棕榈油由于投机客很少，一直不够活跃，资金无法介入，从而处于被动跟涨的阶段。两者价差开始不断拉大，最高超过 1 400（豆油价减棕榈油价）的时候，我们开始尝试性介入，但马上被套，当时我们做的是 0805 合约，后来我们注意到可能由于豆油主力的强势存在，以及到了 3、4 月份天气，合约退市前，天气还不能很明显地转暖，所以就开始把关注的重点转移到 0809 合约上。

果然，0805 合约的价差还在拉大，最高时几乎接近 2 000，趁着 0805 合约拉大时，我们开始悄悄介入 0809 合约，它们的价差要小很多，我们在 1 400～1 600 的位置拿到了不少好头寸。随着时间的慢慢推移，价差像波浪一样起伏，其中有个趋势，就是天气一直缓缓变暖，也许有倒春寒，但大方向不会更改。棕榈油的消费也开始上量，价差有了一个明确的目标——缩小。

2月后，主力合约已由0805合约转向0809，而且源于豆油的超级上涨也开始渐渐谢幕，价差开始明显地缩减了，我们继续持有，当价差落到800、600、550时逐步获利了结。

整个操作周期历经数月，经常很多天都没什么盈利，时常还出现较大的反向波动，但由于时间对我们有利，我们心态平和，有时候甚至几天才观察一次。就这样，放松情绪，让时间累积利润，这就是好的套利能带给我们的。

卖出高价品种，买进低价品种，这被称为熊市套利，也就是市场整体下跌对持有者是有利的。反之则是牛市套利，市场整体上涨时有利。所以在套利中也要注意市场的趋向。

跨市场套利

（同品种同期）跨市场套利就是利用同一品种在不同交易市场的不同价格，来构建套利组合。2008年年初的黄金跨市套利就是利用国内黄金期货与纽约金属交易所黄金间的价差进行套利，这次成功的案例，由于内容丰富，我们将在下节专门介绍。

由于存在关税、配额、运输成本等，两地市场的同一种商品会出现不同价格，并时而彼此扩张或收敛。做这种套利看上去挺像做进出口贸易。其中国内专业投资者比较喜欢的就有：大豆的内外盘套利（利用大连大豆期货与芝加哥CBOT大豆期货），铜的融资性内外套利（利用的是上海铜期货与伦敦LME铜期货）等。这些套利都涉及该品种的进出口知识，比如关税、升贴水、配额、税收、运输费用等。

其中特别需要注意的是，顺着贸易进口方向做的套利相对更安全，反之，则需要比较谨慎。例如大豆我们是进口国，所以一般等国内大豆价格高企，而CBOT相对便宜的时候，买芝加哥抛大连的大豆套利比较安全，因为这与正常贸易流向吻合。另外要注意的是交割标准的问题，这里面还有很多细节。所以，套利做的是细致活，挺烦琐的。

期现套利

期现套利就是捕捉期货市场与现货市场的价差，这里面也有很多机会。橡胶、白糖、螺纹钢等都曾有过非常丰厚的期现套利机会。把握住机会的现货商只需在现货市场中买进，接着在期货市场上做空，互相匹配，然后等待交割就能获得不菲的收益。不过这其中由于涉及现货交割以及品质管理、运输、仓储等很多细节问题，所以需要平时就有现货买卖与交割的经验，否则会有障碍。

总结

选择套利就是选择用自己的双手去获取财富，而不再是简单的单一方向下注。也许前面的案例听上去挺简单的，也挺有道理的。但必须注意的是：实际上，这些简单的道理都是以蒙面的形式埋藏在砂砾中，需要学识，需要慧眼，更需要耐心去发现。像大豆、豆油这样的套利机会我们都是跟踪了大半年的，而黄金套利其实是我4年知识的累积，以及等待到中国黄金期货的上市，所有这些都是先付出后的回报，加上耐心等待的回报。

另外，我想提醒的是，套利一样存在风险。基本上利润有多大，风险就有多大，因为如果你做反，做对的赚多少，你就赔多少。所以要运用套利这个工具，但不要因为用了套利就盲目自信，套利中的损失比比皆是，我也曾因耐心不足而亏损累累，更有很多老投资者因为迷信套利的低风险，坚决不肯止损，最后甚至被爆仓的。

在市场中，还经常传阅着各式各样的"统计学类型的套利"，请特别当心，不要轻易相信那些公开发表的、根据历史统计规律而设计的套利模式，这些都是实习分析师大脑内想象的产物，缺乏实践的考证，通常这些貌似正确的意见更多的是地雷，而非西瓜。对于市场，即使你正确地使用了对冲或套利的手法，也请相信，并牢记：市场是有情绪的，常常失去理智，而我们还必须尊重它。不要因为是套利而不止损，因为市场的反常总是超越我们的忍受力。

▌2008 年的黄金机会

2008 年 1 月 9 日，中国第一份黄金期货合约在上海期货交易所上市交易，也正式标志着中国的金融期货大门缓缓拉开。我们在跟踪该市场 4 年多后，根据当时的市场情绪，成功地制定了一个黄金套利机会。以下部分是我执笔的《2008 黄金机会》投资报告的节选：

我们也看多黄金

我们对黄金期货的追踪研究，从 2004 年就开始了，我们对黄金的大趋势判断，也是卓有成效的。单纯地看黄金长期走向，我们依旧坚定看多。问题是国内主流大众的观点也是坚决看多。我当时参与了一些专业研讨，会中，大家争相发言，论据不尽相同，但论点都是指向黄金上涨。如果大家都如此坚定地看好，那么请问，谁来做空？

如果我们也跟着做多，请问什么价位才能让我们买到，我们又将赚谁的钱？历史告诉我们，当市场达成空前一致时，要么就是价格高高在上需要一次彻底的调整了，要么就是市场正悄悄地转向。即使不相信后者，我们也应该承认真正的做多黄金的机会，一定会处于市场这种趋同认识被修正后。

如果做空，依据是什么，信心又何在

简单的计算题：当国外黄金 800 美元 / 盎司时，国内黄金应该在 208.6 元 / 盎司。

换算如下：1 盎司 =28.3 克，800/28.3＝28.27 美元 / 克，当日人民币汇率 7.38（当时价），则黄金价格为 28.27×7.38＝208.6（元 / 克）。

如果 1 年后，黄金还在 800 美元，国内黄金应该是什么价格呢？

变动的主因就要看当时的人民币汇率。如果 1 年后人民币升值 5%，那么汇率就是 7.01，对应黄金价格就是 28.27×7.01＝198.1（元 / 克）。对比一下，1 年后每克少了 10.5 元，而且无论黄金是涨还是跌，只要国内外价格的相关性良好，那么这个价差都是必然的。也就是如果我们做多外盘黄金，做空国内黄金，而 1 年后人民币升值 5%，我们将享受无风险收益 10.5 元 / 克，按 10% 保证金计算，资产回报率达 50%。当然考虑到现实状况中我们不可能满仓运作，如果 6 成仓位的话（套利交易 6 成仓位是相对安全的），那么我们的年收益率也将是 30%。

利用黄金期货赚人民币升值的钱

这个套利的根本就是赚取人民币升值的利润。我们把黄金的单向涨跌已经抛在了脑后，而是在博取一种更为安全、更有预期性的利润——人民币升值。你可能会问，人民币升值也是大众的统一认识，你不是也与多数人的见解相同？

是的，但问题是大家虽然都认同人民币会升值，却没有相关的工具去操作它，由于人民币汇率的有限兑换及相关衍生品工具的缺乏，使人民币升值变成可预见但很难获利的一个梦（国外的人民币 NDF 是无法真实交割的一个对赌工具）。而国内黄金期货的开放，却提供了这样一个操作平台，唯有这个平台是隐含的，并不容易被普通人认识与利用，真正善加利用的将是国外大机构与少部分国内先知先觉的精英，所以可以说，我们又站在了正确的位置上。

前文谈到的为何可逆国内一片看多坚定放空国内黄金，也得到了核心的支持。国内可以空，放心大胆的空，因为在外盘早已买好了保险。这次，我们将又一次成功地站在大众的对面，成为少数派。

风险考量

1. 黄金的特性

内外盘之间的套利并不稀奇，早有国内机构参与，也算不上包赚不赔的生意。以前就有 LME 与沪铜套利，CBOT 与连豆套利，为何我们独独推崇黄金的跨市场套利？

跨市场套利需要该品种的良好流通性，而关税壁垒与政策限制却有可能产生内外盘的较大差异，产生不完全传导，从而使套利风险加大，大豆、铜就是这方面的典型例子。

黄金有三大属性，分别是商品属性、货币属性与金融属性。商品属性体现在供需平衡上，货币属性我们已用来成功地分析了黄金的价格大趋向，金融属性将更多地在实际操作中体现。黄金期货的上市并不是商品期货多了个新品种，而是中国上市的第一个金融期货，也是中国金融业向外打开的一扇大门，透过它的金融属性，你才有可能利用这个工具去博取人民币升值的有效利润，而农产品与贱金属内外盘虽然也受到人民币升值的影响，但是无法建立一个有效机制去获取有效利润，这是本质差别。

2. 人民币一定升值吗

问这个问题绝对必要，而不能人云亦云的跟风，严肃的投资是来不得半点马虎的。回想东南亚金融危机时，很多人都说中国也撑不住了，人民币会贬值，其中也包括大量经济学家，但事实呢，人民币一分也没贬值，后来还升值了。所以对于任何流行性观点，无论观点多么有逻辑关系与说服力，我们仍有必要做出自己的研判。

人民币升值的主要理由是：美元的高双赤字及外贸逆差对应中国国力强盛与巨额顺差，也就是现有汇率没有有效反映人民币的实际购买力。这个因素应该说还将继续存在。我们需要的是往后一年的人民币波动趋向，也就是未来一年中，人民币升值趋势是否会出现调整或者反复？我们把目光投向刚刚结束的中央经济工作会议。

详细解读中央经济工作会议（此处指 2008 年）：明年货币政策十年来首次由稳健改为紧缩，即控制人民币发行总量与节奏，控制信贷规模。通俗地说，也就是票子要印得少了，利率等要提高，总体目的就是降低流动性泛滥；反观大洋彼岸的美国，由于次级债问题焦头烂额，不得不扩大货币供应及连续降息以解燃眉之急，也就是又有大批新美元将出炉。如此对比人民币的收缩与美元新闻的放开，我们说，人民币升值的预期在未来一年将更强。

3. 我们为什么能做好

我们的核心优势是什么？

（1）我们比国内的大多数投资者对黄金的研究更专业。2004 年开始跟踪，应该说是最早的一批。黄金业内的专家，对现货如数家珍，但他们可能缺乏期货行业的经验。我们知道，现货商在做期货时有时效果并不理想，原因是单从供需矛盾去分析，缺少对黄金的货币属性及金融属性的研究，可以这样说，正是后者才是影响黄金价格动向的关键因素。

（2）身处祖国，我们拥有天然的对中国经济的关注度与了解。相比国外专业机构，我们还很稚嫩。但外资机构看到这个机会，却可能由于池塘太小及国内严格的金融管制而止步。于是这恰恰给了我们一个夹缝生存的机会。

（3）细节的优势与风险的把控。投机市场已反复证明，知晓了大方向并不代表肯定赚钱，成果还需要细节。一年 200 多个交易日，其中时势的变幻、点位的跳动、舆论的导向都会实实在在地影响每个操作者的判断与心态，是坚定的意志与对意外来临时的判断和处理决定了利润的来源。

报告的细节以及一些图表，限于篇幅，我就不罗列了。让我们来看看结局。

国内第一次黄金战争，大众至少捐出了 3.5 亿元

该计划于 2008 年的 1 月 9 日，即国内黄金期货上市当日开始实施，不出所料，国内投资者的热情是惊人的，1 月 8 日收盘的伦敦金是 878 美元/盎司，当天的人民币兑美元汇率是 7.272 3，而国内黄金期货 AU0806 开盘在几乎的涨停位：230.95。该价格折算成外盘黄金价格就是 987 美元/盎司，整整高估了 100 多美元，而后人民币又从 7.272 3 一路升值约 6%。两项叠加，乘以期货的杠杆，那些盲目乐观、追从大众的黄金投资者为对冲套利者们奉送上了至少 3.5 亿元人民币。其中，主要被拥有外盘操作通道的各大市场主力瓜分（见图 7-3）。

市场行为是如此盲目，大众的热情又总是那么容易被煽动，财富就是如此被转移的。

当然，我在这里要特别指出：这里面其实并没有所谓的"阴谋论"，并非有些人事先设计好这个局，然后鼓动中小投资者去钻（如果他们有这个本事，也不用去赚那区区的几千万元了）。当时大量的

"专家"看多黄金都出自本心（从长期来看并没有错），也唯有真心才能真正打动大众。而在反方阵营，其实也非铁板一块，大家抱成团来操作。与想象相反，空方也在激烈的争论，而真正动手去做的也是少之极少，不然，以当时的这点持仓量，如果大机构大量开空，也就开不出如此高的价位了（再次证明丰厚利润总出现在少数的原则）。

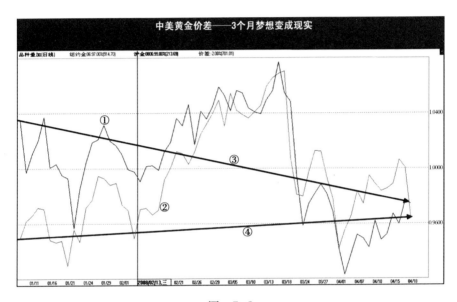

图　7-3

线①是国内黄金 3 个月走势，线②是纽约黄金走势，线③是国内黄金 3 个月的起点到终点连线，线④代表纽约黄金起点与终点连线，可以看到它们的差距一直在缩小。

我当时参与了上海的一个内部讨论会。参与者有银行、财团、大型国企和大私募等，都是一线操作的大资金。会中大量激烈争论的居然是：是否会出现上海黄金的逼仓现象。逼仓论者的观点如下：中国黄金年产约 200 吨，以其中 1/3 用于储备及工业领域，1/3 用于首饰行业，其中能进入金融市场形成交割能力的不会超过 1/3，即 70 吨黄金（以上的黄金用途计算方式，我认为有些混乱，但姑且一听），以200元/克，2亿元/吨来计算，买下所有的国内可交割黄金，也只不过需要140亿元人民币，这对于在座的几位，抱个团就能实现。

由此，大部分机构即使在价格明显高估的情况下，也是坐立观望，而整个价格回归过程也持续进行了近半年，连通器中的滞涩效应再次体现。大部分市场主力资金事实上并未享受到这场黄金盛宴。大众总是错误的，即使是在机构群体中，该法则依然有效。

▍头寸管理

十年前，一位超级大户曾有幸站在我的背后，指点一二："你做盘的时候不一定要满仓杀进杀出，可以试试分批建仓，分批退场。"他说。我摇摇头，向他解释道："看对的时候应该有勇气全部杀进，如果看不好，那么自然是全部退出，把鸡蛋分在几个篮子里，不如放在一个篮子，并看好它。"他只能走了，也决裂出一条鸿沟，在沟的两头，不是别人用钱堆出来的高傲，而是无知与执着挖的坑。

对于当年已经成为超级大户的前辈，我肯定是尊重的。他告诉我的分批建仓的建议我正好思考过，但我一直认为这是个勇气问题——看准了你敢赌多少？满仓与半仓的区别只在于赚多与赚少。所以我觉得他说得有理——有钱了嘛，自然要小心点；而我的做法也没错——钱还不够多，自然要做得猛一点。

不过今天，我却要为这样一个简单的问题专门撰写一个章节，或许这真是一个勇气的问题，但现今在我的眼中，可能刚好相反，以前以为的怯懦可能是真勇敢，而以前的勇敢却成为懦弱！

屁股决定脑袋

我们曾说过，这世界上有种说法叫"屁股决定脑袋"，在投资中也经常出现这种情况：很多时候，与其说是你看好行情而持有股票，还不如说你是因为持有大量股票而看好行情。如果不是如此，为什么从 6 000 点一路跌下来，那么清晰的一个个关键点被打破，却依旧还有那么多人坚决看好股市，那是一种怎样的坚持啊——死了也不卖。

屁股决定脑袋，不是傻瓜犯的错，而是基本是人都会犯的错。即使如今，我也时时提醒自己提防着点。

做盘的人经过一段时间的研究，肯定对盘面会有种看法，如果各方面的信息又给予支持，那么无疑就开始强化这种假说。当一个人开始对某种见解深信不疑的时候，那么他的眼睛里就开始闪烁利润倍增的光芒，计算公式大致如下：如果我买 1 万股，可以赚 10 万元，那么买 5 万股就赚 50 万元，而如果满仓买一把，那么……然后开始筹划，怎样去消费这么大一笔利润：换车、换房……

> 满天的星星啊！是你用头撞的！

请问，当你开始这样想时，会不会满仓买入？一定！甚至还会盘算着如何再贷点款吧。这时候先不论买进股票的观点是否准确，至少你已进入心里的盲区——你的眼中只有利润，而看不见风险。

我曾经最喜欢满仓，那时的我还稚嫩，以为这个世界非黑即白，不是对的就是错的，却不知道这个世界生存的基点就在于灰色，在于模糊。上帝给人类做选择，却并不给出标准答案。

记得吗？心灵交易有一条："对行情方向的判断价值，不会超过 10%。"为什么？因为这个市场从来不曾直线行走。你说明天股市是涨还是跌？说涨，明天一开盘就跌了，但中午又拉上来了，下午 2 点跳水了，但最后 15 分钟，权重股发力，收在几乎平盘，请问，你是对了还是错了？这还是一天，要是一个月呢，半年呢？所以投资的关键在于你的策略，市场每天都在波动，时涨时跌，关键是买在哪儿，又抛在哪儿？

"买在哪儿，抛在哪儿"似乎是个判断问题，但其实老手都知道，这还是个心态问题。举个例子，你是否有过这种情况：计划去卖股票的，最后又买入更多？是什么让你改变了主意呢——市场的情绪。

满仓时就是华山一条道

当你仓位较轻时，你对市场的见解充满了弹性；而一旦仓位加重，你的屁股就逐渐变成了脑袋。当满仓持有时，价格些许变动，对你来说，就会产生巨大的盈亏，从而左右你的情绪，或者恐惧，或者狂喜，无论哪一个，强烈的情绪反应都会主导你。你可以清晰地看见这样一个过程——随着仓位的加重，你可以看到自己如何被固化，最后变成情绪的奴隶。

即使市场暂时不涨不跌，假如你过分重仓持有，市场依然不会向你提供利润，它这时候的方法是通过反复震荡让你的判断处于游离状态。比如我的亲身经历。

我当年曾仔细研究了伊泰 B 股（原名叫伊煤 B），这个拥有煤矿的股票让我觉得潜力无穷，价位却只在零点几美元（见图 7-4），我赶快买了些，然后它涨了点，我就再买，当我满仓伊泰 B 后，价格突然停滞下来，小涨小跌，一周两周过去了，我有些纳闷，两三个月又过去了，价格还是萎靡。有一天，我突然开始问自己：这么好的股票，怎么就不涨了呢？难道还有我不知道的事情吗？

看着其他的 B 股一个个飙升起来，我开始羡慕了，持有它们多好啊，可以马上赚钱，但我没有本金啊，本金都在伊泰 B 股里了。

图　7-4

伊泰 B 股月 K 线图，我的建仓成本在零点几美元，也就是图中那一条平线区，而它的最高价则是 31.922 美元。

那要不先退出来，等赚完别的回头再买。心思一活络，退出来就很快，于是我就在其他 B 股中冲冲杀杀赚了点小钱，而伊泰 B 股似乎只是慢慢地上涨，始终没有再介入。但有一天它开始启动，小涨连着小涨，大涨接着大涨，除权后涨，改名后更涨……市场终于开始对我最初的见解表示认同了。而我呢，已经站在了外面。

如果我当时只买了一半呢，甚至 1/3 呢？

对于一个满仓的人来说，他是非常挑剔的，不但要求市场遵照他的意愿去行走，而且要快，马上实现，最好还是一去不回头。由于缺少了弹性，他其实不是面对的五五开的多空选择，而是自古华山一条路。这样盈利就变成小概率事件，而亏损，甚至巨亏却变得无比接近了。

屁股决定脑袋，仓位决定心态。即使高手也无法免俗，看看弄垮巴林银行的尼克·利森，曾经的明星交易员，一旦陷入错误自我强化的泥潭，就再也看不见前方的路。最后，他也知道一定是错了，但对他来说，知道什么是正确的已没有意义，因为窟窿已经够大了，足够填埋下他。哈姆雷特说："生存还是死亡，这是个问题。"这时，对利森来说，这个问题的解答就只存在一种方式——更大地赌一把。结局也就只剩下一种：利森一夜间弄垮了巴林银行，也把自己弄进了班房。

如何做到轻仓持有

心灵交易有几个仓位控制的技巧：以损定量、时间止半、轻仓还不打足、涨固可喜，跌亦欣然。

先谈以损定量。

$$M = K/S$$

公式中，K 就是你该项操作的最大可亏金额；S 是该笔交易中如果你止损，每一手的单位亏损额；M 当然就是你的可下单量。

我们稍稍把这个公式转换，其实就是你某笔亏损的表达：$K = SM$，即你的整体亏损额就是你的单位亏损额乘以数量。我们把这个公式颠倒后，看上去很幼稚，其实就是在你下单前，多了一份假设：预设这笔单子是亏损的，那么我将亏损多少，而这个亏损额是在我可接受的范围内吗？

当人"正常贪婪"的时候，他只看见利润，那么下单量一定是越多越好；而把"风月宝鉴"翻个面，当我们看到市场的骷髅时，我们就会注意到亏损，那时候，单子却是越轻越好。当你愿意从正反两方面观察的时候，我们说你就有了心态的对冲。

这样确定下单量的过程，与传统相比，大脑的注意力已从紧盯利润变为盯紧亏损。当你想做盘的时候，你一定已深具信心，所以这时候最重要的不是盲目的乐观精神，而是"用更多的精神去思考失败"。

时间止半是心灵交易系统中一个重要的离场法则，也是头寸管理的一项内容。其核心就是在交易中加入时间法则。时间对交易有多重要，据说，利弗莫尔是花了十年时间，两次破产才深刻理解到的。时间为什么重要？举个简单例子，有人说，中国股市总有一天会涨到 3 万点，是啊，可能会涨到，但多久呢？其中又要经历多少磨难呢？是儿子能见到还是孙子能见到呢？又或者明年能见到？没有准确的时间界定，这句话就与外星人终将访问地球一样，属于科幻范畴了。所以只有明确了有效的时间观念后，涨跌才有实际的意义。

轻仓还不打足才是境界。我也是在后期才体会到的。有了以损定量后，你就不会超过自己损失的预期持仓，即使是这样的仓位，你在建仓的过程中也不是一次建足，而是分批建仓，留有余地。为什么？

你建仓的时候希望价格是跌还是涨？一定是跌！你建完仓希望是涨还是跌？最好是马上涨！请问，市场是否会因为你的建仓完成与否而改变它的运行节奏？如果你在前一秒还在拼命地期望市场下跌，而一秒成交后，又拼命想命令市场马上上涨，这种心态的变化与抄底又有何异？这种不合理的欲望是否会在一定程度上扭曲你的心灵？

当你分批建仓时，你会发现，无论市场涨跌，你都很快乐，乐于接受。涨了，建仓部分赚钱了，涨固可喜，跌了，我还能更便宜地买点，跌亦欣然！

是不是有点阿 Q？也许吧，但如果你能够让自己在市场起伏间始终很快乐，你知道这有多大的意义吗？心态轻松、愉悦，能让你坦荡于行情的涨涨跌跌，并洞悉其中的奥妙。投机直指人性的弱点，它之所以能击败你，是因为你贪婪、恐惧及心神游移。最强大的堡垒是从内部被攻破的，而心灵交易的本质就是使自我内心平和，这种平和并非是无来由地顿悟，而是来自实际的每一个行动：从地基到屋顶到每一根立柱，从理念到目标到每一个细节，你垒起一个建筑、一套系统，正是这精心构造的一砖一瓦有机的组合，才形成伟大的力量！

▌用曲线管理资金

仓位控制、资金管理，很多人容易把它们混为一谈，但这不符合心灵交易的专业精神。如果确实要把它们组合在一起使用，那么我们也应该这样区分：**仓位控制是表，资金管理是里**。

资金主导型还是行情主导型

如果把资金管理当作如何分配手中资金的话，那就确实和仓位控制差别不大。实际上资金管理的内涵要丰富得多。比如我们会问："你的交易系统是资金主导型还是行情主导型？"能清晰回答的朋友，功力应该已经上"段"了。这有区别吗？区别可大了！

例如，你的资金账户本年度收益目标是50%，如果你在9月1日已经达成，你该怎么办？从你对市场的解读来看，机会仍非常不错（大多数人大多数时候永远这样解读），而从资金的角度，你已经完成了目标，是休息还是继续？反之，你的总资金亏损底线是30%，9月30日，那天被突破了，你该怎么办？而你对市场解读，觉得市场已经反常到极致，可能马上就有机会了。你是坚决休息，还是继续操作？

请好好辨思这两个问题。从这个两难的选择中，你就可以了解到交易系统是以资金为主导，还是以行情为主导了。

在继续读下去之前，我很希望你给自己先写下答案。这样我们后面的探讨才更加有趣，彼此互动了。

通常人们会写下：已经赚了 50%，如果还有行情，那么就继续做下去，只要保住别低于目标盈利即可；而如果亏了，那么最好还是坚决休息，即使有行情也不做了。

你觉得这样的回答怎么样？你的回答类似吗？

我不知道这算不算最坏的答案，但应该是之一了。

当赚了钱，还有行情的时候，人们总想继续赚下去，他们在想："才赚了 50%，万一这是一波 1 000~6 000 点的大行情呢。"请问什么叫贪婪？（1 000~6 000 点的行情，中国股市出现过几次？）

当亏了钱，还有机会的时候，人们说算了吧，万一亏的更多呢。请问什么又是恐惧？

我想说的是，如果只出现单个选择的时候，你做出以上两个答案都没有问题。前者只是说明你的交易系统以行情为主导，而后面那位的交易系统是以资金为主导。但问题是如果在同一交易系统中，你做出这样的回答的时候，你的系统以什么为主导呢？

以灵活为主导？这可能就成为交易系统中的"后门"——病毒入侵的"后门"。

当你留给大脑很多这也可以，那也可以，似是而非的选择时，大脑会根据当时的情绪来选择，这种情绪就是贪婪或恐惧。

请回顾一下，在目标管理一节中，我们谈到盈利目标也要上有封顶，为什么？因为亏损你有保底，那么盈利一定要有封顶。不然就如同赌徒进了赌场，你的本金只有一个 100%，而赌场有 N 个 100%，那么赌徒输钱就成为必然。

你的系统可以以行情为主导，也可以以资金为主导，但一定要统一。只有在严明一致的目标下，一支部队才是有战斗力的。

好吧，我们就以资金为主导的交易系统为例，和大家谈一下资金管理。当你一旦明确了是以资金为主导，那么很多东西就可以轻松放下了。你只要盯紧你的资金权益曲线就可以了，它会告诉你很多秘密。

交易记录就是你曾留下的脚印，它是你最真实的体现。每当我回忆起过去某段岁月中那些精彩激动的操作，再去翻看那些当年的交易记录时，常常会惊讶地发现：大脑中精彩的交易常常并非完全如想象，而更多被忽略的交易却历历在目。记忆是有选择的，而记录才是忠实的。所以**记录 > 记忆**！

围棋大师濑越宪作一生教了三位弟子——吴清源、桥本宇太郎和曹薰铉，都是世界围棋界的超一流选手。其中曹薰铉是他最后带的室内弟子，从曹薰铉很小就带起，一直带在身边。教棋的 12 年间，濑越只和曹薰铉下了 10 盘指导棋，平均一年不到一盘。但是老师为曹薰铉做得最多的事情就是整理和记录曹薰铉下过的每一盘棋，而无论他是胜还是负，这也成为曹薰铉毕生的好习惯。

好习惯在交易中的意义

如果你把每天的资金权益串联起来，就成为一条起伏不定的资金权益曲线，再在一旁注明当时你买进卖出的品种，那么你交易的历史档案就建成了。这件事初做有点繁复，但其实利用电脑的绘图软件并不难。重要的是你手捧这样一幅曲线图的时候，你的问题、不足清晰可见。

其实只要稍稍具有些技术分析的功力，你就可以看出"你"这只股票的走势趋向是围绕成本线上下震荡，时而赢时而输的均衡型，还是平缓的上升,却又容易快速下降的快跌慢升型?或者是涨也疯狂、跌也疯狂的大幅波动型,又或者如一格格台阶稳步向上抬高型?形态很多,但你一定能轻松读懂,寻找出自我停滞不前的原因。

资金权益曲线最重要的是管理当下与未来,而技术分析的方法在这根曲线上都可以起到很好的作用。例如:

⊙ 在上涨中,重要的是什么?不要跌破短期上升通道。

⊙ 长期盈利的要点是关注长期上升趋势线。

⊙ 行情转势的第一个危险信号是跌到成本区域。

⊙ 绝不可触碰的是下档资金总亏损额。

⊙ 如果上涨时,在高耸入云的曲线上压上一个"盈利目标"的帽子,你还会不会不顾一切地疯狂,还是在接近目标时会很自然地减仓操作?

⊙ 下跌时,你如何走出困境?你会不会那么在意赶快扳回来?不会,你会知道,先要打破下降趋势线,怎么打破?等待资金曲线平走就是最好的方式,用时间来修复心情,然后重新框视市场。

⊙ 在这张图中,你可以真实地发挥你的技术分析的水平,因为它不会被歪曲,不会被恶意操纵,事实上,曲线是你行为的结果,而你只需要根据结果修正你的行为。它为你提供了一面镜子——心灵交易中的风月宝鉴。

也许你觉得有点复杂,但当你真正去做的时候,你会惊讶收获的巨大,而最初的付出是如此的值得。让我告诉你一个亲身经历——1 500元能做什么?

▌1 500 元能做什么

资金管理如何与头寸管理配合使用，并达成效果，我还是在一次偶然的机会，被逼出来了，颇有点杨过的黯然销魂掌的味道。

那是我进入商品期货市场不久，交了不少学费。后来有个朋友介绍了个客户，以前是自己做（期货），但赔的只剩下来 20 万元了，想找个人打理，由于他自己尝到了市场的威力，所以他的风险意识比较强；而我前几年刚刚做过穷光蛋，故而也特别谨慎。所以大家聊得比较投缘，谈拢了，总资金风险控制在 −30%，到则终止合约。

第一次帮别人做所以特别想做好，他开始也特别不放心，我记得他每天都要打电话来询问状况，而我呢，也是做得畏首畏尾的，反正一看形势不好就砍仓，结果那段时间运气也差点，总是一进去就被套，砍完后又再砍，结果没一个星期就输了 1 万多元，我当时就想："这可不是办法，不能让客户感觉自己这么菜吧。"心里就急于展现自己的能耐。

有天我感觉铜走势很疲弱就空进去了，其实我当时整体是看多铜的，做空纯粹是一时的盘感，其实也就是想找个机会赌一把，把损失尽快扳回来，好给客户一个说法。果然，盘中就赚了几百个点，但收盘时又收了上来，这次我不愿意再平仓了，心想："每把都被你吓出来，这次怎么也要赌一下了。"

赌博害人！由于仓重，一把就亏掉了 3 万多元，等我平仓出局，我猛然发现，客户权益只剩下 15 万多元了，而这一天，离我们合同签订还不到 15 天，20 万元的 30% 就是 6 万元，也就是说，我所有的可亏金额就剩下 1 万元挂零了。我没有陷入绝境，那是因为我就站在绝境的旁边。

"直接还账户走人吧。"我当时就这么想的，但想想客户也够冤的，交给你 2 星期就亏 20% 多，这口气他能顺吗？我硬着头皮，沟通了一下。

"你也太猛了！不过这种状况我也经历过，也正常，你还有信心吗？有信心你就做下去，但 14 万元就终止。"客户出人意料的平静与信任。士为知己者死！信任，它本身就传递着一种力量，我决定好好思考一下自己该怎么做？

我当时的问题特简单，我手上有 15 万多元资金，但真正可亏的就只有 1 万多元，所以如何赢很多对我没有实际意义，实际意义是我要在期货的风雨飘摇中怎样保证这 1 万多元不被亏完，瞬间达到也不行。我苦思冥想："我必须规避所有的风险，连一丝意外也不能有。"这能做到吗？

现在回想起来，真正让我懂得风险的威力是那次破产教育，而如何控制风险包括各种意外，可能是从这时候才开始的，人被逼上了绝路，黯然销魂，于是悟出了黯然销魂掌！

把资金分成三份，每次至多亏掉其中的一份！这一分，每份也就 5 000 多元。不行，万一三份都亏掉，最后止损不及，有可能会跌出 14 万元，所以一定要留有一份做止损时波动的备用，这样，就应该是四份，重新算一下，即便这份备用稍少一点，那么我每次的可亏金额最多也就 4 500 元。我开始盘算着。你看以损定量的雏形就这样出来了。

即便如此，期货市场中连亏三次的概率也很大，而且如果我最开头亏了一两次的话，心气就更虚了，那么第三次有个风吹草动，吓都要被吓死，这可怎么办呀？

关键是做好头一把，头一把一定不能输，否则后面就难了。所以第一把亏损额我不能一次都投出去，最好还是三等分，那么第一次的损失就是 1 500 元，对！只有 1 500 元可以输，因为这输掉的 1 500 元，不会明显影响我的心态，这样的亏损，才是我真正能够接受的亏损！

算完后，我很满意也很失望，满意的是我终于找出了一个让我直面风险的方法，失望的是，我有着 15 万多元的资金，却要为 1 500 元殚精竭虑。只冒 1 500 元的风险，那仓一定极轻，赚的钱也应该不会多。操作要有计划吧，要忍耐等机会吧（总不能还像之前那么赌一把），而为了 1 500 元做计划，值得吗？而这样 1 500 元、1 500 元的赚，我把本钱补回来需要多久啊？补回来后，要等到盈利那还不猴年马月呀！风险控制与盈利期望，天生似乎是一对冤家，我该怎么办？

我必须对自己做心理按摩！或者说是想通道理。道路其实总是有的，关键是你能不能乐意去走，就像我说的，如果要控制风险（而不是靠赌一把），一点点把钱赚回来，肯定应该是照我这个计算去做的，但内心乐意吗？为了 1 500 元，资金额的 1%，拼死拼活的，值得吗？还有，我能做到吗？能做到控制风险，即使能，还能再盈利吗？它又需要多久？那段时间，这些问题反复纠缠着我。

当前方看不清路的时候，我们索性低下头，就看脚下，走好脚下的每一步。

"别想着赚大钱，先活在当下，生存是最重要的。"我反复告诉自己，并且想起一位投机大师的故事，他当年也是代客理财，也是亏钱了，最后就是从只做一手单开始做起来，最后成为大赢家。

我下定了决心，要挑战自我，但我并没有急于动手，因为每一个 1 500 元对我都很宝贵，我并无随意损失它的权利，我想开始，我想去赚钱，但之前，我必须先忍耐。

我每天看盘，并用我独特的方法做价位定踪，我还每周做周计划书（即使现在来看，当时做得也很细，很精美），从美元指数、道琼斯到外盘原油、黄金，然后再到国内品种的涨跌，增减仓、增减量、高低点，再到现货状况、升贴水，无不了然于胸。知道这些很了不起吗？不是，这都是期货的基础知识，知道这些并不能让你赢，但忽视这些小细节就可能输。我了解这些只是为了在心中建立一个坐标，至于机会，我不急，也不能急。利弗莫尔说过，好机会都是等出来的。你硬要去抓的通常都是陷阱。如果说那段时间，有什么做得特别好的，特别满意的，那就是持续保持对盘面的关注，却非常有耐心，耐心地等待适合我的机会出现。

这一等就是一个多月，为了一笔 1 500 元的风险我等待了一个多月。付出总是有回报的，我用实践证明了投机市场并非不劳而获，而是实在的多劳多得。

一向冷清的铝开始波澜泛起，我一定是第一批感知者。因为当时铝的交易非常清淡，持仓很低（而且主要是套保盘），而投机度（根据交易量与持仓量的对比，类似于股票中的换手比率）就更低了，很多时候低于 0.1，几乎等于没有任何投机资金关注。但通过长期走势分析，我发现，其实铝处在牛市通道中，它的远方大兄——铜，是当时的牛市第一品种，而铝呢，由于缺乏资金问津，而现货商的套保卖盘压力沉重，使得它似乎举步维艰（每次被铜大哥带上去后就匆匆回跌），但我相信，一个牛市通道的品种终会吸引资金。

这一天终于来到了，10 月中旬，我清晰地感受到资金的脉动，由于对铝的每日成交与持仓动态都太熟悉了，资金一进来就被我感觉到了，看着风浪起，铝小小地被推升，我也轻轻地下了这一个多月来第一手单——多一手铝。当时铝价已被推高了些，但离最扎实的长横盘平台也就 200 多点，而这是行情极低迷时的平台，所以止损就设在那儿。做一手铝 5 吨，我的风险可以很轻松地控制在 1 500 元内。何况现在已是死水微澜，东风渐起，浪花怎么能不翻腾？

做好功课、做足准备的好处就是很少担忧，还有一个好处就是容易赚钱。看，利润真的开始增长了（为了调和心态，我已经把 15 万多元看成了我的始发站），慢慢地，很坚实，而我呢，如初为人父，甜美细致地照看着这个初生婴儿。

我有一张藏宝图，一直随身带着，上面就是我的资金权益曲线。最初，它陡然下降后，我就知道有问题了，可以想象，任何一家"公司股票"猛然暴跌 20% 多，那么一定是有原因的，而我这家"公司"当时也确实出问题了，止损空间没有了，而操作心态也是阻碍重重。这时，我知道只有一种办法能止住这种下降趋势，那就是停牌，用休息让停在纸面上的一条横线来缓冲下跌趋势的力量，直到走出阴影。于是，很明确，我一只眼看着行情，一只眼看着资金曲线图，开始了一段奇特之旅。

按照我以前的习惯，看好的行情一旦启动，我会坚决地风帆尽驶。但这一次，我没有这个权利，因为我的可亏金额只有小小的 1 500 元，期货的震荡很大，我可禁不起它来回地折腾。还有一点很重要，我知道铝的行情是刚刚启动的，初始的行情总是脆弱的（拉离建仓位后），原因可能是该趋势还未深入人心吧。所以这次我一反以往，紧盯住资金位，一旦资金上了个台阶，而行情又出现停滞的状态，我就赶紧出来，就这样，我 1 000 多元、2 000 多元地赚着。这种做法的危险是：万一踏空了怎么办？我也不急，我宽慰自己——我就需要赚那么多。我现在最在乎的是增加我的资金的防守厚度，至于错失些行情，我愿意忍受。

当你真的把贪婪心放下的时候，市场也似乎善解人意了，即使让行情创出新高后，却仍旧会耐心地回调，给你重新入场的机会。是啊，有什么急不可耐的呢？有多少行情是连续拉升，一去不回头的呢？

行情反复，我经常小赚，时而中赚，但坚决保持不赔。有时本来是赚 2 800 元的，后来一跌，只赚 100 元，我也赶紧出来，赚多赚少无所谓，我要的是那种每次都盈利的感觉，这也在不知不觉中就很好地执行了"保本离场"的原则。看着资金曲线正慢慢翘起，我的心也开始慢慢起航，一如起飞前的加速。

赚了钱可以承担的风险也大了，我每周盘算一次，慢慢地可以开 2 手、3 手了，利润开始多起来，而我也开始兼顾一些其他品种了，比如我在玉米上就下了 1 手定价单。坚守了一个多月，好运气似乎也来了，11 月中旬，玉米开始向我频发信号——买入，值得买入，赶快买入……

玉米当时上市快一年，前期的行情一直波澜不惊，形态也是相当不错，而且我知道，三大交易所竞争很激烈，对于自己新推的品种都有扶持的动作，而制造一段上涨行情可能就是最好的吸引人气的方法，这是个猜想，也是个假说，但市场给我的印证是：在禽流感的恐吓下，农产品整体下挫的 9 月和 10 月两月，玉米出奇的抗跌，不但没有创出新低，而且实际上还很好地保持着上升队形，是谁让它如此强势？它在等待什么？

一声发令枪响，我通过定价单监听到了。此时，我的心态、我的风险承受度都有了，于是我大胆抢入，依然很理性、很节制地控制着仓量。但这是个"关键点"的突破，几乎是马上，利润就滚滚而来，而我知道，行情还在向纵深拓展，新高后面连着新高，我用浮盈慢慢加仓……

噢，我忘记说一下当时我的资金状况了，几天前我已经踏过了20万元的成本线，而现在，已开始冲击30万元大关了，玉米、铝同时都带给了我丰厚的回报。你看，重要的是走出正确的第一步，而后，正确会促使正确，三个月前，我还在担心是否能摆脱被清盘的命运，而仅仅90天后，我用了最稳妥的方法，已经踏上了收获之旅。

谨防那条过于陡直的曲线

快过春节的时候，玉米又突飞猛进了一下，那天，玉米初见涨停板了，而我的资金在那一刻，也瞬间达到了35万元，我很快乐，几乎是哼着小曲地又加了些仓，如果你要问我有什么不同，那就是我开始骄傲了、松懈了，开始有了巨大的梦想，它变成了一个包袱。我不再是警惕地看待行情的过分宣泄（涨停），而是用一种无比乐观的精神看好未来。涨停被打开了，这意味着我加仓的部分已经被套了，我砍掉了加仓部分，这是我两个多月来的首度亏损，这是个警讯，但我还沉浸在乐观中，甚至都没注意到玉米创出了上市以来的天量，这么重要的细节都没发现，几乎是不可思议的，但它真的发生了。

第二天开盘后就不好，玉米一个劲地向下落，我仍看好后市，所以坚守着，于是它跌停了，我突然发现我的资金居然28万元也不到了，行情波动得太剧烈了，而我的持仓也明显过重，我投降了，在跌停上平出了所有头寸，曲线图上，我经历了陡直的上下。

过后几天，玉米终于缓了口气，慢慢回升上来，而我，却似乎惊魂未定……一直等它再次扬帆远航，而我，却没有了那张旧船票。玉米再上一波的甜美我没品尝到，节奏错乱让我患得患失，而究其根本是，在资金管理上，忽略了那条过于陡直的线，如果我当时注意到资金的过快成长，而开始降低自己仓位分量时，短期看，似乎并不明智，但着眼于长期，会让我保有良好的心态，也更能接受行情的转折回调。

资金曲线能很好地照顾心态，明白了这个道理之后，我开始在实际操作中更多地依靠它来审视及调节自我。这次休整后，我又重新出发，我的目标就是近在眼前的 30 万元，我要成功地站立在上面，从而让自己的资金线再上台阶。

我无意再详述过程，只是告诉你，我真的做到了。我如履薄冰，为自己谨慎地选择一个又一个台阶，33 万元，36 万元，40 万元，45 万元……我一步一步走来。回顾半年前还在努力控制 1 500 元的止损，我恍若隔世：原来走出困境，只需要最初的一小步，一小步，这何尝不是我们整个心灵交易的缩影，资金为纲，谢绝暴利与亏损，平和心态，富足人生。

▌探索的乐趣，进步的喜悦

不知道你玩过解谜游戏吗？比如米勒山庄疑案、罪案现场等。我很喜欢，有一次玩"逃出海盗船 3"，千般辛苦，摸出根小撬棒；万番艰难，弄到把小钥匙。时而愁眉不展；时而惊奇连连。好不容易玩通了，居然又上网把 1、2 集也搜寻出来，再玩了一把。

网络游戏更加令人疯狂。有一次，我问一位网友，这网络游戏怎么个好玩法？他顿时两眼放光，告诉我，他如何如何打到传奇的 56 级，如何杀怪，暴别人装备……我说，升级类我最初也玩过，很累，先是只能杀小鸡，上了级别才能杀条狗什么的，等我练到 6 级，居然还杀不了一头猪的时候，我崩溃了，这"杀人"的勾当我要什么时候才有机会啊？他说我没找到法门，然后开始为我一一介绍他的技巧、高招，以及他如何找到一个好方法，怎样的胜利成果，等等。我微微后仰身，才看清他的激昂，那份热忱，饱含激情，分明包含了十个字"探索的乐趣，进步的喜悦"。

有一天，我向爸爸询问："为什么我现在去打乒乓球，没有小时候那么快乐了呢？"记得那时候铃声一响，人就飞奔出去，占位置打球。当时打得可一点也不少，却似乎总也打不厌。回家的路上，还在演习抽球的动作，遇到学会一点新玩意吧，就兴奋得晚上都胡思乱想。但现在，现在怎么就打的没有感觉了呢？

我拼命地搜索记忆，想了解，是什么让自己对乒乓球兴味索然了。

"人大了，欲望也随之变化了，这也是正常的。"爸爸说的似乎也很在理啊，但为什么最近我遇到几个朋友，年纪很大了，开始打乒乓球，却越打越上瘾呢？应该还有其他的玄妙。

前两天读书，读到《光耀生命》①中的一段，让我豁然开朗。

你需要以自己的智性与意志力自问：我能否做得更好一点？能将自己的意识稍稍拓展到极限之外的人必然见到希望之光。我们是因为满足现状才画地为牢 。

……要扪心自问：我能否有所拓展？然后你立即会有进步的冲动。

不要让过去的经验在你的心里形成烙印。如果你只是重复以前的做法，那你就是活在记忆之中。

……如果一个人立下至高无上的志向，自我智慧必然出现。这是因为你的心智不断深入内心微妙之体，从而接近自性——天地之心。

㊀ 艾场格 . 光耀生命 [M]. 上海：上海绵绣文章出版社，2008.

一旦你超越身体的欲望，你就会更接近自性。一旦你说"我已满足"，
觉悟之光必将暗淡。

他说的是瑜伽。90 岁的艾扬格用 70 年的瑜伽修行为我们写下了
这本书，我应该拜谢他。

我习瑜伽不过寥寥数月，但是艾扬格把我带入身、心、灵的世
界，让我明白瑜伽并不只是一种柔软的法术，而是修身以达修心，最
后迈入"灵"的法门。

不过我最近松懈了，并不是我忘记他曾对我说过的话，而似乎
是很自然的一种停滞。而在最初的探索中，我每每日有所进，也就兴
趣倍增，进步很快。但最近，我似乎就被经验烙印了，只是重复过往
的动作，没有突破，于是就渐渐失去了兴奋，直到我看到以下这段
文字：

一个体式（指瑜伽姿势）并不是可以机械性完成的姿态，而要涉
及思考、创新与即兴发挥，最终达成运动与阻滞之间的平衡。千万不
要重复，重复让心变得迟钝。你必须给自己的练习注入情趣，并同时
激发自己的兴趣。

看，单调、枯燥的瑜伽训练，你必须反复练习，但你又千万不要
重复，因为如此你的心会迟钝。也就是说，即使每一次完全相同的动
作，你也要做出不一样的意味来。你要经常扪心自问：我能否有所拓
展，而且要稍稍超出自己的极限。你要学会在练习中思考、创新与即
兴发挥。如此你才能时时找到探索的乐趣，进而体会进步的快乐。

他教的是瑜伽，但当明白自己练瑜伽的障碍出在哪里的时候，我
突然又有了更深的体验，联想到游戏，联想到乒乓球，我的世界突然

一片开阔，我有种醍醐灌顶的感觉！生命的一些意义就在于探索，在探索中得到乐趣，继而进步，更感受到进步的喜悦。是探索把你带进一个个房间，去寻找新奇之物，而让你感受解谜的快乐；是一次又一次杀怪，积累经验，成功晋级为他带去进步的喜悦；而当失去了探索精神，也失去了进步的追求，你才会认为乒乓球是种无聊而累人的玩意儿。

想想那些生活中曾让你雀跃的事吧，无论是旅行或者恋爱，又或者看着孩子的一天天成长，哪一项没有探索与进步的影子？

生命就如同一场寻宝之旅，我们在荒野戈壁中搜寻着玛瑙、翡翠、红宝、祖母绿……然后用生命的历程把它们串联起来。但是，喜悦之情绝非来自最后那串大项链的价值，生命只有一次，我们又如何能只为结果喝彩？

投机很不容易，交易绝不简单。如果你把它看成负累，看成你必须付出孤独、痛苦、烦琐后，才有机会赚大钱，那么这些都将成为你前进路上凸起的巨石；反之，你欣喜、渴望与追求，你把信息解读当成爱人的短语，你把策略研究当成佳人的玫瑰，那么，巨石已是阶梯。

即使每天迈出一小步，你，终将跨入投机交易的圣堂！

功夫自在盘外

第 8 章

利弗莫尔之死

■ 从一个人到一群人

上篇草草结束，因为"一个人的战斗"固然精彩，却已经无法走得更远，欲更上一层楼，我们需要更多（历史的、他人的）的智慧，要从简单的盘面技巧脱离出来，而向生活的各个层面去学习，"功夫自在盘外"正是这个意味。

下篇的写作，小鱼充满了偏爱与激情，因为它走出了一个人的经历而游向了大海，这其中，我们会遇到一大群人，一群有意思、有经历、有能力的人，他们无一不是各自行业的翘楚，虽然来自不同的时代，不同的领域，但无一例外都是小鱼不曾谋面的老师。我们将以史为镜，法古鉴今，向这些伟大的人学习。

在小鱼18年的投机生涯最初，曾年少轻狂，以小聪明当大智慧……如果说后来有所转折的话，那么除了"破产"这个伟大的教训外，有一个人（一本书）曾担负起灯塔般的作用，他（它）使迷航的舵手重新找到了前进的方向，或者这样说更能反映我真实的感受：当卷页轻轻翻动，如刘姥姥般初临大观园，瞠目、惊叹、拜服……绚烂多彩，迥变的投机之路隐隐闪现。

那是一次偶遇。

那一年，我正经历着财富与信心的双重打击，我毫无方向，又漫无目的，于是溜进了书城，书很多，仿佛静默的宝藏，但宝藏并没有开启。犹疑徘徊了很久，我拿起这本《秘籍》，又举起那本《猎庄》，然后眼前就浮现出那个猥琐男，举着那本《如来神掌》说："小弟，看你骨骼清奇，是万中无一的练武奇才，维护世界和平就靠你了，我这里有本秘籍，我看与你有缘就十块钱卖给你了。"

正想着出神……

"你在找好书吧。"一个男中音，不等我回答，他又说，"我给你推荐一本。"

"好，好。"正愁找不到好的呢。

他带我来到书架另一面，抽出其中一本，"这本你可以看看"——《股票作手回忆录》[⊖]。

小鱼当时并不知道，生命中的贵人已由此出现了，至于那位引路的大哥，由于唐突，我甚至没有看清他的脸。小鱼现在也常常为别人推荐一些好书，不为别的，授人玫瑰，转赠而已。

小鱼之遇上利弗莫尔，就仿佛一直在玩街头篮球的，终于看上了NBA，之前觉得自己蛮牛气，后来就瞠目结舌：原来人家可以这样

　　⊖　此书新版由机械工业出版社出版，书名为《股票大作手利弗莫尔回忆录》。

玩，篮球不但可以投，还可以由上往下砸……

这位投机界的名人堂球员就是利弗莫尔。

▌ 杰西·利弗莫尔

利弗莫尔有个传奇人生（见图8-1），他生于1877年，是个农场主的儿子，很小就辍学做了证券行的报价员，一次偶然的机会让他发现了自己对数字的敏感，从最初在空中号子（一种与顾客对赌证券价格波动的非法公司）赢得5美元后，一发不可收拾，席卷当地所有的空中号子，赚取大把的美元，以至于他的外貌体征成为各个号子间互相传递的重要信息，他成了黑名单人物。

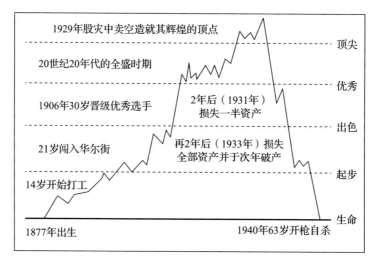

图 8-1 利弗莫尔投资生涯轨迹

交易人生注定不平凡，初临华尔街，开始做真正证券交易的利弗莫尔却破产了，但他善于从失败中学习，不断完善与提高自我，所以他一次次从失败中卷土重来，并让自己成长得更高。以至于唯利是图的华尔街，都愿意相信：即使他身无分文，但只要给他一个电话和一笔不大的授信，一个月后他就可以重新拥抱世界。

1907 年，在一次干净利落又决绝无情的做空后，J. P. 摩根也不得不托人向他传话求情，至此他赢得"熊杀手"的称号。20 世纪整个 20 年代都是他纵横驰骋的天下，他在牛市中做多，然后又在大恐慌中努力地掼压。他的名声由于无数次做空成功而响彻华尔街，以至于媒体把任何一次无缘由的突然暴跌都解释成一个名词——利弗莫尔。

他聪颖、勤奋又不失天分，他在《股票作手回忆录》中无数次为我们讲解了投机的真谛，让人看见一个投机客对于事业的热爱，直面失败的勇气，自我反思的精神。难怪一位著名的财经作者在评价该书时说："每次面晤那些最优秀的操盘手时，我都会问他们一个同样的问题，你认为你所读过的哪本书最有价值。迄今为止，大多数人回答的依然是《股票作手回忆录》。"

1929 年的金融大危机中，他达到了事业的巅峰，获利超过 1 亿美元。

利弗莫尔是带着美好的记忆与大篇警言偈语离开我们的视界，这位伟大投机客的其后生活，对我而言是一个谜，从事物的发展曲线来看，利弗莫尔无疑是乐观的，我曾无数次憧憬他的晚年，或继续拼搏，建立丰碑，或逐渐淡出，从事慈善，或携手家人，归隐山林……直到有一天闻知他的死讯——他是自杀的！

他的一生如此的传奇，人们围绕着他，争论不休，争论他的成功，也争论他的结局，从一无所有到 1 亿美元，又在短短十年后自杀，他被无数人视为偶像，又论证了偶像的垮塌，曲折向前永远向上的趋势在猛然间坠落，再次论证了生活与市场的共通：你可以发现趋向，但不要就此迷信趋向所向。

"利弗莫尔是自杀的，利弗莫尔是自杀的……"我喃喃自语，我反复究问，这成为一块巨石，猛地横压在小鱼的面前，如果如利弗莫尔这般的天才与勤奋，在投机路途中尚不得善终，我们又如何寻得自己的投机之路？

在利弗莫尔的面前，一切虚幻一夜暴富都被打出了原形，如何交易，如何赚钱或者如何翻着倍地赚大钱，都不过是交易之术，利弗莫尔都曾达到过，而且比我们曾达到的高度更高更远，如果我们不能从他的结局中去警醒，去反思，去醒悟，那我们不过是一个初级版利弗莫尔重现。从这个意义来说，利弗莫尔为投机客留下的最大财富恰恰是他的悲剧结局。

如何解开这团谜线？幸好，某个深秋寒冷的雨雪夜，一次偶然的机会，小鱼醍醐灌顶，幡然醒悟，也许悟通了利弗莫尔之死，才能真正体会到交易的核心吧。

以下是当日感悟的原文呈现。

█ 利弗莫尔的启示

闻知利弗莫尔的结局是自杀，我心中的神庙轰然倒下了。作为一个投机客，他的天分与成就连骄傲如我也不敢望其项背。

投机界绚烂夺目的一颗巨星陨落了。走时的宁静仿佛只为注解他曾说的一句话："你可能是一时的国王，但你永远无法打败市场。"

天才

杰西·利弗莫尔，华尔街的传奇人物和"最大的空头"。

1929 年的"股市大崩溃"中，他做空赚了 1 亿美元。他达到了人生的巅峰。

是什么使赤手空拳的利弗莫尔赢得投机人罕有的成就？天才与勤奋！利弗莫尔的投机天分，鲜见出其右者，在空中交易号子里，18岁的他就能从容赢得每一场游戏，以至于每个号子都拒绝这个年轻人的进入，一时间少年作手美名扬。

利弗莫尔是个对投机极端痴迷并且勤奋的人，关于利弗莫尔的书我拜读了几十遍，而最让我震撼的只是下面这段话："记不清有多少个夜晚，我在床上辗转反侧，反省自己为什么没有预见一段行情的到来，第二天一大早醒来，心里想出一个新点子。我几乎等不及天亮，急于……"（摘自《股票大作手操盘术》人民邮电出版社）

天才也是需要勤奋的，适当的天分加上全神贯注，再勇于不断的尝试修正，造就了投机界的这个传奇。

离奇的传说

1940 年 11 月，杰西·利弗莫尔在曼哈顿一家饭店大醉之后，给他的第三任妻子写了一封 8 页纸的信，在信中利弗莫尔承认"我的人生是一场失败"。然后，利弗莫尔在饭店的衣帽间自杀身亡。他身后留下的财产不足 10 000 美元。

天分与勤奋造就了传奇，而这个传奇的结局却是如此离奇。无数个夜晚，当我立志把投机作为我人生最大的选择时，在我的心头总挥不去这样的疑问：1929 年的利弗莫尔不是声望远播，深具统治力、影响力了吗？为何十年后，他不是更伟大了，而是自杀了呢？当时的他是如此强大，相信很难有人能从外部来撼动他，什么导致了他的失败？

穿越历史

心太急＝心态急。20 岁的利弗莫尔，赚到他人生的第一个 10 万美元。我们假设当时整个投机界总资金量是 10 亿美元，利弗莫尔只是企盼得到其中万分之一的资金，那么他只需要判断对方向即可。当利弗莫尔达成目标时，很自然，他的目标提高到了 100 万美元，也就是资金量的千分之一，这时候，只判断对方向已经没有用了，如何管理资金以及避开市场中的种种陷阱成了难题。利弗莫尔经历了他的第一次破产，当他东山再起的时候，他的目标已经锁定 1 000 万美元了，也就是市场总资金量的百分之一。利弗莫尔再次摔倒，因为他还需要补上一节投机课，那就是"时间"的观念——你判断对了方向，也做好了准备，但千万别忘记，还需要耐心等待，等待时间之门的开启。利弗莫尔是天才，什么都难不倒他，他踏过了一条条天涧和河流，再一次从破产中走出来。但当他对自己有更高期许的时候，他再次面临人生困境。这次可能是资金规模阻挡了他。当你的资金达到一定规模时，你必须考虑你交易行为的本身对市场产生的巨大影响。利弗莫尔一生经历了四次破产，前三次破产后，他都站起来了，而且比以前更强大。他跨过了 100 万美元、1 000 万美元、1 亿美元的门槛，却最终倒在自己的理想面前……

时光倒流，回到 1929 年，设想一下，你就是利弗莫尔。那个总猜对方向，并刚刚用近乎完美的谋略与胆识赚取了 1 亿美元（换算到现在，不会低于 100 亿美元）的人。你是如此强大，有成堆的钱，最丰富的市场经验，旁人无法企及的巨大影响力，甚至你本人也被当作头条和小道消息在华尔街流传。这时的你，还会甘心一年赚 1 000 万美元吗？你甚至会为自己脑海中闪现过这样的念头而感到羞愧，而 100 万美元这样的小机会你都羞于出手。你有更大的梦——赚取 10 亿美元乃至统治市场……这意味着整个市场你独赢，别人全输……即你会彻底毁了整个市场……而任何妄图征服市场的人，都只能被市场无情地抛弃。

目标如此，无论利弗莫尔多么勤奋，多么有天分，道路的尽头也只能是通向毁灭……

用中国古圣的话说，这就是天道。

所谓上善若水，损盈而补亏。月至圆则缺，水至满则溢，天道也。昔古罗马帝国之强盛，成吉思汗子孙之彪悍……都只化作历史缕缕青烟，况一投机高人乎。

利弗莫尔式悲剧可能正来源于他的天才。少年得志的张扬，历尽磨难，东山再起的豪迈，统统化作一个强烈的信念：人定胜天。古人云：天妒英才。不然也，实则是英才的自信空前膨胀，想要去挑战"天"，颠覆"天"。

人法地，地法天，天法道，道法自然。宇宙之大，自存平衡法则。不珍视上苍厚爱，唯贪婪之本者，天灭之。

我们交易中人，当知晓：做错，在己。做对，上苍之恩惠。心存感恩念，不持偏执心。

▌道德与理想

利弗莫尔是倒在他的人生观下的，他的理想缺乏道德的展望，在他的梦境中只有成功的钱与更多的钱，却忘记了财富的真谛。

巴菲特把他的大部分钱都捐了出去，索罗斯更是很早就为自己理想的社会而亲赴努力，他们在钱财方面得到巨大成功后，都领悟了钱财的真正意义。当我们愿意把自己交给交易，更多地直面钱财仿佛战争似的掠夺时，也许我们的心中更需要一种强大的东西来抵挡这一切，这种东西也许就是道德与理想。

物质与精神，犹如汽车需要的油与水。缺水却一味加油，汽车只会"过热亡"。

仔细看看那些深陷财富陷阱的人，当初舍弃一切所追求的财富与荣耀，得到后却是深深的疲惫；曾经激励他们奋进的目标与理想，在到达顶峰后却索然无味。

"感恩""厚道""宽恕""谦逊""善良""忠诚""诚实""勇敢"……这些词在你的心中被尘封了多久？在你口中有多久没有提及它们？道德，这个我们从小被灌输，然后被无情倾覆的东西，是否还会在你脑海里闪烁。

道德二字最初被《道德经》反复提及，也见高手引用它来诠释交易的真谛。但颇具讽刺意味的是，道德成了提升交易能力的工具，而非日常精神、行为的升华，大众似乎只有在道德被冠以更多功利的时候，才更容易去接受它。不知应该说这是道德的沦丧，还是人性的弱点。

珍罕之物，有德者方能居之，以前总觉得此话过于玄妙。因为历史中比比皆是的是：横行乡里的、杀人越货的、心黑皮厚的占有了更多的社会资源。现实中常见的是：劳苦者食不果腹，贪腐者却玉盘珍馐，似乎"厚黑"才是人生成功的速成班。

何为厚德载物呢？很多人解为"有丰厚道德的人才能积聚巨大的财物"，我认为正解应该是"有丰厚道德的人才能承载巨大的财物"，一前一后，前者视财物为得到，后者视财物为负累。后面的解释认为，承载巨大财物的人，如果德行不够，轻者受其累，中者受其困，重者为其所害，甚至身败名裂。人生百年，漫漫长河，绝不可短视，三五年辉煌，十年发达之人多如牛毛，演罢退场后，却鲜有人知其冷暖。当今社会，变幻万千，"三年河东，三年河西"，居于骤风急浪而中流砥柱者，凭何？道德！道德是精神的升华，它并不能帮助你聚敛财富，却能够让你在坐拥富贵时，还能享受内心的那份怡静和豁达。

利弗莫尔，这个投机史上的传奇，当他 1929 年赚得 1 亿美元后，他的道德没有协助他建立更远大的人生理想，而是把占有更多的市场财富，进而垄断市场作为自己的目标。最终短短十年就一败涂地，在他 63 岁那年，当普通人安享晚年的时候，他开枪自杀了。在他的遗言中，他匆匆写就："我的一生是一场失败。"是理想的错位最后害了利弗莫尔，究其根本就是道德信仰的缺失。

我景仰索罗斯，第一是尊敬于他的道德，第二是推崇他的思想，第三才是仰望他的成就。他取得了与利弗莫尔当年相仿的成就，却成功摆脱了财富的胁迫。投机客在财富的世界里挣扎，首先要能挣脱贪婪之心的羁绊，我们都应该由心地好好问自己，什么才是最快乐的？

让我们的心灵重回少年的时光，自由地畅想，重新唤回自己似被磨灭的光荣与梦想。放松地做一回吧，像我一样倾听我心，它说："交易只是你阶段性的梦想，你真正的梦是……只有那番光景才是我最大的骄傲。"

心中有钱，你只是钱的奴隶；心中有理想，你将握有成就；心中有道德，你将快乐人生！

第 9 章

信息的解读

拜别了利弗莫尔，也解开了小鱼最大的困惑，我们又向前行，这次我们来到香农的面前。投机客每天要面对大量的信息，那么如何解读信息，如何从只言片语中寻得重大的投资机会，就成为你能否优秀的分水岭。

但信息如何解读，在理论课程上，几乎空白，而在各类投资书的实践案例中，有不少生动的例子，可是很多在时间周期选择上过于偏窄，无法看清全貌，更多则流于自我标榜，并且在影响行情的多重因素中只选择吻合自己观点的，这样的分析解读，不但无法提升到理论高度，甚至还有大量的误读。幸好人类科学的其他领域向我们敞开了大门，譬如几乎单枪匹马创立了"信息学"的香农，这位与爱因斯坦齐名的伟大科学家提出了信息的实质——熵。

熵！是什么？

小鱼也很懵懂，但一段投机的故事，一段对人类历史的追忆，也许可以为我们稍稍开启智慧……

█ 伦敦铜话

战略性空铜

2004年盛夏的一天，灼热的阳光让人不得不避退室内，在酒吧间的长条桌上，分析师辉迅速地摊开一张印刷图。

"看看这个。"

这是一张伦敦铜的30年走势图（见图9-1）。近3米的长图承载了足够的时间，狭小的上下空间居然把30年走势振幅全部包容进去。事实上稍稍仔细观察，它还呈现了相当的规律性：底部的四个低点分别落在1 148美元、1 260美元、1 600美元以及2002年的1 336美元；对应的三个高点，分别是3 208美元、3 304美元和3 080美元，而在曲线的最后，上升的高点正落在2004年3月的3 179美元。

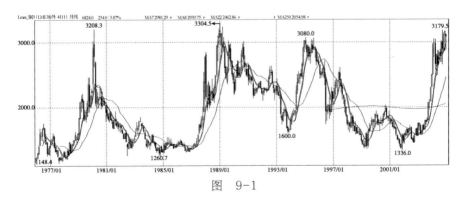

图 9-1

"你怎么看?"辉得意地看着我。

"有些意思。"

"才有些意思?"辉把嘴凹成夸张的O形,"公司那边可是资金、操盘手全部到位,等的就是这个机会。"

"又准备打鸽子了?"

"鸽子?大哥,有这么肥的鸽子?"辉站了起来说,"这是头肥牛,我们要斩获它。"

"哈哈,有信心。这么有规律的走势,确实有意思,'原因'你们也一定胸有成竹吧。"我问道。我的隐含的意思是:"这30年,基本面可是千变万化啊,你们有充分研究吗?"

"当然。"辉自信地说,"我问你,影响商品价格的决定性因素是什么?"……仅仅停顿了1秒,他就自我接了下去:"我说的不是短期的,而是长期的,供求关系才是决定性的,对吧?其他都是些短期因素。铜的冶炼成本虽然每年各不相同,但总体都在1 000多美元附近,这也是每次铜价大幅下落后,总在这附近得到强支撑的原因。"辉用力敲了下2002年的那个低点:"而当每次大幅上升到3 000美元以上后,停留的时间都很短,它就一定会被打压,因为这么高的价格,铜厂会疯狂地生产和套保的。"

我知道,辉以前的同事正是由于把握住了前一波铜的上涨行情,而让自己小小的资产猛然冲上千万之列,这也许是辉这次行动的重要信心源泉,但是我仍想做个提醒:"不过现在铜涨势似乎意犹未尽,人气还很高,涨势可不言顶。"

辉笑了:"你不会以为我们想马上介入吧。这些我们懂,我们是战略性建仓,每次创新高才建一小块……我们会很耐心、很小心的,不过,它涨得越高我们越欢迎。"

"嗯，那就好。不过这可是周 K 线图，你们也一定考虑过时间周期了吧，万一它小涨小跌耗上个大半年。"我确实一时也找不出有什么不妥，就提醒下时间要素。

"一切 OK，资金是新贷下来的，到期还可申请延长。我们这次绝不冒险，我们是投资而不是投机，全世界的铜厂都是我们的后盾。"辉握了握拳头。

"那你希望我帮着做点什么？"我看着他的眼睛。

"帮我再筹措点私人资金。不瞒老兄，我自己的钱这次准备跟着公司全部进去，不过这么好的机会，不多做点，太可惜了。盈利我只拿两成，剩余的哥你来分配。"

…………

难道不应该兴奋一下吗？如果我没有经历那么多年市场风风雨雨的诡异，没有破产的洗礼，我一定会的。但事实是否真的如此简单地隐藏在图形与历史的背后，我还有些担忧。即使不马上下跌，这铜似乎也确实涨不到什么地方去吧，3 000 多美元啊，已经翻了一倍多了，在这历史的高位，难道还不够反映库存缺少的未来吗？我不由得相信：战略性空铜，如果资金充裕，又运作得当，这个机会确实胜多负少。

倒基差以及用基差杀人

基差是期货中的一个重要概念，理解这个概念有助于你做好股指期货（无论是金融期货或商品期货）。见表 9-1 股指期货的参考标的是沪深 300 指数（表中的 300 现指），这相当于商品期货中的现货价格。股指期货是种合约，就是打赌未来某个日期股指的点位。例如：合约 IF1004，那么赌的就是 2010 年 4 月到期的股指价格，依此类推，IF1009 代表的就是 2010 年 9 月到期的股指价格。

表 9-1

合约名称	最新价格
300 现指	3 275.0
IF1004	3 414.4
IF1005	3 516.2
IF1006	3 660.8
IF1009	3 749.4

由于到期日不同，不同合约的股指价格会有所差别，如果大众对未来是看好，那么越远到期合约的价格会越高，此时，就如表 9-1 所示呈现为正基础，即 IF1009 减去 IF1004 是正值，反之，如果市场情绪悲观，远期合约价格低于近期合约价格，那么就是倒基差。

基差的存在也告诉那些坚信中国股市未来 1 万点，而期望通过长期投资股指期货赚大钱的朋友，这不可行！（因为大家都看多远期中国股市的未来，那么在远期合约中，正基差会非常大，价格早已高高在上了。）

当然我们可以利用基差获利。从 2004 年开始，铜价不断攀升，市场对远期价格悲观，铜就形成非常明显的倒基差。每往后一个月的价格往往会比前一个月低将近 1000 美元 / 吨。这就形成了一个极有趣的现象：如果你手上有铜的现货，那么你就可以在当月抛出高价的铜，而在下个月期货中买回更便宜的铜，如此循环。

现在来看当时的 K 线（见图 9-2），铜价的升幅似乎很有限，但在实际操作中，空铜者被挤爆仓者不胜枚举。因为只要现货市场的铜价维稳，就可以利用倒基差的结构，让长期空铜者吃足苦头——每过一个月，即使铜价不涨不跌，空铜者也会损失一笔丰厚的基差费，每个月都要捐上近千点甚至更多，这实在是不菲的空铜代价。在市场普遍的对未来悲观预期中，利用倒基差来杀人，2004 年的铜又给新来者上了崭新的一课。

图 9-2

不过从稍稍长远点的未来来看，这只是学习班的第一课。

空铜者最后的狂欢

10 月 13 日的铜终于给了空头一次雀跃的机会，就在图 9-2 的中间位置，一根大阴棒斩铁而出，当日伦敦铜大跌 10% 以上。

是的，你很容易记起，这就是第 6 章中"图表的误区"中谈到的大阴棒，而后还会有连续的几次大调整，每次都引来空铜者的欢呼与无限遐想，却都成为最后的晚餐。这些慢升急跌的行情一次次诱惑着空铜者的心，也成为看多者行进道路上最后的考验。

在完成四个空头陷阱后，铜价向上突破 3 300 美元，开始了它不断创新高之旅（见图 9-3）。它走得不紧不慢，仍时常用大阴棒来诱惑你。辉的资金开始介入，一开始很有信心，渐渐就乐少苦多，然后每天就只会问："今天铜跌了吗？"

或许 2005 年对于中国股市，还算不上精彩，但对于铜这种商品，却是振聋发聩的一年。其后一年半内，铜价直线上升，几乎大涨了 3 倍。也就是我们在"图表的误区"中的那个首先震荡，其后盘升，最后直入云霄的伦敦铜话（见图9-4）。

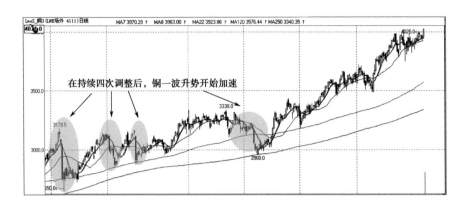

在持续四次调整后，铜一波升势开始加速

图 9-3

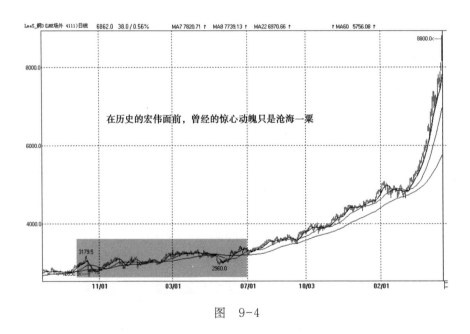

在历史的宏伟面前，曾经的惊心动魄只是沧海一粟

图 9-4

国储"沦陷"

我反复举这个例子，就是让大家能有个反复认识，第一次让大家
从图表的误区去理解，而这次我又加上当时的背景，像辉这样的资深

分析师，包括大量职业投资者、专业炒手甚至大型机构投资者为何会陷入这场伦敦铜话的危机中。

当年叱咤铜市，身为中国国储局物资调节中心主任的刘其兵起点更高，更专业，资金充分，信息优势（国储最优先得知当时中国准备实行的相关政策），也陷在这波空铜的陷阱里，并且越陷越深（头寸越来越大，就像辉所说的"越涨越快乐"），甚至赌上了"结构性期权"，最后造成巨额亏损，甚至迫使中国国储局直接出面，试图在市场上大量抛售铜库存来影响市场。结果还是认赔出局。

有时候即使是国家力量，在市场面前也会苍白无力。（注意：是有时候。中国国储局在 2009 年的世界性金融危机后，已成功地在低位回补了大量当年亏空的铜。）市场会沿着最富想象力的方向运行，甚至超越所有的想象，把一切对抗者击个粉碎。在这场"屠杀"中，失败者唯一聊以自慰的是：大家（做空者）都死了，无论大的、小的，唯一的区别是早死还是晚死。

历史上所有大型的头部（底部），都是大机构（大群体）犯错所造成的。从这个意义上说，我们不用迷信专家，也不用迷信机构。既然专管中国物资储备的机构都能大输，我们又何必那么在意七大姑、八大姨转弯抹角告诉我们的机构消息呢？

南美丛林的深处真的藏了铜吗

这波震动投资界的铜大牛市的成因，业界一直众说纷纭。有的人说是对冲基金狙击中国，买下了大量的现货铜，储藏在南美丛林的深处。这样的阴谋论真实吗？

幸好历史已经为我们多翻了几页，今天我们再回头观察历史的迷雾，也许可以更清楚一些吧。任何赌大钱的地方一定存在着阴谋，但如果把所有事件发生的主因都归类于阴谋，那只能说明你的无知与胆怯。既然一个强大的国家都无法轻易地逆势而为，仅仅简单的资金抱团就可以为所欲为吗？（有时间多回顾一下亨特兄弟与白银的故事吧。）

铜价在 2006 年 5 月到达顶峰，其后的大多数时间（除了金融危机的那波大跌外）仍长时间停留在高位，所以如果仅仅把铜价的上涨归类为炒作或阴谋的话，这样的认识在今天已无法令人信服（见图 9-5）。（丛林藏铜假说的成因大概是：智利是全球最大的铜出口国，处于南美，而浓密的雨林又总能给人无限神秘的遐想。）

图 9-5

那么这波违背历史规律的大牛市究竟是怎么造成的呢？我最初也认同战略空铜似乎是正确的，只是到了 2005 年的夏天，铜价不断撞破新高后仍倔强上行，我在分析国际商品市场新结构时才恍然大悟：

供求关系虽然一直是商品价格的根本因素，但最新的决定因素还

隐藏在资金的流动与在各资源间的博弈上，要看破这层迷雾，一定要
站在历史的高点，从过去 30 年世界各国政府的货币与财政政策中去
寻求答案。30 年伦敦铜周 K 线图 1976～2006 年如图 9-6 所示。

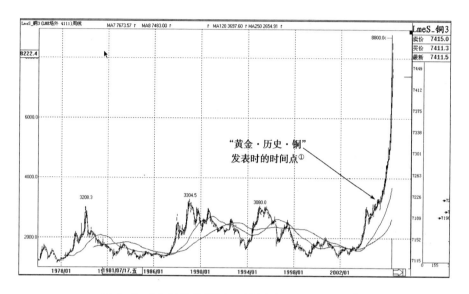

图 9-6　30 年伦敦铜周 K 线图（1976～2006 年）

① 2005 年 7 月 7 日首先在我的博客上发表，然后被大量转载。

历时一年半的伦敦铜话，与最初的那张 30 年图对比看，仍值得久久回味。

▌ 黄金·历史·铜

以下是我 2005 年 7 月 21 日发表在和讯网上的一篇文章的原文：

如果美元长期走弱，哪种货币会上涨？

汇率是个跷跷板，一种货币的下跌意味着另一种货币的上涨，如
果美元长期下跌，谁将替代它的角色，从而承担起世界硬通货的职
责呢？

我知道你想到了欧元，但欧盟不稳定，无法为欧元提供长期的支

持。日元呢？呵呵，你认为日本还能成为世界经济的火车头吗？答案是"没有"。我们正处在这么个困难的时期，由于贪婪与过度的透支，老的秩序被打破，而新接班人又迟迟无法跟上，面对扑朔迷离的前景，所有人都想护紧自己的口袋。于是一种古老的传统又将被唤醒：黄金保值。在失去 35 年货币之王的宝座后，古老的黄金复辟了，它将再次被披上终极货币的五彩圣衣。

黄金复辟只是玩笑，我们不会回到过去，完全的金本位很难再次出现。我们比较认同的见解是黄金将协助美元来过渡一段时期。而毋庸置疑的是，黄金将比目前更多地承担世界硬通货的职责，它身上金融货币的属性将再次熠熠生辉。

黄金的历史

近代的黄金史刨去最近的 4 年（2005 年前），整个就是黄金长期下跌的血泪史。金本位解体后，经过强烈、急促的上扬后，800 美元 / 盎司成为黄金价格史上一道无法逾越的天堑，此后的 20 年绵绵下跌，600，400 被一一打破。当金价跌破生产成本逼迫很多金矿停产、供应大幅下降时，金价却似一头倔强前行的公牛，死不转弯，不断下跌。怎么会这样，抛压究竟来自何方？答案是：各国央行。金本位解体后，黄金正渐渐淡去外汇储备的价值，各国央行逐渐发现储藏黄金已成鸡肋，既没有利息，又要支付高昂的保管费。于是慢慢加大了储备黄金的出售，越抛金价跌得越厉害，越证明先前的出售是正确的。而且就是不抛的部分，央行出于盘活资产的考虑，也会拿出来借给银行，而银行又把黄金借给矿主。矿主拿到这些黄金后可以先去市场抛售，而用未来的金矿产量来偿还所借黄金。由于当时黄金市场处在熊市，矿主的做法规避了未来市场下跌的风险。于是，我们看到，央行的黄金储备放着也是放着，借出去多少收点；银行呢，两头吃差价；而矿主规避了市场风险。所以这件事大家越干越欢，到后来，甚至有金矿把未来 3 年的产量都提前卖光了。在当时就表现出一波胜似一波的卖压，推动金价向 300 美元进发，再赶上英国、澳大利亚等国宣布大幅降低黄金储备，黄金的历史大底 250 美元 / 盎司就此完成。

黄金还会涨回来吗

2002 年，没有更多的利好，但黄金的趋势逆转了。不论战争与和平，不论经济迅猛或迟缓，黄金踏着坚实而稳定的步伐走到了 2005 年的 440 美元，上涨 76%，高吗？不高，这才是金矿补货的恢复性行情，是人们重新评估黄金保值功能的扭转行情，还只是万里长征的第一步。黄金将会更充分地展示它世界货币的属性，总有一天，各国央行会再次纷纷抢进，而金价将超越 800 美元[⊖]，这时候才是你开始关注离场信号的时候。呵呵，我为何有如此信心，因为我们正将经历……

世界性货币贬值

美元将贬值，其他货币也不能幸免，没有例外。你会问人民币不是正要升值吗，是的，人民币将相对美元升值，而人民币的真实购买力也在下降。我讲的贬值不是指货币体系内的，而是指整个货币购买力的贬值，参照物就是黄金。

为什么？问得好。当布雷顿森林体系（金本位）解体后，各国建立了以信用为基础的货币发行体系。往后的很多年，政客发现适量增加货币供应，温和的通货膨胀能推动经济更好的增长。模式是：多发

　　⊖　2021 年金价甚至超过了 2000 美元。现在看作者的这一预测相当精彩。——编者注

货币——投资增长——收入增加——促进消费——投资回报——促进投资。整个经济都被拉动了，社会上到处热钱滚滚，而旧时代经济危机的噩梦也似乎远去。凯恩斯主义成为经济学的主流，而政府以此为据，大量干预实体经济。人们也逐渐适应了这种经济学观点，而习惯了收入增长——物价上涨——收入增长的模式。当物价下跌时深感紧张，大呼通货紧缩来了，好像物价的下跌就一定代表经济的困境。物价下跌不代表物质相对于货币的丰盛吗？这不是人们努力劳作后所期望的吗？为什么我们的货币购买力上升了，我们却害怕了？什么蒙蔽了我们的双眼？

话说各国的央行接受了凯恩斯主义，"温和""适量"地增发货币很多年，每一次出现问题时就靠发更多的货币去解决。于是适量也累积成了过量。对于资源开发，人们已经兴趣不再了，因为大家都相信我们是高科技时代了，只有高科技才有高附加值，而对于采掘、冶金、种植业，人们很难提起兴趣。于是一方面货币大量发行，另一方面对资源开发淡漠。终于有一天，临界点到了，人们发现货币的购买力大不如前了，于是爆发了世界性货币贬值，商品期货的春天来了。

历史将被改写

说起历史，就让我想起铜，自从铜踏上了 3 000 美元，战略性空铜的声音就不绝于耳。为何？无他，以史为鉴，过去铜待在 3 000 美元上的日子屈指可数，最后都无例外地一头向下栽去。于是面对如此历史性的大机会时，大家不免都趋之若鹜了。但事实是，每个空铜者的身上都伤痕累累，爆仓的数不胜数，因为他们忘记了很重要的一句话——历史总是会被改写。

我知道有些人对待投机的态度，当他们无法从纷繁复杂的现实中辨别大方向时，就选择逃避，一头扎进大堆的图表和数据中，妄图用历史来研判未来。这样的人无一例外在市场循规蹈矩时获得收益，而在突破性行情中输得一干二净。因为他们被历史困住了，忘记了是人类创造了历史，而历史就是用来被改写的！

综观历史长河，人类总是以一种迂回、转折、前行、跳跃的模式在演化。历史总是被扭曲、重复、突破，最后摒弃。所以纵论大势时，既要以史为鉴，又要心胸开放，目光前瞻。人类近期的发展尤为迅猛，谁敢说此时不正处在历史变革的风口浪尖。不明了这些，你将只能成为浪洗岸边的浮沙。

罗杰斯说商品市场还将迎来 15 年的大牛市，吓坏你了吧，反正我是吓坏了，虽然我的研究支持商品上涨这个论述，但当这个时间和可能的幅度出现时，我仍然感到十分惊讶。有时我也不禁会问自己，这些会是真的吗？真的会发生吗？

铜还能涨吗？它的主推力是什么

商品期货的参与者可以分为五类：①商品制造方；②商品使用方；③商品贸易商；④专业商品基金；⑤商品投机客。通常来说商品市场是个狭窄的市场，主要吸引业内人士的参与。由于专业知识的缺乏，因而外界的参与兴趣相当低（这和全民炒股形成鲜明的对比）。商品的价格就在这群资金的追逐下波动。但现在的情况是，由于对世界性货币贬值的预期，大量的宏观基金、对冲基金、养老基金都开始进入商品市场，对它们来说，短线的涨跌并不重要，规避货币下跌的风险才是它们真正的目标，所以它们通常会在现货和期货市场同时大量买进并长期持有，这恐怕就是大家常说的隐性库存。你可以想象一下，当你花费了大量的人力、物力而开发了个年产 100 万吨的铜矿，且不说其中的探测、运输、冶炼之困难，就是真多出来了 100 万吨铜，市值也不过 50 亿美元，还不够一个基金塞牙缝的。对它们来说，绝不担心铜多了，而只怕商品市场的水浅了，不够容纳它们丰沛的资金。当然它们最欢迎勇于空铜的未来烈士，正是由于这群人的存在，才会使一次次的轧空显得那么富有激情和观赏效果。

"黄金·历史·铜"在博客上发表后黄金至今的走势见图9-7。

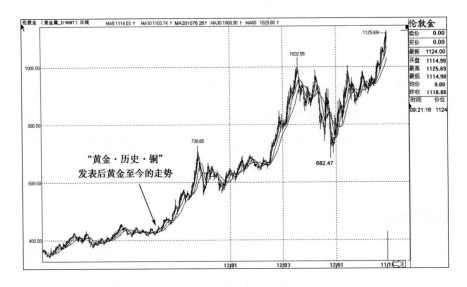

图 9-7

小鱼为何如此骄傲，一遍遍不厌其烦地为你解说"黄金·历史·铜"这篇文章，不就是早早看对了黄金和铜上涨的方向嘛。

是，我是看对了方向，但，这并不重要，因为任何一个时间段都会有大把的人看对方向，但为何看这个方向的理由很重要！

试想，有人因为黄金长期下跌便宜而买入，有人因为美元下跌而买入，有人因为世界政局动荡而买入……各样买入的理由也一定在相应理由消失后而无法坚守。当然错觉也可以成为获利的来源，索罗斯就这样干过，但这需要强大的自知能力，否则就容易形成盈利的错误。

多年以后再重新审视它，"黄金·历史·铜"的观点依然坚实有效，那么这样的信息解读优势何在，有什么可资我们未来借鉴?

（1）它突破了传统的黄金判定观点。记得吗，观点正确与否并不是最重要的，重要的是，不要让你的观点成为大众的观点。大众的观点即便完全正确，也很难获得收益，因为他们将缺乏对手。当时，对于金价判定的主要依据是：美元是否下跌，是否有战争等恶性事件以及是否存在通胀。而我们认为这些都无法构成核心，因为在金价（1980~2001 年）的下跌周期中，以上事件（美元下跌、战争、通胀）都发生过，却没能助推金价持续上涨，所以真正推动黄金上涨的理由是：世界性货币体系的动荡，黄金作为一个独立的货币标杆，价值被重新挖掘。

（2）它抓住了经济格局中经济人真正关心的核心矛盾。作为一个投机者，最大的局限是仅仅从金融的角度去思考，就像一个股民总是质疑政府为何不救市，要知道股市只是金融的一块，而整个金融也只是服务经济全局的，政府做的事情更多是从经济的角度考量，而不是从股市的角度。是的，有 1 亿股民，那也说明有 12 亿的非股民。所以只站在自身立场去思考，就是典型的屁股决定脑袋。在当时，金价的上涨是因为其相对于全球货币体系的替代作用而产生的，绝非美元下跌 / 黄金上涨模式。例证很多：2005 年美元上涨，黄金同样牛市。而且你可以翻看欧元计价的金价，日元计价、人民币计价、瑞士法郎计价的金价都是屡创新高，所以美元下跌只是金价的一个小推力，而非主因。

好了，自我吹嘘了一通，无非是向你说明：在投机中，大量的信息为我们提供了大量的证据，而这些证据虚虚实实、真真假假，需要你去粗择细、去伪存真，搜寻出与众不同，却又能成为未来核心要素的论据。我们不单单是从黄金的牛市中去感叹或表扬，还要从中学习与借鉴。

如果单一案例还无法全面展示，我们放下这个案例，再从历史的角度去搜寻，小鱼很喜欢读史，请看我在翻阅西方近代史后，写下的一篇感悟——投机的证据。

■ 投机的证据

投机市场，买进、卖出，什么影响着决定？信息，在时空中更替，什么最终决定了未来的走向？纷纷扰扰中，为何有些信息被剧烈放大，而有些又如泥牛入海？现实每天都在进行，如果我们不能从过去领悟些什么，那么我们终将再次"踏入过去那同一条河"。

打开世界地图，找到欧洲，再寻到葡萄牙，花了些时间吧。因为葡萄牙太小，也不出名，偏隅欧洲的一角。但正是这样一个小国，在16世纪，却是赫赫声名，把世界都踩在它的脚下——葡萄牙帝国曾纵横140个经度，70个纬度，把印度洋、阿拉伯海、南洋一带变成它的"内海"。是什么让这一弹丸小国称雄世界，那时候，其他国家在做什么？它们不是有着更庞大的民众，丰富的资源，为何会受制于这颗"葡萄"呢？

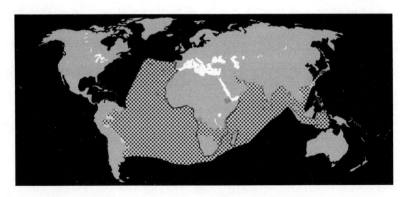

图中星星点点处就是葡萄牙控制当时世界范围内的疆土（包括海域）。

解释并不困难：葡萄牙在欧洲率先建立了民族国家；国土虽狭小，却面朝大海，鼓励探险；资源虽匮乏，却上下一心，支持创新；上至国王，中至贵族，下至黎民，都尊崇于探险与创新的精神。长期的海上生活使葡萄牙人掌握了丰富的地理知识、航海经验和高超的驾驶技能，不断搜寻到新的小岛、大陆，开辟出新的航线。在葡萄牙人的眼里，世界疆界不断扩展。当坚船和利炮载回了更多的财富与荣耀后，整个国家都沸腾了，每个人都充满着勇敢和斗志，任何挫折都不能挽回狂野不羁的心。如果有种"葡萄指数"，这个指数定是一飞冲天，阳线接着阳线，周大阳后是月大阳，月大阳后是年大阳，任何下跌都只是短暂的回调，直到将整个盘面征服个淋漓尽致。理由是如此的清晰，其间过程是如此的顿挫有序，如果你身处 16 世纪，有机会让你投资葡萄指数，你会坚定不移地买进并一直持有吗？

不能，肯定不能！人们总是在"理性分析"与"理智对待"的幌子下一错再错。先分析基本面：国土的大小，人口的众寡，资源的丰歉，社会体制的优劣，还有民众的进取精神……综合考评后，葡萄牙能占"世界指数"的 1% 就很不错了。然后再找出历史数据，看看葡萄牙的最高价和最低价，总体的盘整区间，最近的态势……葡萄牙过去的技术分析很简单：总是在那几个高点与低点间徘徊，最大的利好是最近走得很强劲，已经接近最高点了；最大的利空是，到了高点附近将受压于以前的上档压力线，每次似乎都难以例外……最后还有实时信息的分析，例如，国王宣布支持探险，利多；一次海难，利空；海外掠夺持续增加，利多；国内物价依然高企，利空……最后，你纵观全局，在基本面、技术面加实时信息的揉捏下，将做出一个英明的决定——"买多"或者"卖空"，我们不需要猜测那将是什么，因为所有证据的选择都指向了错误。

如果你选错了证据，选择了错误的论证方法，你如何能期待胜利呢？如同一场战争，影响胜负的因素有千千万，但一条主线贯穿其中，那是决定性的因素，一旦它开始展现威力，所有其他因素都将黯然失色。"二战"中，你看到了美国人丰富的资源，先进的科技，庞大的生产力，优越的地理位置……一定会打赌美国将赢得最终的胜利。但在战术层面，明治维新后日本国力提升，幕府勃勃野心及日本民众对战争的狂热支持，特别是日本军方在战争初期做了充分、细致、大胆的计划，偷袭珍珠港取得巨大成功，一举在战争初期确立了优势，那一刻，战术因素占据前台，而战略因素都退居幕后。如果你仅仅因基本分析而大赌美国指数的话，你将被强行平仓许多次，而无法等到那绚烂蘑菇云升起。猜对了最终的结局，却无法享受这个结局。反之，过分地关注战术因素，初期赌对了日本指数，却沉迷于短线的操作，最后战略性因素威力显现时，在"小男孩"的咆哮声中，往日的成果又将分崩离析。

主线究竟该如何寻找把握？当一条条信息在你面前呈现时，你该如何把握其中的要点。信息如此丰富，如何迅速地忽略、放弃那些杂波？我很努力地思考，寻找……其实科学早有论断，人类的文明早已涉足这些领域，只是由于投机的盲目自大，而忘记了向生活的其他层面学习。功夫自在盘外，我反复念叨着这句话，因为那一天，当我阅读到香农的信息论时，心中关于信息解读的困惑因此豁然开朗。

▋ 信息的实质：熵

在学会把握一轮行情的主线前，我们首先应该学会如何把握一条信息的主线，也就是信息的实质。

很久以来，人们就开始了信息的浓缩。例如发电报时，我们会尽可能地减少标点符号和那些不相关的辅助用词。例如，"相亲速回"就是"快点回来，父母帮你找了个女友，让你去看看"的浓缩版。人们最初压缩信息是由于信息传输的高成本，科学家希望用最简洁的方式把信息的关键部分传递出去，同时尽可能不影响信息的实质。

于是信息学与投机，分别从两个角度，殊途同归地开始了对信息实质的探究。

信息论创始人：香农

我们所处的这个时代被称为信息时代，因为人类最新、最重要的发明都和信息沾边——电脑、手机、网络……其本质、核心无一不是信息的传达。

信息是什么？它可以是文字、数字、图像、声音等。它遇到的最大问题是传输带宽是有限的，如何在有限的带宽中解决人类越来越多的信息传输需求，也就是如何解决信息传递中的信息压缩问题，成为信息能否实现革命性突破的一个关键问题。

科学家尝试了很多方法。最初是用缩略语，就像发报。但很快，人们发现这样的省略远远不够，现在的互联网经常需要传输的是图片甚至是大型连续剧，如果仅用这样的缩写，传输的铜带直径最起码要脸盆那样粗。于是

这个儒雅的人就是被称为信息论之父的香农（1916—2001），据说，他几乎独自创立了信息论的主要架构。

人们开始运用密码学的各种编码方法，但结果还不够美妙，铜带还有碗口大小。而科学家已经绞尽脑汁，再也想不出大幅缩减信息内实质含义的方法了。

这时候，香农站出来，革命性地说了一句："含义在信息传输中无关紧要。"我当下就迷糊了，含义都无关紧要，那信息传递的还能是什么？香农解释道："信息传递的关键在于内容在多大程度上是不可预见的。"

小鱼疯狂地记着笔记，脑子却转不过弯来。一直到回到家中，看着自己潦草的笔记，突然，我恍然大悟——字迹如此潦草，很多字与它们的本形已经有了很大的差别，旁人怕是很难认得出，因为很多字的区别仅仅是多了一点或稍微多了些弯折，但我自己却可以很轻松地读出。为什么？因为我了解上下文，对某个字本来就有预期，又知道自己的习惯写法，类似的字只要区别一点，就能和其他字辨别开来。

等等！我的思维跳跃起来。这就是说：潦草笔记在传递信息时，许多内容并不重要（包括含义），所有已知的部分都是可以省略的，最关键的只是区别模糊差别的那"一点"。

比如，记者在新闻发布会上的速记，一个点、一个顿号就能代表一大段已知信息，而两三个词也许就能代表一位啰唆、重复又毫无新意的新闻发言官的所有发言。所有已知的，即使是核心含义对于信息的传输都是浪费，信息的实质只在那些不可被预见的内容。

喔噢，不可被预见的信息才是信息传递的关键，与大众普遍观点不同的信息解读才是有价值的解读。

必须感谢香农，正是由于他的独特见解才有了今天的互联网，才有了体积如此轻薄的笔记本电脑，我们甚至可以通过无线就能巨量快速地下载。人类科技的许多伟大创造都在于最初一个理念（一段信

息）的更新，所有已知的，即便是伟大的相对论也已毫无新意，我们
需要的只是一个新的独特，如果要为这个独特起一个独特的名字，熵
就跳了出来。

熵

熵是香农从热力学中借用过来的。根据热力学第二定律，物体做
"功"会产生热能，而热能也能被转化成"功"，但科学家发现，有一
部分热能无论如何利用都无法被转化成"功"，这部分无法转化的热
能就称为熵。

香农把信息中那些独特的、无法被预见的，也就是不可被压缩的
部分，称为熵，它又代表偶然的、混乱无序以及不确定性。

在投机中，信息的价值就在于偶然的、出乎意料的、大家没有
注意到的东西。2008 年北京开奥运会是重要信息吗？不，这是新闻
报道。地球人都知道！你能靠这则报道赚到钱吗？显然不能。主力炒
作的奥运概念，一定在时间上、题材上、节奏上出乎意料。对，一定
是那些你不曾注意到，忽略掉的东西在发挥作用。我们是否常常觉
得市场的行为是混乱无序的，以及充满着偶然与不确定性？对，这就
是熵。

及时信息的解读，寻找熵的过程，应该比通常的更慢，而非更快

我们以"奥巴马访华"这个及时信息为例。做宏观金融分析，你
一定不会放过奥巴马总统访华的意义，美国总统亚洲之行为中国特地
留下四天三夜，更是奥巴马继任美国总统后的首次访华，他会带来什
么，他希望获取什么？无疑都深刻地影响着未来的中美关系，金融市
场也将为之震荡，这就是所谓的政治经济学。

以上这些谁都知道，那么这次访华究竟有些什么熵呢？

奥巴马与胡主席会面的新闻发布会，你会不会看？我们不一定看。凡是众人瞩目，关切度很高的新闻，几乎都不用看。首先，意义重大，所以冠冕堂皇的东西比较多。另外，如果真有什么特别值得咀嚼的，不用担心，千万双眼睛帮你盯着呢，很快就会传到你的耳朵里。所以这部分的时间，是你可以放心大胆省去的。

实质性的细节一定是在过后几天慢慢传出来的。如果你不是所谓的消息灵通人士，那么也就不必求什么第一时间，因为你的第一时间，已经是别人听完消息，准备睡觉的时间了。该涨的涨，该跌的跌，跟你没啥关系。所以真正的高手，这时应该求缓，不急，让信息慢慢地渗出来，让它跑透了，跑清楚了，你可以借此观察盘面的动向，学习下主力又动用了哪些手段，把盲动分子请君入瓮了。记住，这首先是堂操作指导课，而不是信息分析课。

过后的几天（甚至几周）才是我们真正解构信息的时间，等大家情绪都淡了，但我们不能淡，因为这时候，真正的熵才刚刚浮现。这些最重要的信息会是什么呢？是奥巴马反复强调的"碳"问题？不是。是人民币升值？也不是。是金融危机后政府救助的退出节奏？还不是。重要的熵往往并不在单一事件中出现，而是多个事件中差别部分的跨时空对接，所以要记得，含义并不重要，重要是那些有区别的变化。

我愿意承前启后，拨乱反正地解读下信息的要点：一个字——熵；两个字——偶然；三个字——不确定；四个字——混乱无序。注意信息中那些偶然的、不确定的、混乱无序的特殊部分，然后等待这些片段跨时空地彼此吸引链接，当你再次从那些混乱不堪中对接出特别的、与众不同的逻辑关系时，一个有价值的信息雏形就会若隐若现。

单一事件中会不会直接有熵，也会，但通常这样的熵价值会比较小，举几个实际案例，或许能更清楚。

鳀鱼与黄豆

我很喜欢维克托·斯波朗迪在他那本经典的《专业投机原理》中曾为我们讲的一个故事：

"如果秘鲁沿岸的海潮向外移动，那么你应该买进还是卖出黄豆呢？"

一般来说，听众的反应是："我原本以为这家伙很棒，但他究竟在说什么呢？"

然后，我会解释：当海潮向外移动时，秘鲁沿岸的鳀鱼便会随着海潮移往太平洋的外海，鳀鱼的捕获量将会减少。鳀鱼主要是供日本人饲养牛的，当鳀鱼减少时，日本人便会用黄豆来喂牛，从而增加黄豆消费。

精彩吧，寥寥数笔，你可以看到一个专业选手是如何从信息中搜寻到熵的。

小麦的故事

小鱼讲不出维克托那么精彩的故事，不过实际的案例还是有些的。

期货有个交易品种小麦。国家有一年收了特别多的小麦库存，当市场供应不足时，国家就通过市场公开拍卖来平抑市场价格。无疑，对于当时的市场来说，小麦拍卖的成交价，以及是否竞购激烈就成为衡量小麦市场供需的一个重要指标。

这天传来消息，国家竞拍的大部分小麦都流拍了。请问，你会做多还是做空小麦呢?(国家的小麦拍卖价低于目前期货价。)

"低价的小麦都流拍了,市场似乎没有想象中那么紧缺小麦,现在高位的小麦期货价格应该下跌。"大部分人都会这么解读。

但真实的细节是:

国家低价拍卖小麦是没有错,小麦都被储藏在各地的粮库中,粮库按照国储粮存放时间和数量获得国家补贴,拍卖价格的高低与粮库没有任何利益关系,但如果你粮库内的粮食被拍卖走了,也就意味着你获得的国家补贴减少(或没有了)。于是各地粮库普遍不愿意自己的小麦被拍走,即使拍卖成交,买方也钱款到账,粮库在出粮时仍会设置重重关卡,增加各种费用,以次充好并有意拖延时间,很多买方在钱款交账1个月后,居然还没领到粮食,加工厂都是等着小麦来赶制面粉的,耽误1天就等于被迫停工1天,所以低价拍卖的国储粮其实成本高得惊人,这也是流拍的根本原因。

市场大量需要小麦,而拥有大量小麦的国储粮又因为种种原因而流拍,那么需求方只能高价追逐市场上有限的其他粮源,小麦价格将继续上扬。

这就是小鱼在实战中经历的真实案例,你需要寻求那些独特、与众不同却又合乎情理的解读,然后在得到市场的印证后,大胆押下自己的赌注⋯⋯

其中还有个细节是:即便你串联起一个重要的熵,在实际操作中,你也必须从顺应市场的熵中去寻找你的交易假说,而非在逆势中。这本身就包含了对市场的敬畏,而不是把自己放在一个预言先知的地位。因为不管你如何努力地得到那个熵,你还必须把它视作一个可以证伪的假说,这时候,另一位伟大的老师将会为我们展现他优秀的思想,他,就是索罗斯。

第 10 章

大师的假说

我也许真的可以自豪地宣称："黄金·历史·铜"是篇不错的预测。但这样的骄傲只够维持 3 秒钟，因为这也可以解释为一次幸运——影响黄金市场的无数重要因素，我偏巧挑对了最有影响力的那个。我还要诚实地告诉你以下几点。

1）之前之后我还做过一些预测，比如对于金融危机后的 2009 年的市场走向，我的预测错了，而这样的错误还绝不止一个；2）"黄金·历史·铜"中准确地预测铜的走势并未给我带来丰厚的利润；3）同样对于黄金超长、准确的预期，目前也还没有为我们带来想象的那么大利润。也许还不如 2008 年黄金套利的利润丰厚。（值得注意的是："黄金·历史·铜"让我们坚决看多黄金，但黄金套利恰恰是要打破这个心理框架的。）

当然你可以怪我笨，不善利用，不会操作。我勉强承认，但至少我的水平也体现了大部分人的水平吧。所以我们还需要更深入、细致的总结。

当你学会从信息或事件中寻找独特的熵时，你就已经掌握交易制胜的法宝了吗？显然还不够，从预判到现实操作之间还有着一条巨大的鸿沟……试想一下：一篇成功预测文章的作者，观点、论据已深入人心，却为何还无法从其中获得丰厚的收益？

预测有对的时候，也有错的时候。有什么可以让我们在实际操作中规避错误，又尽可能地在正确时大快朵颐呢？幸好在这条鸿沟的对岸站着一个人。

如果说前两章我们的主角分别是利弗莫尔与香农的话，那么这次就是索罗斯。索罗斯之于投机界如雷贯耳，但并不是声名让我把他选进来的，而是他对于投机理念的革新与创造，他把一个"失败哲学家的思考"成功地转化为一流投机客的策略。他的《金融炼金术》堪称投机的哲学。可以这么说，他是投机方法论到实践操作的完美结合者，他的精彩来源于他的假说……

▌索罗斯的思想体系

写假说，写索罗斯，总是让人兴奋的。关键之关键：这些并不是空泛的哲学，也非仅仅形而上学的理论，而是实实在在可以在实践中操作运用的东西。不过这个东西之所以有效，恰恰是因为人们不了解，或者说不愿意去了解，因为索罗斯的方法必须从一些基础又抽象的哲学思想开始。不过，大可放心，哲学就是生活中的道理，也可以说的浅显易懂。

索罗斯的基础观点有：所谓价值，其实也是剧烈波动的。这个我们在第 1 章中已有提到。第二个观点是社会科学与自然科学的本质区别。这个很重要，请允许小鱼充分展开……

科学是什么？科学是讲求证据、逻辑严密的人类认知。请注意，这里用的是"人类认知"这个词，由于人类认知的必然缺陷，所以没有一种科学理论是神圣不可侵犯的，是不可被批判的。所以千万不要把某些"人类认知"当成了"宇宙真理"。

在科学的架构里，有两个最重要的板块：自然科学与社会科学。自然科学大家熟知，社会科学里包含什么呢——政治学、经济学、社会学、法律学、军事学等，而如人类学、心理学、考古学，则属于边缘学科，位于社会科学和自然科学的交叉。

仔细观察，自然科学与社会科学的最大区别只在一个：人。在自然科学中，人是中立的观察者；而在社会科学中，观察者本身也是社会的一部分，于是研究者研究的对象也包含了自我。简单比喻：裁判也下场踢球了，而且每个踢球者也都可以是裁判，于是，戏剧性的一幕开始呈现。

悖论

著名的理发师悖论：西班牙小镇的理发师有个特别的规定，他只给那些不给自己刮胡子的人刮胡子。于是别人就问，那你给自己刮胡子吗？显然，理发师两难了，如果他给自己刮胡子，那么他就不能给自己刮；反之，他不给自己刮胡子，他就可以给自己刮胡子。

这就形成了悖论，悖论的特征就是：顺着逻辑可以同时推导出两个互相矛盾的命题。类似的悖论还有很多，如罗素悖论、鳄鱼悖论等，如果你观察的够多，就会发现：当一个命题包含其自身时，就很容易产生悖论。比如："我最讨厌那些自以为是，又满口粗话的人了。"当把自我也作为其中考量一分子的时候，这就成了一句笑话，因为你把自己绕进去了。

我们知道，自然科学最重要的两个支柱是观察和逻辑推理。当观察对象是独立的时，这没有冲突，但在社会科学中时，"自身"的介入就容易产生逻辑的扭曲。

例如：当你从比萨斜塔上扔下两个铁球，观察铁球能否同时着地时，这就是自然科学。无论你、我、伽利略或王二麻子扔，实验结果不变。于是，这就能被写成某条定理。但是当你依旧扔下两个铁球，但研究的对象是人群的反应时，统一不变的结果就消失了，而产生了分化：

伽利略扔下了铁球，成就了一场著名的科学实验；

王二麻子因为乱扔铁球，被关进了疯人院；

警察加强了警戒，你由于包里被搜出了铁球，正被押往警局；

我呢——你还没扔就被抓起来了，我当然乖乖地远远溜走了。

你看，人是会变的，他会观察现象，进而根据自己的利益，调整决策。"你在桥上看风景，看风景的人在楼上看你"，你依据别人的行为及环境做出决定，而你的行为又成为别人的决策依据之一。

索罗斯是这样总结的：

自然科学家的优势在于：同他们打交道的是独立于人的意识的自然现象，自然现象属于一个世界，科学家的陈述属于另一个世界，因此，自然现象可以充当独立的客观标准。与此对照的是，在社会科学中，参与者的思维对象并不是独立给定的，它依其本人的决策而定。

如果以此行为作为评判参与者观点的标准，它还不够格，但它又确实提供了某种标准。它的困难在于，在某些时候，一些期望成为现实，而另一些却没有。于是，人们永远也无法肯定，究竟是预期与后来的事件相一致，还是后来的事件顺应了趋势。

在交易中，当有很多人对后市预期看空，而市场果然大跌，你却无法确认：究竟是预期正确——所以大跌，还是因为有太多的预期看空，造成了大跌这个事件。这个重要吗？很重要。有着这样清醒认识的人，就不会因为偶尔预测准确了几次，就沾沾自喜，甚至恬不知耻地宣称自己掌握了某种"神奇的工具"。何况还有大量预期根本没实现的状况。

按照这样的逻辑思路，我们被带向混沌，或"不可知"境界。所以一定有人举手反对，如此股票就没法做了，投机更没法玩了。慢点激动，你不知道吗？这个世界要创建些什么，就一定要打破些什么；彼岸往往就存在于混沌里。我们来看看它的意义。

区分社会科学与自然科学的价值

明辨社会科学与自然科学的差别对于投机有非常重大的意义，可以避免我们迷信所谓"科学的投资方法"。

比如：利用过往数据进行统计分析，进而利用概率论进行的程序化交易。这个东西看上去非常"科学"，大量的研究，大量的数据推算，又有电脑程序的控制与帮助。有用吗？有一些用，但一定没法据此研究出可以打遍天下无敌手的"提款机"。原因很简单，对数据分析、预测、判断，这些都是客观的，是自然科学的东西，但真正的金融市场还有大量社会科学的属性，也就是其中有大量的人——你我这样的投机者。人最大的特点是会根据现实环境的改变而改变。程序化交易一定设置了止损位，而大量的程序化交易系统会把止损设置在一些公认的重要点位或过往密集成交区，于是就有一批资金专门打穿这些关键价位，触发程序化交易者的自动停损，他们也跟着反向平仓获利。现在经常有走势捅破最高价，或打穿最低价后，在你认为一波趋势将出时，即快速折回，这种走势短期幅度惊人且非常迅捷，一般投机者甚至来不及反应，但程序化交易已经被触发，吃肉的机器被人狠狠地叼走了一块肉，市场称为秒杀。

讲这些并不代表程序化一无是处，只是说明：各有各的漏洞。

你有坦克，我就有飞机，你有导弹，我就有反导弹……世事万物循环，没有所谓的终极，如果不清醒这一点，那么难免像那个楚人一样吹嘘："我的矛很锋利，天下没有一个盾能够抵挡；我的盾坚固无比，没有一根矛可以刺穿它。"

同样对于 K 线理论，对于波浪理论，或某某指标某某公式，我们都要一分为二地去看，取其有用，绝不迷信。

任何好方法都是我们抵达彼岸的一股助力，而非神咒。

那索罗斯有没有提出他的好方法呢？有！他提出了一个很独特的"假说模式"，但在接近这个模型前，我们必须再明白一些重要的理念，比如框架、反身性、"群体性倾向"以及"无条件的预言"等。当然，如果我们需要构建的更多，那么就必须打翻的更多，打翻固有的成见，让新生命苗壮成长。

这次索罗斯的对象是经济学。做投机要不要学习经济学？大部分人没学过，而且依照索罗斯的观点是：经济学错漏百出。所以小鱼的建议是：可以学一下，不过不要囫囵吞枣地学，而要批判地学。

▌理性人

在《金融炼金术》的第 1 页，索罗斯就是如此开炮的：

在大学里我攻读经济学，但经济学理论带给我的唯有失望。它非但未能解决前述问题，反而百般掩饰，避之犹恐不及，其原因在于经济学渴望成为科学，而科学是被设定为客观的。如果承认经济学的研究对象（经济生活中的人）缺乏客观性，则经济学的科学地位将难以成立。

经济学有用吗？有用！但它的有用性与它的谬误一样多。其核心，索罗斯一针见血——经济学试图照搬自然科学的模式，它妄图建立起一个完美体系，却不愿意承认社会科学中关于人参与后的模糊性与不可预见性。

经济学是研究人类社会经济现象的，是标准的社会科学，由于其中个体的人都具有自主性，也就呈现典型的反身性特征，所以经济现象就像我们的交易市场，一直呈现一些奇怪的特点，比如该涨不涨，该跌不跌，或者猛涨或者猛跌，市场充满了预言，预言又常常自我毁灭……

举个例子：经济学里有关人的描述是理性人，也即这个人会争取自我利益的最大化等。那请问，当看到一大群人做一件事时（如排队买某东西），理性人是该跟进呢，还是反向？

大妈排队我也排队，大妈抢黄金我也抢黄金，好像不太理性哦。但实际上从众是人类的共性，小鱼讲个故事：

某日深夜，一朋友开车在郊区，车辆很少，路况很好，红绿灯也开始只闪黄灯（意思是停止红绿灯指示，自行礼让通行），这时，路上与他同行的只有一辆空的公交车，大家都开得很快，齐头并进，这样一段路后，在经过一个路口时，公交车突然来了个急刹车，朋友不明就里，却也习惯性地跟着一个急刹车，那是非常空旷的马路，朋友正待要骂脏话，猛然看见横路上一辆巨大的集装箱卡车呼啸而过。朋友的车开在内侧，视线被大车所挡，如果不是那个下意识的跟随动作，就一命呜呼了。朋友说，事后差点没忍住眼泪，一念之差啊，不然明年的今天就成忌日了。

这个朋友并不是一个喜欢凑热闹的人，但为何会下意识地跟随呢？因为他的祖先曾经是只猴子——一群猴子在吃水果，突然四下奔跑，你是会跟着跑呢，还是乘机去捡好吃的？跟着逃跑也许只是虚惊一场，但不跟跑的早已成为别人的午餐了，习性为生存做出了选择，于是，从众就演化成一种生存之道。

所以别说什么理性人，我们首先有感性的基因。

但进入现代社会后，情况变得更复杂，比如当你身处1992年，面对那个30元的认购证，别人都冷漠，缺乏热情的时候，你会买还是不买？

买！

买多少？

买100张。

那就是3 000元。依照1992年的收入，像我父亲这样的技术工作，30年工龄，大概也需要2年的收入，而这笔钱无论中不中新股，都是不退还的。所以在历史的迷雾面前，做决定并不是那么简单的。

当你犹豫不决时，你会询问，你会观察，当别人告诉你钱将被捐掉，而你又看见出售点门可罗雀时，你慢慢会有自己的答案。

且慢，我们再次回顾你的思维路线，你会发现：你的决定基于你观察、参考了他人的行为（或环境），而更有意思的是，你不但依据"环境"做出了决定，事实上，你还成了他人的"环境"——高中同学找到你，问："你买吗？""我才不买呢。"你罗列了一堆道理，你的决绝、不屑都成为一种影响力，扩散开来……

当你的决定没有成为一种决定性的影响力时，"这个决定"不产生整体作用，但是——当你的决定符合某种群体性倾向而形成共振时，奇迹开始出现：

近 2 000 万城市人口的上海只卖出 207 万张认购证，如果人均买 10 张的话，购买者在上海就算百里挑一，更别说有人几百张地购买，"你不购买"本来是件很私人的事，却由于一大批"同样的你"而对购买者产生了巨大的效应——暴富。

绝少的发行数量加上超过预期的大规模股票发行，创造了本书开头的那个 333 倍的神话。

什么是历史？历史是由某些偶发事件与群体性倾向互为联动，彼此发展而形成的。小鱼浅薄，不敢妄断历史，但我说的那些要素无疑是影响历史的重要因素。

有意思的是，这些"群体性倾向"有时候是推动了历史，有时候是逆反了历史。无论如何，历史的诡异是如同盘面一样的变幻莫测，这样的历史观是要打破我们脑海里的顽疾的——认为用什么（正确的）（科学的）（神秘的）方法就可以断言未来。

错！我们要敬畏市场，犹如我们敬畏历史。

人是理性的，也是感性的，困难的是，他们经常理性与感性交错，而且他们都是社会人，他们彼此之间，与环境彼此之间互动，反身性影响，这就构成历史（行情）演变的复杂性。经济学为了自身学术的建立，罔顾事实，简单地定义"理性人"，从而在学术大厦的地基里灌入了流沙，表观也许宏大，实则却是错漏百出。

经济学的问题远非这些，我在当年学习经济学课后写下的一篇小文，表述了自己的观点。

投机就是你身处羊群，却要探寻羊群行走的方向。

猜谜经济学

上下五千年，人类活动中的经济行为始终是个谜，而解谜该行为的经济学却仍处于摸着石头过河的阶段。亚当·斯密写了几页书，凯恩斯捅破了一层纸，如此而已，以至于诺贝尔经济学奖仿佛是在趴着的人群中搜寻谁是坐着的游戏者，结局很意外，结果也并非美妙。

我坐在课堂上，对老师讲的基础理念感到津津有味，而一旦老师开始画出润滑的曲线或大量代数运算时，我就有些疲倦。经济学最大的问题是：在对大量经济现象进行分析的时候，对于主角人的心理变化做出简单假设"理性人"或"经济人"，并假定这些假设亘古不变，放之四海而皆准，从而产生根本性的错误。

经济学很讲究平衡，但它探讨的是一种静态的平衡，而现实往往是一种动态的平衡。

马尔萨斯错了吗

比如经济学总结边际报酬递减规律时，包含一个重要的假设：在技术水平一定的状况下……马尔萨斯的人口理论成功地推演了这个规律，成为当时的经典，却在人类种植技术水平大发展后，被推翻个一干二净。马尔萨斯错了吗？他没有科学地预见到人类种植技术的大发展，所以他错了。对他来说，他已经总结归纳了人类过去 3 000 年的种植经验，事实上在他那个年代，人类生产能力低水平重复几乎已成为规律，谁能料想在第 3 100 年这个规律被推翻了呢？

人类社会学课题的标准答案只能参考过去人类历史的总结，凡是符合历史印迹的都可以说是真的；反之，则是假的。但人类文明史仅仅短短的数千年，与人类进化史的 250 万年、地球史的 46 亿年……相比，如沧海一粟。既然只是这短促的一秒，既然往后的每一页历史都将崭新，都是可能推倒既往的，那么经济学必然很难产生长期有效理论。不认清这一点，何来这门学科的真正发展？

数学家？经济学家？

把数学引进经济学是创新的开始，也是谬误的加深。数学是严谨的，有严格及明确的定义。但社会学中的经济现象却很模糊，往往搜寻到 ××～×× 之间就算幸运。但数量经济学家为了能够计算，不得不把模糊的现象归类为精确的数字，从而可以套用各种精妙的数学公式。当 8～25 之间都被归类为 13，200 以上 300 以下都被定义成 250，如此再经历 20 番精妙且精确的运算，我们就真的接近了答案，拥有了答案吗？哈哈，谬以千里！

图形中的平面化倾向也是如此。某些经济学家偏爱那些美丽的、完美的图形，不惜把复杂世界中的多个参数简化、假定化，然后只取其中两三个变量，在课堂上黑板间画出一道优美的弧线，当它与另一条"极端世界"下的完美线相交、相切时，经济学家宣称这就是所谓的平衡点。每每如此，我都忍不住低下头，情愿在纸上画加菲猫。加菲猫又懒又馋，它常常欺骗别人，但还没学会自欺欺人。

这就如同在现实中，把一只活生生的熊从正面平压过去，然后告诉你，熊没有后脑勺；又从一个侧面平压过去，告诉你熊只有一只耳朵；再把两个图形重叠，数学经济学家骄傲地宣称他找到了 G 点——当熊鼻子与熊耳朵交汇于一点时，此时就达成了完美的熊式均衡。

知识的捆绑

经济学家知道经济学的问题吗？通常他们都是清楚的。我的教授就常常摇头完经济学的无用后，再次用完美的图形与数字推论了某个理论的错误。他的论点也许不错，但他论证所用的工具让人摇头，用一把有误的尺子证明了一根 1 米 2 的绳子并非 1 米，并不代表这把尺子还应继续使用，至少需要有保留地使用。

人们有种依依不舍的情节，那就是当你为某项东西付出太多的时候，即使那样东西不值，人们往往也舍不得丢弃。这在学习上我称其为知识的捆绑。知识的捆绑表现在：当你掌握了某种带有明显缺陷的知识时，即使自我察觉谬误，却仍会不可避免地经常使用，而把缺陷带入新的理论结构中。如果缺乏时时的审查与觉醒，这些缺陷一定会在某些地方被放大而不自知。

知识不但使人进步，也会捆绑住一个人，尤其是当一个人在象牙塔里待久了，尽信书、尽信知识、缺乏质疑与批判精神的时候，他把知识绕成了绳索，把科学信奉为宗教。历史早已论证过：无所依赖的平民常成为知识革命的先锋，满腹经纶的老学究却成为创新的阻力。

自我批判

我学经济学就是在这种质疑与批判中度过的。

我知道我的批评尖酸刻薄，也有失偏颇。我并非完全抹杀过去经济学的贡献，还必须承认的是，我也没有更好的办法。如果让我来研究，也很容易陷入上述种种的陷阱中，并且一定无法走出如此的长距离。我只是为此揭下了一层面纱，猜谜游戏的定位也许过于严苛，但也不无道理。

▋反身性

经济学有学院，有教授，有诺贝尔奖，于是也就有了经济"专家"天天在媒体上预测未来。他们把经济学当成一门自然科学，宣称自己发明了经济学的某条牛顿定律，要为未来指引一个方向，却不明白天为什么那么黑，是因为牛在天上飞。

经济学真正能够建立的是一个模糊的框架，而非一个定论。当然，我们渴望定论，于是我们努力（精心）的构建，但即便构建成功，即便我们融会贯通，旁引佐证，并深信不疑，我们只能仍将其视为一种假说。

假说有什么好，模糊的框架有什么用？请允许小鱼稍稍卖个关子，因为在学习索罗斯方法前，我们还需要深刻理解一个社会学理念——**反身性**。

是的，我们已经提过很多次了，《金融炼金术》中也提了无数次，但翻遍全书，索罗斯无数次地从各个角度描绘它，却始终无法给出一个简洁、清晰的定义，他解释道：

应用反身性概念极其困难，这并不奇怪，如果这是一个容易应用的概念，经济学家及其他社会学家也不至于如此煞费苦心地将其排除在外。

呵呵，我引用索罗斯的这段话，能否让你振作起来，暂时压下你的直窥谜底之心，愿意跟着小鱼在这个抽象又枯涩的概念里再巡游一回。

骗子

我们可以把骗子陈述为：他人心理及思维模式的洞悉者，某种行为艺术的表现者。因为纵观诈骗行为，它是非暴力的，受害者几乎都是心甘情愿地奉上自己的金钱。

诈骗行为是标准的人－人互动模式，受害者的思维与判定都成为事件发生的一环，所以，这个行为本身是具有反身性的，而在整个诈骗过程中，骗子会让你的独立思维与判定形成某种错觉。他是如何做到的呢？我们来看看诈骗过程中的反身性原理。

新闻报道了这样一个欺诈故事：

年过七旬的"老大姐"，体重200斤，豪爽惊人……上海外滩豪华大饭店长期包间……从早到晚总有接不完的电话，见不完的人……宴请，一顿饭8万元，大笔一挥，签单……

两年里，广结人缘，然后突然"携集资款"人间蒸发。借给她钱的人都是生意场上的老手，见多了尔虞我诈，却为何会失足在她这里？

一个人要在交际圈里立足，自我包装无非两种：硬件与软件。软件中最关键的就是看他有怎样的朋友，老大姐的朋友都是些政府官员、银行高管、私人老板、民营石油大亨等，就不由得你不信。但这位祖籍安徽县城，小学文化的"老大姐"满打满算来上海也不过两年，她是如何拥有如此广阔的人际资源的呢？

答案也许就在新闻中的这一段："在多次见证老大姐的强大'后台'后，她身边的新老朋友也随之广撒人网，陆续将各自生意圈中的重要人物逐一引荐。这些分批次见面的人，或在威斯汀大饭店或在上海老北京饭店的饭桌上，几杯烈酒下肚后便开始亲切地称呼'老大姐'。有社会地位的人引荐有能量的人，今天刚认识，明天在另一个场合交谈时就显得相识日久，私交很深。于是在场其他与她初次见面的人，无一不对她的'关系网'心生敬佩。"

你看到了反身性没有，你的引荐行为恰恰加重了老大姐的身份含金量，而这个含金量又促使其他更多的人为其引荐更多的重量级人物。如果我们简单粗暴地把人际圈定义为某种"价值"，而把人际交往比作"交易中的价格行为"时，你会发现在反身性的作用下，价格改变了价值，又反衬出最初高价格的合理。

"集团企业"的暴涨暴跌

在《金融炼金术》中，为了帮助读者理解股票中的反身性特征，索罗斯以"集团企业"为例，小鱼将在下面把这个故事分享给大家。在阅读这个故事时，小鱼希望你能把投机中的故事与生活中的故事结合起来看，从而能理解反身性在人类社会行为中的表现特征，进而理解股票或期货行为中的反身性特征。

在美国 20 世纪 60 年代后期，股票市场曾出现一波"集团企业"热，索罗斯独特的反身性认知帮助他在这波上涨与下跌的行情中都赚到了大钱，他是怎样做到的呢？

先看这段摘录：

集团企业热的关键起因是投资者中盛传的各种误解。投资商只知道每股收益的评估增长了，却未能看穿实现增长的方式。很多公司掌握了通过收购取得收益增长的方法。一旦市场开始对它们的表现做出正面反应（因为收购行为而使公司股价上涨），事情就简单多了，因为它们可以在收购其他公司时提供自己业已高估了的股票作为支付工具。

索罗斯的话太拗口了，但请你务必多看几遍，然后再收听小鱼的同声翻译：

中国股市，2012年兴起的文化传媒热来到2013年后，在手机游戏狂潮中爆发，市场从关注"重资产"到推崇"轻资产"，是隐含了对产业调整的预期，这本身有相当的合理性。于是手机游戏类股票开始上涨，不少股票几个月飙升2~4倍。比如其中的一只股票Z，总市值升至140亿元，而总利润仅8 000多万，市盈率高达200多倍。股价那么高，收益这么低，怎么办呢？

它去收购一家非上市的游戏公司D（年收益5 000多万元），那么合并报表后，加上本身业绩的成长，Z公司的年度净利润增长将超过100%。收购这个公司需要多少钱呢？市盈率约14倍，也就是年度收益的14倍，200倍市盈率收购14倍市盈率[以部分现金＋定向增发（Z公司股票）为支付方式]，业绩当然同比快速增长，难怪这些公司的高管都不搞开发，也不用做管理，都出去谈收购了。收购多好啊，喝喝茶，聊聊天，帮别人解决钱的问题，落下了人情，进而资本市场还能提升业绩讲故事。

如果我们暂时假定200倍市盈率的Z公司（未收购D前）的股

票是注水牛肉，那么以注水的股票作为成本加少许的现金，就可以收购些狗肉让自己未来的业绩百分百成长，反过来证明市场认为最初对于 Z 股票的注水是合理的，于是市场继续注水，逻辑是：一个年增长百分百的公司可以值更高价，而 Z 公司继续收购，继续付出注水的股票，业绩继续飙升，直到……

现实的市场终于无力承受预期的重负，尽管游戏还在进行，但已有越来越多的人意识到，支撑着市场繁荣信心的乃是一个错误的理念。收购的规模需要越来越大，非此则不足以保持增长的势头，直到最后其规模达到极限点。

未来会如何，索罗斯继续写道：

股票价格开始下跌，下跌的趋势进入自我强化的程序。收购对每股收益的有利影响消失了，在迅猛扩张期后被扫到地毯下的内部问题暴露出来，收益报告揭示了令人不快的意外，投资商如梦初醒，公司经理们人人自危，令人亢奋的成功已成过去，日常管理的琐事却无人愿意打理，一场萧条由此开始。

这类公司的股价图形上无一例外地会出现一个巨大的倒 V 形（见图 10-1），最高曾上涨数十倍的股价，将被腰斩后再腰斩。

需要特别提醒的是：由于以上所举两个例子都偏于负面，会造成一种错觉——反身性是投机力量的助推器，或者说是因为反身性才推升泡沫的扩大，进而破裂。是的，很多泡沫的形成与破裂都有着反身性的巨大影响力，但绝非说明反身性本身就代表某种负面性，实质上它是人类社会行为中的一个独特模式，它是由人群的群体性偏向触发，在"事实"得到确认的过程中自我强化，进而可能改变"事实"并影响未来事件发生的整个进程。所以，反身性更像是一种催化剂，它可能加速（或扭曲）事件的进程，但是并不能由此推导事件的结局，因为结局从来都是变化莫测的。

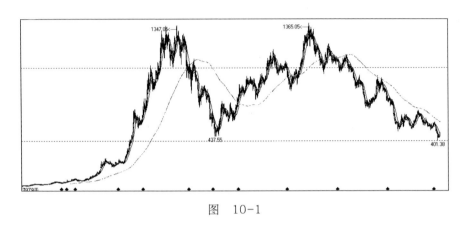

图　10-1

大S姐姐

关于变化莫测的结局，这让小鱼想到了那个大S。

噢哦，不是那个嫁给餐饮大亨儿子的大S，小鱼说的是那个草根小民，能把身体扭成S形的芙蓉姐姐。当年我们无不是用调侃、嘲弄的眼光去看这个极度自恋的女人，看她自贴的照片以及"无限自我肯定的文字"。大众惊讶、瞠目、嘲笑般的围观、转帖反而激励她更多的类似行为，进而引来更多的人群甚至媒体的跟进，她快速成名，她拥有了巨大的关注度。

有人开始找她代言，有剧组尝试请她演个小角色，还有人提议为她设计形象做她的经纪人……于是她不再是那个混迹校园的北漂，而是有着新闻关注度与聚焦眼球能力的S形姐姐，以前你请她吃饭，是给她面子，现在请，那是要向你收钱滴。

别说，芙蓉姐姐还真有些可塑性，减肥成功，换了些服饰，透露出一些端庄，关键是对比那些为了博出位，不惜半裸甚至全裸者，突然发现了芙蓉姐姐的可爱。媒体开始慢慢转向，我们也开始接受，正常地看待芙蓉姐姐。是啊，姐卖的不是皮肉，而是众人嘲笑下不垮的精神。这是不得不让人有些敬佩的精神。于是，本来是一场狗血剧、肥皂剧，却慢慢演化为励志剧了。

反身性只是快速地把你送上了一个高台，最后你是高台跳水，还是凭借高台冉冉升起，就要看你之后的努力了。

同样，从微软、雅虎、谷歌到 Facebook 这样伟大公司的成长过程中都有反身性的巨大作用。当年谷歌远未实现盈利，甚至还在"烧钱"阶段，市场就给予它未来前景的巨大肯定，极高的股价造就了谷歌巨大的资金储备及融资能力，进而加速提升了它自我发展与快速收购扩张的能力，造就了今日的谷歌。为什么谷歌的收购就不是用注水牛肉买狗肉的故事，因为它自我成长，其所收购的公司也是具有成长前景并最终与母公司融合成型，于是狗肉这种原料被提升为一种更高级的食品。

所以，反身性并不代表好与坏、涨与跌，它只是人类行为模式中的一个独特特征，为你提供了判别未来的一个框架。

索罗斯对此领悟深刻，他在市场误解期（繁荣期）积极做多，在市场清醒后（萧条期）勇敢做空，而非违逆任何走势时期。他凭什么赚那么多钱，那是因为他对人类行为非凡的洞察，并借由反身性特征建立了优势，于是他成为走在股市曲线前面的人。

历史的错觉与荒谬

老大姐可以借由自我吹嘘完成自我吹嘘的证实（比如认识某某关

系），而注水股票也可以借由收购论证注水的合理。所以，人类历史的错觉或荒谬与生俱来，它当然有理性的成分，但绝非理性或大多数群体的理智选择塑造了历史，而是……

我们先来看索罗斯是怎么说的，小鱼觉得他这一段说得特棒：

我认为，历史的进程是开放的。历史的主要驱动力是参与者的偏向，的确，它不是起作用的唯一力量，但它是人类在历史进程中所特有的力量，并因此而使历史进程同自然科学研究的自然过程区分开来。生物进化有赖于基因的突变，我坚信，历史的进程则是由参与者的错觉塑造的。我甚至走得更远，塑造了历史面貌的思想无非是一些内涵丰富的'谬论'。一套富于衍生性的谬论往往最初被人们视为真知灼见，只有在它被解译为现实之后，它的缺陷才开始暴露出来，然后将会出现另一套同样内涵丰富但与之相反的新谬论……这一过程会不断重复进行下去，每一套谬论都提供一种新的经验，如果人们能够从经验中多少学到些什么的话，那就被称为进步。

我们必须站起来为索罗斯鼓掌，他对人类行为与历史深刻的洞悉让我们又前进了一步。索罗斯现象真正体现了：交易的本质是交易你的哲学。他由抽象的哲学思想接近了交易实像中的一些核心部分，而对交易结果与进程的观察也更深刻地印证了他的思想。

交易与生活如此的接近，因为它们都具有人类活动的一些显著特征，所以，我们必须再次大声说：向生活学习交易，从交易理解生活。

对于以上的内容你还必须细细琢磨，反身性的正确理解如此困难，是由于人类行为的复杂性和历史进程的唯一性与不可对比性所产生的困境。所以别怪小鱼啰唆，索罗斯更"啰唆"，但即便他用了一本书的厚度以及加上他的"实时实验"(边记录自己对市场的理解,边对应操作,然后从结果来反思和寻找历史进程与人类思想彼此间的互动性),索同学依然只是混沌、模糊地表达出了部分,而且他在"外汇市场中的反身性"一章中,一定还存在着大量的谬见(短期真理),而这种谬见是几乎无法超越的,原因很简单,我们只能根据已有的历史进程推断之前行为的合理与否,但历史又在不断刷新。就像一张目标点将不断游移的藏宝图,我们向目标大大跨进了一步,却可能由于目标的转移而成为无效。反而是历史上的某次大退步,从新的目标看来,变成了历史发展的必然进程……

唏嘘不已,进退维谷。但索罗斯用鲜活的案例告诉我们:当我们对于人类行为特征做出观察与总结,进而提出一个精心构建的假说时,也许我们依然无法(也不需要)抵达历史的终点,但至少可以在历史(行情走势)行进的框架内占据先发优势。

好吧,终于又来到了假说,在解释完那么多枯燥生涩的理念后,我们应该来看一看索罗斯如何在投机市场中学以致用。

▌金融炼金术

索罗斯否定了自然科学方法在投机中的运用,那么他有什么更好的办法呢?我们来引用《金融炼金术》中的一段:

金融市场上的成功秘诀在于具备能够预见到普遍预期心理的超凡能力,至于对现实世界的精确预言则并非必须。但是,还应该注意到,即使在分析金融市场的未来趋势时,我的方法也极少给出确定的预测结论,它的作用只限于在过程的展开中提供进行理解的框架……可以这样理解,市场自身也在设计着各式各样的假定并将它们付诸实际过程的考验。那些通过了考验的假说得到进一步加强，而那些不合格的假说则被淘汰出局。我的方法同市场之间的主要区别在于，市场致力于反复实验以寻求出路。大多数参与者并没有意识到这一点，而我则完全是有意为之，大概这也就是为什么我能够比市场做得更好的原因。

金融市场变化过程同科学活动之间就出现了一种奇妙的类同，两者都涉及对假说的检验。但恰恰在这一点上却潜伏着根本的差异。在科学中，检验的目的在于确立真理，而在金融市场中，唯一的标准就是操作上的成功。同自然科学中的情况截然不同，这两个标准此刻并不一致。为什么会这样呢？因为市场价格总是代表着一种普遍的倾向，而自然科学却建立在客观的标准之上。科学原理依事实而定，金融市场中决策的评价则取决于参与者的歪曲的见解。金融市场拒绝了科学方法，却包容了炼金术。

中世纪的炼金术，目标是把基本金属炼成黄金。当炼金士把主观愿望加入其中，希望符咒可以改变基本金属的本质时，现代化学告诉我们这并不可能。在自然科学中注定失败的事，在社会科学中呢？由于相关反身性的存在，主观愿望也可能变成一种决定性影响因素，由此金融市场拒绝了科学方法，却包容了炼金术。

这里面的要点还在于"假说"这个词，索罗斯为什么不直接用"理论"或其他词汇呢，而要用假说呢？这是在提醒自己，所有的推导在被市场证实前都是"假说"，而不是什么断语式地说某处是玛瑙底、菊花底，那些自以为先知的思维模式是"因为……所以……"型的，因为什么什么，所以未来一定怎样怎样，它把自我理解上升成了理论，把自我当成了先知。在自然科学中，科学家当然可以大胆预测，我扔两个铁球，即便一个重量是另一个的 10 倍，它们也会同时着地，科学的"预测——论证"体系是证明某项理论的关键。但在社会科学中，这样的断语代表了你不但弄清楚了基本面所有的状况，甚至还把参与其中的群体性认知、偏差和由此构成的反身性，以及反身之反身等统统一网打尽。你不但是先知，而且无所不知。

相比，索同学就要谦虚谨慎得多，他承认自己的无知，即便他精心构造了某种推导，他也会把它看成一个可以证伪的假说。既然是假说，那么就可以突破，就可以推翻，甚至反向而行。即便行情（暂时）证实了假说，索罗斯也会非常小心地看护，他的思维是"如果……就……"模式，如果市场继续运行在假说的框架里，那么市场就应该在怎样的情况下表现出怎样的状态，简单说：当你预判行情向上，利多出现时，市场就应该强劲，反之，意外利空出现时，市场也会有相当的抵抗力，而非相反。索罗斯会十分小心地守护他的假说以及由此构建的框架，并随时保持着可以修正的弹性。

某天，一位著名金融评论员遇到索罗斯，索罗斯向其解释了对市场有多么的悲观以及种种看空的理由，评论员觉得挺在理。第二天，当他看见市场强劲上涨时，不由得想，这回索罗斯亏大了。以至于几天后，当他再次遇见索罗斯时，希望假装没看见，以免索罗斯过分尴尬，但索罗斯热情地叫住了他，并谢谢他："那天跟你聊完后，我有了很多新的启迪，谢谢你那天与我的聊天。"

"你不是看空吗？"评论员惊奇地问。

"是啊，之前是看空，但是回去后我就改变了，这两天都在大力做多，谢谢你，我的朋友。"

索罗斯走了，留下了错愕的评论员，投机客并不需要成为自我观点的拥护者，更不应该为此殉葬，我们是来赚钱的，而不是来贩卖某种观点的，不要把风水先生的谋生手段当成投机的主业。

假说的传说

由此，我们可以理解下面这段话了：

……请尝试给出一个未经精心构造的假说，它只会引导漫无目的的投资。相反，如果你精心构造自己的假说，你将能够始终不断地取得超出市场平均水平的成就，假使你的独到见解并非过分地偏离市场。

索罗斯强调，你必须精心构造一种推导（假说），而且精心构造完毕，一定还要反过来求证它的缺陷在哪里，你必须提前找出其中可能的不妥，因为既然是"假说"，必然有其死穴，一如阿喀琉斯之踵。只有当这些都完备后，索罗斯才会大胆入场，因为他已经建立了一套市场运行的框架，在这个假说的框架下，我们很容易观察到市场的运行是否合理（合你的道理），如果合理，我们可以在框架内大胆地掘取利润，反之，也许机会更大。

当市场运行在一个正常的节奏中，却出现突然的反向，普通的投资者可能会以为是不是个回调或洗盘，但当你精心构建的假说里附加有很多条件，这些条件会让你注意到那些超越"合理"的回调，你观察再观察并同时提高警惕，你会再次审视最初设想的"死穴"是否被点中，当行情持续的错位以至于完全突破框架时，大众仍在犹疑彷徨，你却可以大胆行动，这时候，甚至不需要反向的确切理由，因为当一段正常行情被打破后，即便最初获利者的抛售都可以引发一波大潮。最近，鲍尔森被困在黄金里了，黄金下跌的理由很多，但鲍尔森的巨大头寸本身就变成了一场危机，成为下跌的一种缘由。

所以：

在投机中，恰恰是他人的错误（亏损），才造成了正确者的盈利。

也许，投资（机）的重点并不在于我们知道什么是对的，而在于更早地预见到什么可能是错的。

▌假说的细节：如何精心地构造

索同学提示我们，在他的方法里，需要一个精心构造的假说，并强调：如果给出一个未经精心构造的假说，它只会引导漫无目的的投资。（翻翻上文，小鱼已帮你摘要出来了，你注意了没有。）那么何谓精心，又何谓不精心？如果小鱼所写的"黄金·历史·铜"算一类假说，它属于精心构造的假说吗？

在这个问题上，小鱼也曾经迷惘了很久，索罗斯在书中没说，咱又没特权能够翻阅到索罗斯的操作申请书，我一遍遍翻阅《金融炼金术》，终于找到了一个重要的线索。

无条件的预言

准确说是：无约束条件的预言。

在自然科学中，大部分定理就是无条件的预言（或极少条件的预言）。比如 1+1=2，是指任何情况下，1+1 都等于 2，再比如万有引力定律。

这样的定律或定理的好处很明显，人们可以无条件地在任意场合中应用，作为观察或论证事物发展的一根准绳。

这在自然科学中没有问题，但在社会科学中，参与者的思维偏向、认知缺陷以及反身性架构无一不在影响未来，不做约束的预言无疑是一段呓语。如同股市一定涨到多少点或跌到多少点的预言，如果缺少了精心构建的约束条件（比如时间周期），那么它第一缺乏操作要件，第二是唯有偏执狂才能执行，而这样的偏执几乎就是核心风险的代名词。

譬如："黄金·历史·铜"实质上也可以归类于无条件的预言，它提出了一个明确的结论，有着精妙或事后看来还算正确的论据陈述，但它缺乏精心构建的条件约束，以至于它缺乏了赖以操作的要件（评判系统）。也就是如果你就此深信"黄金·历史·铜"的结论，你唯一要做的就是立即买入并一直持有，无论发生什么都绝不动摇。

绝不动摇？那要看发生了什么。

那么这期间发生了什么？太多的事情，包括2008年的金融危机。这期间，张某星同学，由于坚定看多黄金持仓过重而在一波回调中亏损殆尽（实际上，远在危机的低点出现前他就早早结束了）。其后，黄金继续上涨，2011年，金价突破1 900美元，从事后来看，他看多黄金的预言是正确的，可惜没有约束的预言，让他的操作成为一种单一的行为，而单一行为就仿佛在战场上认准胜利并永远冲锋的战士，他们都无一例外地成为伟大的烈士。

如此看来，小鱼没有在"黄金·历史·铜"这样"成功的预测"中成为烈士已属于幸运，那只是因为，之前我已经从死人堆中爬出来过了，对市场的敬畏与对历史复杂性的认识挽救了我，使我没有一意孤行。

我们再来看我在黄金套利中所做的预言，这个预言远没有"黄金·历史·铜"这么优秀与充满卓见，但它给出了一些约束条件，以至于在操作中有了大量的依靠，从而进退有据，事实上取得的结果也比"黄金·历史·铜"好得多。

写到这里，不由掩卷长思。我们在上一章讲到熵，讲到如何寻找投机的证据，但有一个优秀的推导并不代表就此能推开宝藏之门，如同所有伟大的创业公司必须经历从创意——实践——实现这样的历程，交易的成功也远非某个准确的预言所能包含的，勇气、执行力、弹性、果敢以及适时心态按摩、风险调整等都是必需的要件，其中首先需要精心构造你的预言约束条件，使其成为你前行路上的灯塔。唯有有着严密约束条件的预言才能成为大师的假说。

最后的重要解释

索罗斯说："一个人有了新发现，难免会夸大其重要性。"同样，当我们要建立某些东西的时候，不免要批判某些东西，而在批判的时候，一定会着力指出对象的所有缺点，似乎对象一无是处。

但事实并非如此，事实往往是：任何理论、事件、行为或人都只会在某些部分错误，而某些部分正确，但你一定无法这样表达——我不同意你的意见，不同意其中的 8.67%。你表达意见的时候通常只有两种选择：是或者不是，对或者不对，就像交易中的多或者是空。但对于哲学的思辨一定不可以就此走向绝对，你一定要理解事物的复杂性，即便当你做出某项决定，建立某个假说，构建某种交易体系后，你一定还要经常反思，就像索罗斯在他的序言中如此的反思：

我宣称经济学理论是错误的，而且讽刺'社会科学'是个错误的比喻，这些主张都稍嫌夸张。既然远离均衡的条件仅会间歇地出现，那么经济理论也仅有间歇的错误，而自然科学与社会科学之间的分野也未必如本书描述的那么明确。

这样的修正非常值得尊敬，这说明他从不把自己的理论看成定理或不可修正的高度。同样，小鱼也要反思，之前我曾批评过技术分析、程序化定量交易等，小鱼是走过了从"迷信其"到"全面否定其"再到"了解其缺陷的基础上利用其优势"的阶段之后，对它们有了新的理解。比如：当理解了技术分析是"并非让你预知未来，而是帮你快速了解过去"时，你再去使用技术分析，它的优势就显现出来了。同样，程序化交易有着种种的缺陷，但程序化辅助交易确实能够利用机器的优势给予交易员巨大的帮助。

我们批判的有可取之处，我们推崇的也非完美无缺，反身性和假说理论就有这样的缺陷：反身性虽然经常发生，但对行情产生巨大影响的反身性并不常见，而是有条件的间歇性的出现，很多时候，人群的反身性作用会因为彼此抵消或无法形成群体性偏向而作用微乎其微。所以这套理论并非随时随刻可以使用，而是需要等待与观察。

好了好了，暂时就到这里吧，反身性与假说理论是一种可以为之大书特书的思想，也许等有一天，小鱼敢写一本《我读金融炼金术》时，我们再细细讨论吧。

第 11 章

交易中的神迹

交易中有神迹吗？祷告在交易中有用吗？心灵交易的"心"，也许我们可以理解，那么"灵"又是什么呢？这一章会给出我的答案。

▌祷告的力量

也许因为最近一直在写假说，《金融炼金术》的影子常常浮现眼前，终于，思维在某天清晨得到催发：在交易中，可以善用祷告的力量。

祷告能帮助交易？我自己也吓了一跳，急忙搜寻思想的来源，怎么会如此唯心呢，难道能把宗教信仰溢出到交易上？自我质疑兼审查后，我明白了，思想从来不是无源之水、无本之木，它有出处。更明确地说，它是各种认知、学识叠加和酝酿后，于相关处贯通了。

索罗斯为何把书取名为《金融炼金术》，书中这段可见端倪：

在涉及有思维参与者介入的场景时，人们对自然科学的方法往往具有免疫力，却极易受到炼金术的感染。参与者的思想，正因为并不受现实支配，反而很容易为形形色色的理论所左右。在自然现象中，科学方法只有当其理论证据确凿时才有效；在社会、政治、经济事务中，理论即使没有确凿的证据也可以是有效的。炼金术作为自然科学失败了，社会科学作为炼金术倒有可能取得成功。

古代的炼金术是什么？通过某种仪式、咒符或特殊的模式试图把人类的主观愿望变成现实——让金属变成金子。从这个含义上来说，它是主观唯心的。但自然科学是客观唯物的，所以，无论如何修改咒语或仪式，炼金士都无法达成所愿。相反，在能够包容炼金术的社会科学中，人类的思想、判断在其中起到很大的作用，我们无数次地看到一些历史事件中时势造英雄，又仿佛英雄造时势。

记得陈胜、吴广吗？记得太平天国吗？还有明朝是如何建立的？如果说他们之间有什么共同点，那就是贯穿起义之间，领导者都通过某些方法让大家确信：自己就是真命天子，而朝代的变更更是天意。鱼腹丹书、独眼石人，这些我们现在看来的无稽之谈，就当时来说，却有着巨大的效用。

"社会科学拒绝了科学的方法，却包含了炼金术"。炼金术超越客观规律的特殊成分其实质就是一种祷告——把自我期许加入炼金的过程中。那么祷告在交易中的价值呢？

交易人最深的恐惧是什么？心无所依托！市场面前，我们只是小帆板，在交易的汪洋中，狂风肆虐、波涛汹涌，我们除了握紧船舵、努力划船外，无所依赖。这种深深的漂浮感，交易得越久，体会得越深刻、真切。平时，它被我们幽闭在内心最隐秘的角落，从不示人。人们看到我们高昂起头，自信地笑，笑看平地起高楼，却不知在那些无人知晓的夜晚，脑海中闪忆着曾经的暴风骤浪，那种突然大厦将倾、独木难支的恐慌，在黑夜里，一口一口吞噬着我们。

我们，在与一种未知与不可测争斗。所以最宝贵的是保持一颗宁静、自信的心。这种自我的感受，应由心底而发，不可伪装。这时祷告或许可以帮助你。

最近，小鱼在期指的交易中就接连遭受重创，在单边行情中做震荡，结果越补越跌，最后在行情的极端发展下惨痛出局。（注：在这里，请不要把目光停留在小鱼操作的技术层面，比如是否应该摊低补仓，或是否应该在趋势行情中做震荡，其实在交易的后期，并没有太多的交易技法上的禁忌，唯一的重点是不要让自己处于生存的极端。）而事实上所谓单边趋势与震荡也是相对的，比如这次的行情从小周期看是趋势，但稍微放大一点，就是一个标准的震荡，先是快速连续下杀，再是企稳后猛烈的上拉，然后是买力消耗后的大幅回落。

小鱼一连串的错误是：在下跌中做多，而在上涨中做空，短期内有三回，一次是看对错过，两次是左右掴耳光，其间也曾有盈利，但小赢大亏，最后把自己弄得惨不忍睹。

更绝妙的还在于：小鱼最初的判断都是正确的，却在实际操作的过程中一步步迈向了错误，在这里，我无意告诉你哪些因素影响了我，因为无论外界怎样的影响或刺激，最后的决断者始终是你，所以只有自己，才该为（交易）结果负责。

啰唆那么多，是为了让你明了小鱼当时的困局，连续地看对，连续地做错，小赚大亏，资金与信心损失累累。这种状况，不但小鱼，不但大众，即便顶尖的高手，也会不时地遇见，小鱼要讨论的是：状况已经发生，我们该如何处理？

首先请体会一下，那种强烈的情绪冲击，如果一两次错误，你还能安之若素，那么这种连续的冲击一定会让你暴跳如雷，摔东西，骂娘，都算正常表现。你会如鲠在喉，一股怨气，闷集于胸。

但是，你必须快速恢复正常。你要像安泰俄斯那样，即使被伟大的赫拉克勒斯猛烈摔倒在地，他只需将身体向大地靠一靠（他是地母盖亚的儿子），就又生龙活虎地站起来。

就地被打倒，满血复活，你就将成为对手的梦魇。

这种快速复活的一个关键就是善用祷告的力量。

如何祷告

这个问题问得很好，在这之前，我们要清楚祷告的实质是什么。

祷告的实质是倾诉、告知。

知道死囚犯最后 24 小时通常会有一个什么惯例吗——与监管者聊天。

都要死了，还说什么呢，说什么也改变不了命运了。

是的，死囚很清楚，但是他们仍需要诉说，即便是对着监管他们的政府强制力量，倾诉仍是恢复平静的最好工具。

这很像基督世界里的向牧师忏悔，当你某个行为过分后，即便没有法律的处罚，即便你能用种种理由勉强维持内心的平衡，但"灵"依然会不断叩问我们，这时候，说出来，即便向某个毫不相干的人，甚至一块石像；即便事实或结果再也不会改变，但是，当你倾诉出来，表达自己的歉意或某种情绪后，洪水宣泄，将大大降低你心中的压力。

是的，也许本质上没有什么东西在听，但是你的灵会听。"她"
会由此得到安慰和平衡。

什么是灵

我们一直在说心灵交易，心，也许我们还懂，那么什么是灵呢？
真有这么玄妙的东西吗？

一方面，我们大量地在使用这个概念，如：神灵、幽灵、精灵、
灵感、灵性、灵异……另一方面，只见传说，却一直缺乏真实体验，
它究竟何驻何往？小鱼幸缘，惊鸿一瞥。

灵

（1）当你行走在一片断壁残垣、破塌石柱间，虽然四下无人，
你是否会突然激灵一下，感觉到一股神秘的气氛。

这种感受来源于何方？

（2）你偶尔听到一段音乐，之前从未听过，乐声却契入心间，
让你潸然泪下。

你的感伤由何而来？

（3）小鱼曾和父亲边走边聊，突然我会一个转身，发现一个陌生
人几乎就贴在我们身后。我完全没有听到声音或得到任何其他提示，
我甚至也不明白我为何会突然转身，但这样的情况发生了两次，结果
一模一样。

谁在告知？谁在倾诉又谁在警觉？

灵。神秘而确实！

好吧，说个真实的故事。

酒店外的一次激灵

前段时间，曾和朋友去一酒店玩，环境很好，有湖有草地有教堂。散步，尽享那种远离人群的安逸，而繁华也不远，酒店亮黄的水晶灯依稀可见。我们想享受自然，却不愿舒适远离。

嬉戏玩耍后，有些探趣精神的小鱼不觉越走越远，在酒店围墙的某处居然找到一个缺口，翻了出去。

外面有路，有田野，顺着路的尽头是个破旧的院子，里面堆了些生活与建筑的垃圾，院子的围墙几乎都塌了，开放的院子那边就是田野。按照小鱼的习性，一定是会跨过院子、奔向田野的，因为田野是自由，也是无数昆虫、野趣以及童年梦想的聚集地。

突然，我踌躇不前，心底泛起一阵阵凉意，只觉得四周的荒草地充满了肃杀与危险的气味，我定了定神，天色仍亮，对夜暗的警觉应该还没竖起；周遭的垃圾堆也很普通，没有特别的不堪，更没有隐藏危险的针筒、血袋等特殊垃圾，但我却像"逃出疯人院"那样毛孔竖立，腿腹酸胀，是的，我的肾上腺大量分泌，我只想逃离。

这实在是一个滑稽透顶的怪事，没有生人，没有狗吠，甚至蚊子都不曾叮咬，一个准备小小探趣的男人，突然渴望逃离，我很害怕跟着来的小伙伴是否会因此而耻笑，我压抑了下情绪，尽量平淡地说："没啥好玩的，我们回去吧。"

回走十几米，我们就来到了缺口处，我突然对自己的恐惧莫名愤恨起来，于是逼着自己又走向路的另一端。

路很短，笔直通透，尽头是个废弃的环形小花园，虽花草凋零，却没有垃圾。突然，我指着曾种树的小坑说："这里会不会埋着死人？"小伙伴有些惊悚，而我，已经把惊悚表达了出来。

匆匆一个打弯，我们撤离了，仅一墙之隔，我们又回到修剪整齐的花堆与草地中，远处亮黄的水晶灯依然闪耀。我的心立马回到了从前的位置，仿佛它之前已经离开了很久很久。

这并非一个男人的阳光挺拔的光荣经历，却忠实地记录了真实的心路历程——没有恐吓，我却莫名恐惧，没有任何危险的认知，谁在向我警示危险的临近？

这件事本身毫无坏结果，威胁或意外都不曾降临，你可能嗤鼻：灵不靠谱。我却要大声疾呼：你何尝不曾关注到灵的显现！

不过小鱼的故事可能过于平淡，也许以下这位的故事就生动多了。

海伦·凯勒

她是位天生的盲者和聋者。

小鱼为何分开来说失明与失聪呢？因为这绝不仅仅代表灾难的简单加倍。小鱼有个同学，家长都是盲人，但他们的父母都很能干，可以做很多的事情，包括用热水壶向水瓶里冲水。失明者怎么冲水呢？因为水瓶灌满的过程中声音会有变化，盲者丧失了视觉后，听觉会极其灵敏，所以循着声音的变化，他们实际上可以处理很多事情。上帝关闭了一扇门，可是他还留了个窗。

但对于海伦·凯勒，上帝关门，关窗，拉窗帘，连墙壁间的狭隙都密密地堵个干净，光线没有，声音也没有，那个世界是永远的黑暗以及无边的寂静。

幸好海伦不是哑者，她的声带可以发音，但十聋九哑，因为你无法听到声音，你又如何模仿声音？海伦更惨，她甚至连看人家嘴唇的动作或者表情的机会都没有。而且海伦很小就失明与失聪，所以她连那些最初的记忆也不存在……

Stop（停止），小鱼不再描述困难了，因为奇迹将显。

海伦识字了……

这还不算奇迹。

海伦会说话了……

这个难度实在太高了。

海伦读书了，考上了哈佛大学（正式卷，唯一的优待是卷子被翻译为盲文）。

匪夷所思。

海伦毕业了，掌握了五国语言。

你让我们情何以堪。

在这里，我并无意歌颂她有多么伟大，但你必须明了海伦的困难，比如她如何去理解"广袤"，理解"五颜六色"，理解"猥琐"或"尴尬"这样的词，她完全看不见，除了让她触摸的手语，她也完全听不见，她如何去感受哪怕是"流淌""晃动""闪现"这样的含义。我们在表达内容时是有内心储忆在起作用的，但是小海伦什么都没有。也许有些事情通过努力，通过反复练习可以达成，但对于从小又盲又聋者，有些事情的达成几乎是不可理喻的，视、听这最主要的两大对外感官已关闭，她如何在混沌的天地中辟出一片天地？

难道真有盘古？

凯勒在她的回忆录里提到了顿悟。

顿悟

很好，小鱼在这方面确实有过不少的体验。很多次顿悟时，我只是在休息，或做着不相关的事，也就是大脑并没有聚焦在你需要顿悟的相关的事物上，但突然，电光石火，有一个闪念。这样的闪念非常重要，就是你梦寐以求的答案，但这时，思维是不清的，你几乎都不能准确地捕捉它。（这时候，甚至都无法用语言来表达它。）

小鱼在写某些文章时，就是这样的情形，一个念头如白驹过隙，过后我甚至无法准确捕捉它，没有办法，只有让它沉下去，耐心等待它第二次触发，经过那么两三次触发后，你会越来越清晰，然后才能够用语言来表达（这也是为什么我有了新思想后急于找人表达的缘由，因为描述的过程会让思想饱满清晰起来），最后还需要时间的沉淀，思想才可能被条理化，用文字梳理出来。

回到顿悟的瞬间，你会发现几乎不是大脑在工作（或仅仅少量工作），如果说它（大脑）还有那么一点用的话，就是之前储存了大量相关的资料，然后这些不相关的资料在某一些不着边的地方突然联通了，这就是顿悟，或者说——灵感。

请注意，人类的用词——灵感。

就像本章的主题"交易中的神迹"一样，祷告的力量，也就是在交易中利用祷告来提升自己的交易业绩。你认为这是小鱼拍脑袋很努力地想出来的吗？如果努力想就想出来了，那么这个话题也许早就被人多次提及了。

这确实也是一种灵感，事实真的就像小鱼描述的，我当时自己也被吓了一跳，然后再抽丝剥茧，顺藤摸瓜地去追寻思想的源泉，才发现是我早期的几项阅读在不知不觉中互相触发了。（这几项阅读至少包括：索罗斯的《金融炼金术》，爱因斯坦的自传中的一部分内容以及达尔文在写作《进化论》后对于人类起源与宗教间矛盾的一种态度与认知。）

小鱼举了大量的例子，从各个侧面去"感触"灵，因为灵确实很难被捉摸，但她又时常会出现在我们生活的方方面面，就像著名瑜伽大师艾扬格在他的《光耀生命》一书中写的：

> 灵性与身体不可或分，灵性不是缥缈于自然之上。而是在我们身体中可触可感的真实。

▌心与灵

当你看见 1 时想到 2，看见玫瑰时想到爱情，看见子弹知道是威胁，甚至看到某次事故后会想哪些股票会涨……这些都是"心"，是有认知有学识有逻辑的。反之，则是"灵"。就像索罗斯的背痛与利弗莫尔的黑猫，它们与股市的崩跌或行情的好坏之间既没有认知、没有学识，更没有逻辑。索罗斯背痛，他把头寸平了；利弗莫尔的黑猫上桌，他把股票平了。这些无厘头的动作，他们自我也会嘲笑，最好的说法不过称其为灵感。好吧，灵有感，你可曾感受？

我们曾说过，当你开完单，能够电脑一关，安稳地去散步，不紧张、不焦虑也不纠结，那么你就是平衡的，这个平衡实质是灵的平稳。灵比心更敏感，她是原生态的，与生俱来。小鹿在安静地吃草，突然警觉地竖起了耳朵，然后灵敏地快速跑开。奔跑也许是因为它听到了什么，但之前它为何竖起耳朵？

灵是如此独特，以至于你最放松的时候，她仍旧警觉地值班。

一个人的灵无法包罗万象，也无法探知一切，但显然她是一个被我们过分忽略的重要"感官"，很多时候，交易完成后，我们会莫名地焦虑、不安，即便你用"心"去检测外部环境，搜罗信息，观察K线、指标，一切无恙后，你的紧张、不安却不能就此消退。未来会发生什么，真不知道。但很多次，很多次，这种莫名的预感神奇的灵验了。

小鱼在此并无意宣扬这种"灵感交易"，因为灵太缥缈了，她会惊人的准确，也常常虚惊一场，而且她的特殊预警功能，使她更适合提示风险而不是机会。但当我们确确实实去了解灵、认识灵后，至少在一个层面她可以给我们切实的帮助——就是当你心神不宁（灵不安稳）时，你的情绪、状态大大影响你交易能力的发挥时，你可以借助平稳"灵"而迅速恢复自己的正常交易水准，这种方式就可以借由祷告的力量。

祷告能有效地恢复我们内心的平静。

深陷（交易）困境时我们往往不作为，不是我们不知道该怎么做，而是我们还沉浸在情绪中，还在恼怒、羞愤以及追问为什么中，当我们的能量被自我纠结以及与情绪的对抗消耗时，那么，可想而知，真正行动的力量将会多么的渺小。

心灵交易中的祷告，本质是自我向本我的表达，以取得心灵的认可。（相关定义如下。自我：自认为的我；本我：本质上的我；超我：理想状态的我。）

当小鱼错误时，我也极端纠结、怨恨、无力。但是当我喃喃自语，向"神"（本我）倾诉后，心灵接受了委屈，也容纳了亏损，之后我一跃而起，立即就能修正自己当下的交易行为。是的，我们这么去做，其实并不能改变过往（损失），但对于未来，却影响深远。那个安泰俄斯已经从盖亚的怀抱中一跃而起，我！又回来了。

由此，我们可以寻到交易中的神迹——祷告的力量。这个天方夜谭，最初在索罗斯的《金融炼金术》中被他的哲学包容了，而今天，我们却借由细节更向前踏实了一步。这再次证明了交易学所处的范畴——自然科学与社会科学的边缘，而由此甚至可以夸张地说：它构架了科学与宗教间一座互通的桥梁。

宇宙万化，以人为本，人类各种学识、认知终可以在边缘之处水乳交融。

第 12 章

情绪与性格

写作是件累人的事情，特别是当你渴望触及更深处时。就像即将探讨的交易中的情绪一样，你一定不能站在门口，心静如镜，甚至老僧禅定般地去探讨，这就如同躺在家中温暖的浴缸里，与人吹嘘惊涛骇浪的海洋一样。你必须身临其境，真实地把自己还原到正在接受市场残酷洗礼的那种情绪状态。当你战栗时，才知道抵御战栗的不易。

即便为了一小节，我也必须进入合适的状态，而不能仅仅凭着记忆了事。幸好这种情绪是如此熟悉，在为写书停下交易的这段日子里，我依旧可以凭借想象轻松地回到过去，重温曾经风雨飘摇的情绪。

▌ 情绪的信号

最近刚好有件事不顺，出乎意料地被拒绝，于是自然有些不痛快，而我又有意识地加强这种情绪，把它和我亏损时的感觉联系起来，然后观察自己情绪的走向。当真正的负面情绪来临，由不痛快变成挫折感，直到郁闷，最后对自我生气的时候，其实很难把自己轻松地拔出来。当我在这种负面情绪的包围下，再尝试看自己写下的那些控制情绪的文字时，就会觉得它们不够实际，因为我的心情让我无法有效地吸收那些营养，烦躁让阅读或别人善意的劝解都化为可怕的噪声。

我观察到，当自己企图挣脱这些负面情绪的控制时，我会大量地使用心语，有一个声音总在劝导自己，让我从积极的意义去考虑，但立刻，反对的声音同时响起，内心交战。有时，我似乎真被说服了，心情也由此好转，但很快，才下眉头，又上心头，一个转身，情绪又掌控了高地。这样的交战最后总以疲乏告终，如果你没战胜情绪，那么就是它控制了你。

我们可以活在自我的天堂里，也会待在自我的地狱中。

神经链截断术

说理是无法解除情绪的绑架的，就好像你对着一个失去心爱洋娃娃而伤心哭泣的孩子，告诉他，他的未来将多么美妙。是的，你说得很好也很对，不过这些伟大的道理请在他抹干眼泪后再告诉他吧。同样，当我们深陷情绪的泥沼时，不要试图说服自己，你首先要做的是把负面情绪的神经链斩断。

科学研究发现，每种情绪都有固定的活跃区域，只要某些信号持续、强烈地刺激该区域，就会将人们固化在这片情绪的控制中。请回想一件曾让你很痛苦的事，是否一定有某个特定的图像（如眼神），或某句特别刺耳的话，又或者是那种让人坠入深谷的感受，正在你的脑海中反复呈现，让你在痛苦的深渊中难以自拔。即便在当下，你只要忆起那个场景，也很快会勾起你的不快情绪。我们无法用说理的方式劝服大脑不去关注这些，但我们可以用一种特殊的方式，首先把大脑挽救出来。

你或许正在失恋的痛苦中，但突然看见新闻播报，美国双子座大厦遭到飞机撞击而垮塌，你还会继续陷在失恋那种情绪中吗？我有次牙痛，持续的神经痛让我非常难受，在花园里突然看见一个小猫，追咬自己的尾巴，冷不丁还摔倒了，我在那里兴致盎然地看了 3 分钟，牙居然不痛了。同样，拿个大顶，就可以让正哭的小孩停止哭泣。这三件事互不关联，但相通的是，突然的事件打断了初始的神经链，把大脑从过去的情绪中解放出来。这就是神经链截断术，只要你能够阻隔神经与那片负面情绪的关联，不再刺激它，我们就可以从任何情绪中走出来。

但当负面情绪被截断，却没有新的事件填补时，大脑又会轻易地恢复到过去。这时候，人们为了躲避那种情绪的再次煎熬，就会尝试用补偿机制来对抗它。补偿机制通常是另一种大脑刺激法，所以你会看见失恋后的男女暴饮暴食或者去买醉，疼痛厉害的病人试着用头去撞墙，而哭泣的小孩学会了痛揍那只让他摔倒的凳子……人们希望用一种更强烈的大脑刺激去对抗痛苦的大脑，却忽略了若补偿方式选择不当，会带来更大更深的痛苦。

用身体拯救大脑

我们知道，必须截断负面神经链，但显然我们无法等待突发事件或其他人，我们只有自我拯救。方法很简单，快速改变你的行为和生理状态。比如，你可以站起来，猛地大吼一声，也可以去洗个冷水澡，还可以对着沙袋来上那么一通拳脚……

我们知道人类大脑主管思考，而运动则依赖小脑。当你把自我注意力越集中在当下的运动上时，那么小脑占据了绝大部分的空间，而让大脑退居次席。这也是你看见电影中的主角在情绪失控时，在雨中疯狂地奔跑，或对着沙袋一顿发泄，甚至很男人地打上一架的原因。这些都是很好的神经链截断方式，强烈的肢体运动以后，虽然筋疲力尽，却反而摆脱了那种负面情绪的羁绊。

你汗流浃背，却神志清醒，或用赵本山的话说：聪明的智商又占领高地了。这时，我们才可以去说理，来认识下情绪的真实面目。

艺术的情绪

我今天还稍稍看了些闲书——艺术史，对于如我这般艺术细胞缺乏者，总是能理解那些"好看"与"比较像"的作品，而对于抽象派、印象派等，常常倍感审美的困惑。直到有一天，我观看照相写实主义（一种力求把绘画画的比照片还像的画派）的一幅精美画作时，突然发出疑问，既然摄影技术已经如此发达，画家还需要画的像吗？绘画难道只是一种技巧的展现？

不！艺术是种表达，当客观的事物或某种想象在画家脑海里产生的时候，他一定会借由艺术创作来表达这种想法、这种情绪。苹果的图像映入眼帘，难道仅仅是那个具象吗？你难道不曾察觉出苹果与你之间的那一层空气？当你意识到这一点，并愿意把印象派的画，用稍稍放松的眼睛来看时（不把视焦停留在具体上），你会惊奇地与莫奈一起发现美——宁静的池塘，放松的视觉，色彩以一种自由快乐的方式融入我们。

如果你的画可以表达那一层空气，那么我也可以展现某种架构；你是模糊视觉下印象中的美，我可以把具体的形象拿掉抽象的美，还可以更夸张更直接野兽的美，甚至虚无缥缈的美……绘画艺术就这样先锋地进步着。于是我们终于发现，所有艺术[⊖]都在达成人类某种情绪的表达。

我们见过维纳斯的甜美，也见识过泼墨山水的飘逸，也曾挣扎于凡·高自画像的纠结，或者超现实主义的冷峻……太多太多，你会发现在艺术家的世界里，无论何种画面，何种色彩，肮脏与俊秀，欢快或忧伤，都可以找到美，找到存在的价值。同样，每种情绪都是我们的朋友，艺术如此，交易亦如此。

生气也是朋友？是的，不但如此，难过也是，不痛快、挫折感、懊悔、失望……统统都是。因为这些负面情绪之于我们人类，可以减少，却无法消失。它们与温情、友爱、成功、快乐一起，如影相随，与我们的生活不离不弃。我们可以否认它们，逃避它们，甚至屈服于它们，但也可以理解并善用。因为所有你所认为的负面情绪，本质上都是需要你拿出积极的行动化解不利局面的信号，所以负面情绪也可以称为**行动信号**。

当因别人拒绝引发的不痛快，再被我加强成挫折与沮丧后，我曾想了很多办法去破除这个障碍，比如：反击，让对方更难受，或者冷漠、超脱、鄙视等，但经验告诉我，这样只会让事情越来越糟。当我运动一场，情绪平复后，我问自己这样一个问题："对方真的是拒绝我，还是仅仅拒绝我提出的这件事？"我发现他否定的其实是事，而不是我本身。事实上，他委婉但清晰地表达了他的看法，只是由于

　　⊖　印象派、抽象派、野兽派、达达主义。

这完全出乎我的意料，才让我有强烈的受挫感，而认为自尊心受到伤害。当我认清这一点后，我再次提问自己："这件事对我有什么益处？"这何尝不是提醒我应更加完善这件事，并且能以更好的方式沟通。当想清楚这些后，限制被解除了，大脑中的灵感源源不断，我仅仅改善了其中的几项，就发现局面大为改观，甚至比之前的状况还要好。如果我前面被情绪掌控而做出消极的对抗，结果还会这样吗？

负面的情绪正是提醒我们必须有所改变的信号，在交易中也是如此。有段时间，我相当看好棉花，并且也持有了不少头寸。由于之前的研究很充分，我胸有成竹，日子过得很轻松。一段时间后，有一次与姐姐聊起行情，不知不觉中谈到棉花，她觉得市场的走向比较微妙，我立即打断她，然后滔滔不绝地说了一通道理，但她一会儿又提到反面观点，我就有些气恼，再次打断，并用我充实的数据让她哑口无言。过后我拂袖而去，觉得她在如此明显的道理前不可理喻。

我烦躁了，居然连亲人的一点异议都不能忍受，为什么我会不礼貌地打断并最终拂袖而去？事态并没有出轨，但我的情绪出轨了，我已经变得无法忍受反面意见，我失去了弹性。

坚持己见并不算错，但焦躁的情绪一定是市场走势偏离了预想后的反应，可惜我仅仅是动怒和平息情绪，却没有借着情绪的反常去重新审视。行情之后的发展果然超出预想，甚至干脆走到对面，如果之前我能够更好地认识到负面情绪的积极信号，也许就能更有准备，不但可能避免一笔不小的损失，甚至还有机会把握住这一次反向运动。

所以对待负面情绪，不要一味地排斥、回避或打压，你应该包容、尝试去理解并做出回应。你要有种信心与底气：**生活中发生的每件事，都有其意义，并且最终将有益于我。**

直面贪婪与恐惧

即便交易中最负面的两种情绪——贪婪与恐惧，都曾在人类进化中有效地帮助过我们。正是源于对食物等生存资源的贪婪，才促使人类不断改良生产技术；也正是对恶劣生存环境的恐惧，才逼迫我们不断提升自身的能力。这两种情绪在推动人类进步的同时，也已经在我们的心底深深地烙上印记。所以不用仇视它，我们要直面它们。

生理学的情绪

我们曾经从生理的角度探讨过贪婪，那么恐惧呢？

从生理现象看，人在感到恐惧后的正常反应是：肾上腺素大量释放，机体进入应急状态，心跳加速、血压上升、呼吸加深加快；肌肉（尤其是下肢肌肉）供血量增大，以供逃跑或抵抗；瞳孔扩大、眼睛大张，以接收更多光线；精神高度集中，以供迅速判断形势。

肾上腺素把大脑与皮肤上的血液驱赶到四肢中，这时普通人的判断能力会有明显的降低。而危险时刻，又需要迅速做出选择：是战还是逃？如果你迟迟未下判断，或还在左思右想地细细琢磨，那么你就已经输了。对于大多数人来说，超出自身承受压力的肾上腺素分泌是可怕的，它有可能会使你在受到攻击时，僵立不动。

反之，一个具有坚强神经的人却可以有效利用肾上腺素。拳王泰森的教练卡斯就经常说："恐惧是卓越者之友。"他的意思是：能带来恐惧的肾上腺素分泌，同样也会使一个人勇于战斗。世上所有的人，在出生以后都天生具有心理上的求生斗志，也称作"焕发机制"。这是一种超常反应能力，经过压力培训的人，再遭受压力刺激时，这种反应能力就会促使肌肉、荷尔蒙及精神状态发生改变，使我们能以超出平时的体力去对付威胁。

让规则帮助我们

贪婪与恐惧皆非我们的世仇，且恰恰曾帮助过我们，只是由于投机市场是一大群人的游戏，其中的多数人又都具有了相类似的情绪反应，如此团体的共振，就形成了奇特的羊群效应，让正常的情绪反应变成一个劣势策略（大众总是错误的）。这才是交易中贪婪与恐惧的破坏力。

在心灵交易中，贪婪与恐惧并非能就此烟消云散，人与生俱来的习性是用来尊重而不是消灭的。如小鱼，虽然我深刻地体悟了贪婪与恐惧的巨大破坏力，但是依旧无法避免，遇到顺利，赚了些小钱，贪婪之草便立即破茧，雨后春笋般地肆意蔓长。幸好我们有系统，有规则的帮助，从目标设置，到以损定量、时间止半、离场把握、头寸管理等，我们已经有太多的内容在帮助我们缓解这两种情绪，所以并不是我们不再受贪婪和恐惧的胁迫，而是我们将其视为一种必然的情况，一种自然的情况，我们不再因为惧怕本身而感到惧怕，我们会向灵发出祷告，并在自身不再自我纠结、冲突后跳将起来，做出合理的动作。

在这方面，索罗斯是真正的大师，他从事了大量高危的杠杆交易，他也会经历困难，面临贪婪与恐惧威胁，他是如何处理的呢？

1987年之前，美国股市一直表现得很好，牛市已经持续了很多年，索罗斯关注到这个现象，并且透过种种基础分析，发现了市场的不稳定。当时，有另一个与当下中国奇迹类似的奇迹——日本奇迹，日本经济于20世纪60年代开始大发展，到80年代后期，地产与股市齐飞，上涨的速度远远超过其他西方经济体（有专家称：当时东京所有地皮的价格，合起来已经超过整个美国），而日经指数更是高达25 000点。

索罗斯认为日本股市的表现已经过头，他认为一场股灾即将降临，而重灾区无疑就是日本股市。于是就大量放空日经指数期货，并同时做多了美国股指期货，形成对冲。如此，索罗斯就不用担心崩塌的一刻何时来临。只要来临时，日本股市的表现弱于美国股市就可以了。

索罗斯错了，他看到经济的实质，却忽略了政治因素。1987 年 10 月 19 日，著名的黑色星期五，道琼斯指数一天暴跌 22.5%，举世振动，全球纷纷暴跌，日本股市也不例外，但由于日本的泡沫太大，政府出于对泡沫破灭的恐慌，大举入市托举，最终日本股市的跌幅居然大大小于美国，量子基金遭遇了空前的损失。这时候，你会怎么办？

我很愿意设身处地地换位思考：恐惧、不解、困惑甚至气愤的情绪一定会在索罗斯的心里翻腾。当你担负巨大损失的时候，你必然会恐惧；当你身处乱局，无法看清真相的时候，你一定是困惑不解的；当你知道日本政府愚蠢地托市，你一定会因为它莽撞自大而气愤。但是在你感受这些情绪的同时，在肾上腺素升腾的时候，你必须做出明确的选择。

索罗斯的选择是立即撤离。他开始在 230 点出售他的 5 000 份道指期货合约，但没有买盘，于是一路向下求售：220 点、210 点、200 点，最终索罗斯以极低的价格抛售成功，而讽刺的是，随后期指大幅反弹，居然收在将近 245 点。索罗斯甚至还在期权市场上买入大量的看空期权，以对冲他自己庞大的头寸，当时很多著名的交易手，都宣称自己在市场极端恐慌的时刻，吃到了索罗斯的"肉"（由于索罗斯的恐慌抛出，他们勇敢买进，并在随后的反弹中快速获利）。

索罗斯在那一役中损失惨重。他坚持了原则，但立即抛出的原则却让他雪上加霜。但是我们必须为他鼓掌，一个坚持原则的人，即使面对最困难的场面也能够痛下决心。你知道为什么他这样做是对的吗?(必须注意的是:立即离场的策略造成他巨大的损失,在期货市场中,5%的差别就足以致人死地,何况单单一个离场他就损失百分之十几。)因为他的果断,避免了恐惧心理的反复纠缠,而任何一个交易者,如果把自己放在贪婪与恐惧的状态下,那么彻底亏损只是时间问题。

心灵交易的规则其实已经能很好地控制贪婪与恐惧,不是不让它们发生,而是能让它们不长大。但在实际运作中,我们还是发现,市场总会诱使你违反规则,像索罗斯这样的例子,如果被一般人总结,肯定会懊悔自己立即离场的决定,人们总会说:"为什么不等反弹以后再离场呢,这样损失不是大大地减少了。"是的,也许吧,但在你撤离头寸之前,市场也可能更深一步的下跌。

我们应该始终牢记的是:**并不是某个决定(体系)让你成功的,而是你坚守了那个决定(体系)。**

▌性格,自我判定的性格

如果情绪是一张网,那么性格就是那只蜘蛛。同样的刺激,每个人的情绪反应与应激行为各有不同,其中差别的重点就在于性格。

如果说市场是一种情绪,而交易是自我情绪与市场情绪的共振,那么研究性格对于交易就有莫大的意义。

性格在很大程度上是天生的,你也许看到过九型人格这样的分类,但是千万别太当真,因为性格是个复合体,它是如此复杂与多变,以至于几乎没有雷同的性格。在交易这个行业中,会有很适合的性格,也会有很不适合的性格,而且处于两端间差别巨大。大部分人的性格都与交易所需要的品性格格不入,而只有其中少数中的极少数，他们性格的齿轮仿佛就是为交易而设计的，你会惊讶地发现他们勇猛莽撞，却在大笔地掘金，而当风险来临，众人皆醉时他们又突然谨小慎微的飘然远去。但这样的传奇必须经过时间的考证，很多人一时得势，却在运气远离时败走麦城。真正的天赋异禀者不是千里挑一，也不是万里挑一，而是十万，甚至百万挑一。由于机缘巧合，小鱼认识了不少赫赫有名的交易员，可惜大部分优秀交易员即便优势巨大，却都潜藏着一些深层次的核心风险，真正的大师凤毛麟角。

我自己的性格在适应交易方面就算比较差的，没有办法，我们必须尊重现实。当然，任何一组系统配件不会都是优点，没有缺点；反之，一组劣势性格（相对交易而言）也一定存在属于自己的闪光点。这就赋予了我们研究性格的价值——如何扬长避短，尽力展现自己的优势。

在性格分类的世界里，充满了专家，比如算命师、巫婆、占星术、血型论者都曾占据一席之地。这让各种性格分类中充斥着太多的唯心主义，毕竟还没有哪位科学家能拿出一张详细的性格解剖图。于是当一些别有用心又别有技巧的人察言观色，说你追求内心平静，渴望被关怀，力求公正，却常常得不到时，你可能会惊叹这位大师的神奇预测力。其实你把这顶帽子戴在任何一个人头上，谁又能完全否定呢？所以，我们必须明了，性格分类是门模糊科学，而且鉴于性格的双重性与复杂性，我们不应该把性格划分过细，定位过于明确，否则无异于画地为牢。

如果我们把与交易相关的性格拿出来分类，那么以下是小鱼抛砖引玉的部分。

从感官来分类

久违碰面的好友相见，寒暄必不可少："你看上去气色很好啊"

"你说话听起来中气十足，身体很棒""你一进来，就感觉你很有精神"，如此的三句问候语有什么差别吗？

人类感知这个世界，依靠的是自身的五大感官，分别是视觉、听觉、触觉、味觉、嗅觉。其中最常用的是前三大感官，在不知不觉中，我们总是优先使用最擅长的某项感官，或看，或听，或是去感受，不同的人运用时各有侧重。我们也依次把他们分为视觉型、听觉型与动觉型。

考察自己的类型，只要回忆一下自己学习的过程，最善用何种记忆方法：喜欢看，阅读的过程脑海中经常浮现画面的就是偏视觉型的；看不过瘾，需要念出来才比较记得住，那就是偏听觉型的；听、看的印象都不深刻，需要实际去体验、去感受，就是偏动觉型的（也称触觉型）。每个人都会大量使用自己的这三大感官，只是一定会有所侧重，那么厘清自己偏重哪种感官特性，对于交易的意义何在？

在交易中，行情波动或信息传达一定是透过三大感官影响到你，那么其中一定有一种是对你影响最大的方式。比如：视觉型的你看到价格的跳动（那根波动的曲线）时，听觉型的你听到某通电话或电视台主持人播报行情时那种沉重的声音时，动觉型的人感受到那种山雨欲来风满楼的感觉时。

其中的细节需要你仔细的甄别，比如：小鱼是动觉型的，我在做交易时，出现情绪的节点一定也是看着电脑的，但这个情绪的节点是由于价格猛跌而产生的吗？很多时候不是。大多数时候，价格的猛然下跌我却置若罔闻——市场这样的涨涨跌跌太多了。但如果我在交易股票时，总感觉交易不畅（比如挂单总是不成交，向下移了几次却总有新的卖压抢先抛售，而即便成交，下方的承接量也远远不够等），那么即便当时的盘面只是缓缓地下跌，我也会感受强烈而迅速做出反应。

小鱼并非性格研究师，所以我无法告诉你，视觉型或听觉型的特征模式，但我们的重点并非厘清所有的模式，而是很关键地了解自己的模式，你要对自己的性格特征及情绪反应节点了如指掌。如此，当你最初介入市场（指新交易开始时），需要灵敏的反应来感知脉动时，你就知道借由什么模式最清晰了。同样，当你受到某种强烈刺激而做出强烈反应时，你也要把它记录下来，并在未来同样类似的刺激发生时，学会降低自己的反应烈度或至少在事后做出修正。

我们再来看——

敏感与钝感

敏感大家都理解，钝感是日本作家渡边淳一首先提出的。在那本字数不多的小册子里，渡边先生从被蚊子叮咬后，比较敏感型皮肤与钝感型皮肤的优劣，到做工作时被上司责难后，敏感型人才与钝感型人才的差别等各个方面介绍了钝感的好处。

交易中到底是敏感好还是钝感好呢？各有千秋。关键是我们要理解自我，理解其中的优势与风险点，针对性地扬长避短，而且把具体策略纳入相应的交易体系中。

在交易中，说到钝感力的优势时，我觉得有另外一个词可能更有表达优势，这就是胸怀。

胸怀

小时候路过寺庙，我最喜欢看弥勒菩萨挺着大肚子憨憨的笑脸了，记得旁边还撰写着这么两行字：大肚能容，容世间难容之事；笑口常开，笑天下可笑之人。

可惜我的腰围不足，肚量也差得太远，看见一些不同己的见解，总忍不住口诛笔伐。事后发现，自己也不常对，别人也不常错，很多只是见解的不同。这个看似不大的毛病，却是投机客的一个大患。就如我曾举过的例子：一个容不下不同意见的人，怎么能够容得下反向的行情？

你容不下行情吗？那么行情更容不下你。你将被行情涮、骗，被利润抛弃！

古语道：海纳百川，有容乃大。

这不但是千百条河川把清水都送给你大海，你还必须承接泥沙、污垢、肮脏甚至有毒害的东西。正是你包容下这些，才真正成为宽广。

追求型还是逃避型

其实人的一生，所有做的事就是八个字：追求快乐，逃避痛苦。快乐与痛苦常常同时存在，但每个人还是会有侧重，于是就可以分成追求型或逃避型。

你买房子是为追求更宽敞、更明亮，还是为了逃离过去的狭小、不适？你买车是为了更炫，有派头，还是为了逃避挤公交车时人挤人？其中一定有一个主导性的因素，这个最主要的因素就显示你是追求型还是逃避型。

追求也并不特别光荣，逃避也并非那么可耻。事实上对大部分人来说，逃避痛苦的力量要比追求快乐的力量更大。

索罗斯和巴菲特属于哪个类型呢？小鱼个人意见：索罗斯本质上应该是逃避型的，而巴菲特更趋向于追求型。

以寻找错误为寻得机会，以痛苦为风险导向并追认世界（市场、理论）的不完满……这些是索罗斯交易哲学的核心，而索罗斯在逃避

痛苦时的果敢与坚决为这一类型的性格树立了标杆。巴菲特呢，虽然
也是个谨慎主义者，但无疑是个乐观的谨慎主义者，在他的字典里，
如果一个企业现在美好，那么就意味着将来会持续美好，一直到出现
恶化的情况为止。巴菲特所要做的就是盯紧这个可能恶化的先兆。说
到巴菲特就一定不能不提另外两个人：格雷厄姆与查理·芒格，一位
是师一位亦师亦友，却都对巴菲特影响巨大。巴菲特 80 岁高龄却不
曾自己出书是可以理解的，因为巴菲特是种现象，而现象背后深刻的
思想内涵是包含在以上两位中的，小鱼对查理·芒格还缺乏深入的了
解，也许他以后会成为我们的另一位榜样。

自我判定型和他人判定型

回到性格中来，对于一个独立交易人最重要的性格划分还在于自
我判定型与他人判定型。

我们都需要社会的认可，这种认可对他人判定型的人意义重大，
对自我认定型的人则没有如此强烈，因为自我判定型的人还会用另一
个参照指标——自我。自我判定性强的人，当自我认识到不足时，即
使外界很多的赞誉与威名，也会继续埋头苦修；反之，即使得不到大
众的承认，他依旧可以坚守自己的成果并甘之如饴。

毫无疑问，一个优秀的投机客总是一个自我判定型的人。因为
在投机事业中，总有一种诱惑牵绊着你，总有一些责难影响着你。当
你下单尝试，市场证明你是错误的，及时止损时，"他"会问你："为
何妄动，你不是说耐心和等待吗？"当你对行情有些许感觉，但领悟
不深，选择退场观望，行情却走出一段单边行情时，"他"又会问你：
"为何没能把握？当初不是很有感觉吗？为何不设好止损，大胆操
作？"这些"他"包括你身边所有关心你的人，他们不会踢球，但这

不影响他们欣赏球，而评判的标准也有了，即是否进球。

他们没有错，你也没有错。

你会经常看见，大师们对一些大亏损处之泰然，对一些小盈利却耿耿于怀，无他，自我的判定。你的交易系统一定会容纳一些亏损，也一定将错失某段行情，这个系统是为你度身定制，也只有你才最了解，所以别让流言蜚语影响到你，你必须坚守自己的心。

我们必须顺应这个市场，我们又必须坚守自己的心。这个矛盾组合的前提是你必须先有自我判定的性格，然后再学会包容与顺从。这就仿佛一块岩石可以外面包裹着泥土与青苔，却无法是外面粘住许多小石头的一团泥。从性格的选项来说，这也许是最严格的一个选项，一个他人判定型的人是很难胜任独立交易员这样一个角色的，不过这不妨碍他成为优秀交易团队的一分子。

性格分析很像烹饪中了解食材的特性：红肉和白肉的区别，蔬菜的吸油性与出水性，各种豆类的软硬口感等，所以海参鱼翅是要用高汤煨的，吃火锅油重了就可以撒一把蔬菜，一个菜中各种食材软硬口感要尽量接近，而炒饭好吃的关键是蔬菜清淡荤菜则重口味……自我性格分析能够让我们尽快找到正确的道路，并根据自己的特性寻找到自己最匹配的事，比如质疑的性格更适合做风控而不是主操，这就好比体育运动的选材，测试骨龄以判定未来可能的身高，来决定你的未来可能是优秀的篮球手还是足球运动员。

当然，所有这一切的一切都是建立在大样本、大概率的基础上的，也就是说：从广泛意义上来说，是这个样子的。我们尊重这些，又必须注意到：并不特别高大的艾弗森可以驰骋在高人如林的NBA，喔，抱歉，不仅仅是驰骋，而是叱咤风云……好吧，这说明什么呢？这说明：性格是基础，是食材特性，我们要了解并尊重它但也必须尊重努力与磨砺，这就好像一个高压锅可以让硬硬的脆骨变成美味的"骨肉相连"一样，世界是因为尝试不一样而变得绚丽多彩。从客观的角度，我们必须谈到个性与天赋，但是在现实与梦想之间，我们又特别推崇磨炼与锻造，所以我们才有下一章——战士的修炼。

第 13 章

战士的修炼

在本章中，我们也会有一些伟大的老师，他们都是竞技体育中的冠军。竞技体育与交易有很多类似的地方，但它也有着自己的特殊性，那就是冠军只有一个。于是，这就成了一个高精尖中再寻找独一无二的事，所以从根本上来说，竞技体育比交易更残酷，而其中的冠军也更伟大，因为那里没有最高，只有更高，没有最好，只有更好。

▋枯坐三年的勇气

要有在一块石头上枯坐三年的勇气。

——一位日本交易大师

世间万物变动有序。

你想看日出，一定要等过黑夜；你想观察月全食，那就等到太阳、地球、月亮同处一条直线；你想向哈雷彗星挥手致意，错过了上一次，那么就必须再忍耐 76 年。而我们交易人一旦做好准备，总期待大行情立即发生，我们总忘记宇宙是宇宙的宇宙，世间是万物的世间。所以，收拾起内心的小性子吧，学会耐心守候。这种耐心甚至要求你能够端坐三年不动，对于一个满腹论点论据，内心对大行情激情澎湃的投机客而言，这实在需要莫大的勇气与决心。

越不容易做的越有价值！把一颗飞驰而来 0.3 磅重的小球击出近百米绝不是一件可以轻松办到的事，所以它又被称为本垒打；在桥牌中，赢得一局中所有的叫牌就是一个牌手的梦寐以求，所以它被叫作大满贯。姜子牙临溪而鱼，曾国藩也曾闭门养性，他们玩的都是耐心。

等待特殊的一天

索罗斯一次拜访他的朋友——摩根公司的战略投资家拜伦·韦恩时，对他说："拜伦，你的问题在于你每天都上班，而且每天都认为你应该做些事情。我不是这样……我只会在上班有意义的那些日子上班……而且我确实会在那些日子做些事情。但你每天都上班，每天都做事，你不知道哪一天是特殊的。"

1914 年 6 月 28 日，一个名叫普林西普的年轻人射出的两颗子弹，触发了长达 4 年的第一次世界大战；1985 年 9 月 22 日，五国集团在一家名叫广场的饭店签署了促使美元贬值的协议，其后的两年，日元兑美元升值 51%，并引发日本长达十余年的经济低迷。第一次世界大战的成因并非那个瘦弱的年轻人，早期的普法战争、欧洲传统势力的利益争夺才是其根本，但铁与火是在那个特殊的日子后才开始剧烈地燃烧；广场协定前的美元就有些弱不禁风，美国大量的贸易逆差与银行坏账是根本元凶，但美元大幅贬值的基调是在协定签署后才被确立下来。这就是特殊的一天！

巴菲特说，投资的诀窍就在于：如果无事可做，那就什么也不做。

是的，投机客必须寻求一个共振，自我准备与市场触发间的共振，在此之前，什么都不做，做做功课足矣。

等候的耐心与持有的耐心

交易中的耐心一定还包括两个方面：时机的等候与持有的耐心。广场协定前的两年，索罗斯已经持有非美货币了，并因此承担了不小的亏损，但是耐心使他坚持住了，并在那个特殊的时刻，再次重拳出击，斩获其职业生涯最丰厚的利润之一。2006 年巴菲特在白银暴涨时果断地出售获利，获得 500% 的收益，这批 1.3 亿盎司的白银是他在 1998 年白银价格极度低迷时建的仓，然后 14 年抗战式的坚持，让巴菲特获利丰厚。

我们必须学会耐心等待，等待机会的到来，此后，我们还必须耐心等待，等待时机变成滚滚的利润。那么我们如何在交易中培养自己的耐心呢？这让我想起一本书，一本当代中国人的巨作——《狼图腾》，也许阅读以下文字能让我们寻找到一些答案。

狼群似乎还没有下手的迹象，陈阵对狼群的耐性几乎失去了耐性……老人压低声音说：打仗没耐性哪成。天下的机会只给那些有耐心的人和兽，只有有耐性的行家才能瞅准机会。成吉思汗就那点儿骑兵，咋就能打败大金国百万大军？打败几十个国家？光靠狼的狼劲还不成，还得靠狼的耐性。再多再强的敌人也有犯迷糊的时候。大马犯迷糊，小狼也能把它咬死。没耐性就不是狼，不是猎人，不是成吉思汗。你老说要弄明白狼，弄明白成吉思汗，你先耐着性子好好地趴着吧。

陈阵不敢再多问，耐着性子磨炼自己的耐力。陈阵用镜头对准一只狼，这条狼他已经观察很多次，它几乎像死狼那样死在那里，半天过去了，它竟然一直保持同一姿势。过了一会儿，老人缓和口气说：趴了这老半天，你琢磨出狼还在等啥了吗？陈阵摇摇头。老人说：狼是在等黄羊吃撑了打盹。

陈阵吃了一惊，忙问：狼真有那么聪明？它还能明白要等黄羊撑得跑不动了才下手？

老人说：你们太不明白狼了，狼可比人精。我考考你，你看一条大狼能不能单独抓住一只大黄羊？

陈阵略一思索，回答说：三条狼，两条狼追，一条狼埋伏，抓一只黄羊兴许能抓住。一条狼想独个儿抓住一只黄羊根本不可能。

老人摇头：你信不信，一条厉害的狼，独个儿抓黄羊，能一抓一个准。

陈阵又吃惊地望着老人说：那怎么抓呀，我可真想不出。

老人说：狼抓黄羊有绝招。在白天，一条狼盯上一只黄羊，先不动它。一到天黑，黄羊就会找一个背风草厚的地方卧下睡觉。这会儿狼也抓不到它，黄羊的身子睡着了，可它的鼻子和耳朵不睡，稍有动静，黄羊蹦起来就跑，狼也追不上。一晚上狼就是不动手，趴在不远的地方死等，等一夜，等到天白了，黄羊憋着一夜尿，尿泡憋涨了，狼瞅准机会就冲上去猛追。黄羊跑起来撒不出尿，跑不了多远尿泡就颠破了，后腿抽筋，就跑不动了。你看，黄羊跑得再快，也有跑不动的时候，那些老狼和头狼，就知道那一小会儿能抓住黄羊。只有最精的黄羊，才能舍得身子底下焐热的热气，在半夜站起来撒出半泡尿，这就不怕狼追了……

资料来源：姜戎.狼图腾 [M]. 武汉：长江文艺出版社，2004.

每当我沉不住气，想要盲动的时候，我总会不自禁地拿起《狼图腾》，翻看其中的智慧。在残酷的物竞天择的大自然，所有生命的存在都必须依靠生存的智慧。市场就是那一片丛林。我常常想象那只趴着数小时就像死去的狼，那个寒冷夜晚不睡觉，面对近处的美味不动心，静静趴着守候的狼，想象它的寂寞，它的忍耐。当你把自己融入一条旷野里孤独的狼，你就自然地拥有了狼的本性，忍耐、再忍、一直忍、忍常人所不能忍，直到别人犯迷糊时才一跃而起。

孟子说：所以动心忍性，曾（增）益其所不能。

观察与跟随

忍耐的过程也是仔细观察的过程。在黑暗中伏下身，并耐心守候，绝不意味着你可以打盹，你必须仍然时刻留意猎物的动向。在实战中，很少会再现如教科书般的经典，也不是每只黄羊都在固定的时间尿急。老人的故事，告诉你的正是：在耐心中，还必须有一双敏锐观察的眼睛，如此，任何事况的发生，你都可以找到对你有利的一面。

2008 年初春的那一场大雪，你一定还印象深刻吧，由于南方地区从未经历如此的雪冻，大量房屋、电线被压断，一批农作物受灾，其中中国食糖的重要产地广西和云南都在此列。所以，顶着上一年度巨大的白糖库存，一批多头资金乘势把白糖期货合约大幅炒高。我得到的情报是受损并不严重，而且当季甘蔗收割早已结束，要影响也是对下一年份糖产量的影响，所以在上涨的最初没能及时跟进。而主力的炒作也是非常凶悍，短短七个交易日，就大涨了近20%。我一时的犹豫就错过了良机。

巨大的库存始终是达摩克利斯之剑，在上涨两周之后，我也敏锐地观察到，白糖在高位居然放出巨阴，并连续下跌破位，如此在自己的判断与市场的走势形成共振后，我们需要做的就是轻松跟随，果然，白糖期货其后继续下跌，甚至跌穿了最初的平台。我截取下面的走势图（见图13-1）一窥当时的情景。

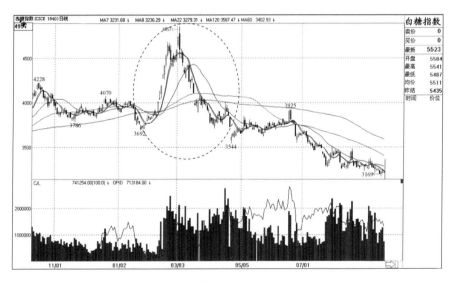

图 13-1

这就是观察与跟随的力量，避其锐气，击其惰归。

观察与跟随模式还蕴含这样一个假设：主观判定后，还必须尊重客观的事实，绝不先行情之动而动。利弗莫尔就是其中的天才，即使他已拥有了明确的观点，仍会耐心地守候，等待、观察盘面的异动，只有行情突破他称为关键点的时候，利弗莫尔才会真正忙碌起来，对于这种忙碌的效果，他曾总结说："每当我拥有足够的耐心，等到那关键的一刻，那么盈利就是非常自然的事。"

巴菲特也是尊重客观的专家，他能读懂太多的年报，却不会让投资决策仅仅依靠数字与想象。运通公司危机时，巴菲特曾守在小卖部前，观察人们是否还与往常一样使用运通卡，然后才打出那记成功的安打。对此，小鱼非常佩服，我深刻地了解，对于一个擅长思考的人，一旦形成自我的观点，是多么容易陷到自我想象的意境中。但巴菲特不是，他还会让现实来说话：有一次，为了投资一家公司，巴菲特专门站在火车站数油罐车。

索罗斯则是政治观察的高手，他对各国政要的性格及过去的言谈论点了如指掌，他善于从细微言论的变化中察觉市况的变化。1992年，索罗斯狙击英镑，赢取 10 亿财富，正是他从德国央行行长的一段讲话中，聆听到了英镑贬值的发令枪声。

在第 10 章中，我们讨论了大师的假说——我们可以精心构建一个假说，并借由这个框架来观察这个市场，当市场起舞并触发那个临界点时，我们快速地跟随。这其中，我们并不需要成为伟大的先行者，却可以成为收益的快速获得者。用框架来规避市场的无序波动，并凭着观察趋向而快速跟进，这就是投资大师的奥秘。

▮ 优秀战士的养成

一名优秀战士的成长，除了技能的训练以外，很重要的是心态的打磨。什么是心态？你的性格、你的情绪反应以及这种反应与市场走势共振，反应之再反应，其后这些会在我们内心形成一个烙印，这个烙印就构成了你当下心灵所处的环境。

心态就是你的心理状态，它会神奇地影响你的各项技能与表现，它既可以是助力，也可以是天堑；它可以成为撑竿跳高运动员手中的那根撑竿，也可以是横亘在运动员面前的那个阻竿。真的有那么神奇吗？

郭跃与张怡宁

郭跃是女乒男子化打法的代表，速度快，搏杀凶狠，技术全面。在一场决赛的一二局，郭跃全面占优，获得了 2：0 的领先，用邓亚萍的话说："郭跃把张怡宁打开（调动开了）了。"但随着张怡宁在第三局大比分获胜，乒坛一姐很快卷土重来，连扳四局，以 4：2 宣告王者归来。郭跃究竟输在哪里？我们来截取几个镜头，看看这细微的几分的差别。

轮到郭跃发球，张怡宁回球略高（邓亚萍正说着这是个机会），郭跃抽球滚网而出，反输一分。请听邓亚萍的评价："这样的球很可惜，过于草率处理了，这样的球不但是失掉一分，更重要的是给了对手信心和勇气。"旁边另一位教练评论："这样的球我粗粗计算下，郭跃至少有四个了，而张怡宁一个也没有，四个就是八分……草率处理球的关键还是在训练上，我们教练平时训练时就要盯紧，要让队员养成认真处理每个球的习惯。"过了两分钟，邓亚萍接着评论："现在你看郭跃的技术动作还是很好，但其实心态已经有了变化。在比赛中，尤其是这种最高水平的比赛，我们在场上时，就在拼命地观察对方，当你出现了这种无谓的失误，对手就会知道，你的信心弱化，这样她会心态很好，因为她知道，即使不把你打死，只要多进行几个回合，你一定也会坚持不住。"邓亚萍顿了顿说："不打草率球，说到底还是检验你的训练水平，你平时怎么练的，这时候就表现出来了。"

从邓亚萍对比赛的描述，我们可以看出一名优秀战士最重要的两个因素。①能力。能细致认真地对待每一个球。比赛中出现失误是正常的，但这种失误的多少是与平时训练的水平密切相关的。冠军的得失首先在于训练的水平。②心态。失误的另一个原因就是心态，你要战胜对手，在能力相近时，最重要的就是要从心态上战胜他。在比赛中，不断地研究对方，寻找对手的弱点，从对手最细微的"怯懦"中寻求力量。那么自己的心态呢？优秀战士把心态扔给了对方。

在交易中，我们是否也打"随手球"呢？实在太多了，一般的投资者，80%以上的投资行为都是兴致所至。即使专业选手，随手球的比例很多人也超过40%。那么这些随意投资的效果如何呢？翻看自己的交易记录，相信会让你有很痛心的感觉。我就是这样，经常感觉一来，就开出一张随手单，最后又由于自己的底气不足，而无法坚守。我们在讨论止损的章节时曾经说过，无计划的开仓，亏损后的停止行为不叫止损，只能叫砍仓。大量交易3年以上的投机者，不是爆仓死的，也不是止损死的，是反复砍仓砍死的，这个反复砍仓的成因就是随手单（随手球）。

优秀的战士很有耐心，他会一直观察对手变化或瞬间划过的弱点。对手也许技术能力很强，很善于伪装，但只要耐心守候，可能是一个擦边球，也可能是一个滚网球，当幸运的天平稍稍倾斜时，紧紧抓住，你要让倾斜化为胜利！

我在业余比赛中经常采用这个方法，平时不紧不慢地发球，一旦对手出现失误，立即加快节奏，缩短发球时间。这样的做法有效果吗？好得惊人！当人们出现失误时，大脑通常会做出反思，这个间隙，由于大脑的工作而降低了小脑的敏感性，然而你加快发出的球已到眼前，他匆忙应对，从而忽略了之前每次的提前预判，是的，也许这个愣神只值 0.01 秒，但足够了，乒乓板型的一个细微变化足以让球下网或出界。你的"紧紧抓住"让他接连失分和处于被动，他急于反思寻找问题的所在，而你紧盯他疲于反思的时间……

有经验者能从混乱中快速清醒过来，但也许 3 分就此失去，对于 11 分争胜的局赛，这几乎具有决定性的影响。

交易也是如此，你追寻市场的节奏总有幸运或不幸时，输赢的关键不是你幸运的比例有多高，而是当你不幸时，你的心态能否快速地修复，并重新回到正确的轨道。小鱼必须提请你注意：这个正确的轨道绝不单单是你恢复了正常状态，或者是不再暴露缺点给对手，不，在争夺冠军时那绝不足够，足够的正确轨道是你要像狼一样恶狠狠盯住对手，时刻抓住对手的任何闪失而发起攻击……

这就是——

王者之气

老虎喜欢画眉，所以在眉宇间书了一个"王"字。

小鱼有次调皮，春游时看老虎，却绕过假山去到后面的饲养屋，天可怜啊，供饲养员进出的木门居然没锁上，小鱼瞬间划入。里面有点暗，中间是小道，两边是关老虎的大铁笼，双层的，厚厚实实。为了一见真容，小鱼往里进了两步，"嗷呜"，一声低吼，小鱼只觉得心胆俱碎，步子都迈不动了，好一会儿，回了个神，赶紧撤出来。

老虎不看了？远看老虎要钱，近看要命啊！

虎啸有两种，一种是它在高岗上吼，那纯粹是皇家贵族兼梨园票友没事亮个嗓子；还有种就不太讲礼貌了，那是看到食物（或对手）

时，进攻前的一声低吼，效果怎么样？我觉得我很同情小花鹿、小獐子和那些野猪，并对武松先生有了更崇高的敬意。

那就是王者之气，仅仅一个逼视一声低吼，就令对手心神已乱。

王者之气不是让你练嗓子，而是那种由刻苦训练形成的心态，面对对手，树立的必胜信念。这是一种潜意识，它意味着你始终会以一种胜利者的心态在训练中严格要求自己，以一种胜利者的心态在最艰难的时刻保持耐心，以一种胜利者的心态在比赛中捕捉对手的弱点，以一种胜利者的心态在机会来临时，决绝果敢，风卷残云般地制胜。这种信念的养成，是每个冠军必需的。

银背

在竞技世界中，一位伟大的世界冠军的养成是需要很多苛刻条件的。翻开张怡宁的荣誉史，5届世界杯，2届世乒赛，蝉联两届奥运金牌，获得19次世界冠军，甚至在此项纪录中超过了女乒一姐邓亚萍。

而在张怡宁之前，上届领军人物王楠也是赫赫威名，更有意思的是这两位世界冠军曾经身处一室，度过了芸芸纷说亦敌亦友的7年。在这7年中，师妹张怡宁曾经被笼罩在王楠的光环下长达5年之久，在最后阶段，张怡宁在技术水平上甚至已经超过了王楠，但就是在比赛中无法用胜利体现出来。这个故事很像银背的诞生。

据说，在大猩猩的世界里，可以分为两种，一种叫银背，另一种叫非银背。一个大猩猩家族通常有20头左右，但背部长着大片银色白毛的只有一头，这就是首领银背。年轻的大猩猩无论多么强壮，在没有赢得领袖之争前是无法长出那片银白、耀目的银毛的，因为冠军是要打出来的。

从练好到打好再到新旧冠军的交替，对于外人来说，也许只是冠军奖座一个名字的变更，但这对于厮斗中的大猩猩、对于两位华山之巅的剑士来说，绝不容易！有人统计过张怡宁在三大赛上的输球纪录，仅有9次，而这9次之中有5次都是败给了王楠，可以说，王楠就是张怡宁的一道坎，就像那个依旧强壮并充满了底气的银背。要击败冠军不但是技能，更重要的是要比冠军更有底气，而这种底气的积攒需要一次次的磨砺。乔红之于邓亚萍，李菊之于王楠，客观因素固然不少，王者之气的缺乏却是关键。

所以小鱼说：交易员也分为两种，一种是会赚钱的，一种是不会赚钱的。而在这两者之间的区别除了技艺以外，很重要的就是赢家心态。

训练对于交易的意义

金融交易，很类似残酷的竞技体育，区别在于：所有的竞技体育比赛，参赛选手都经过刻苦甚至是地狱般的训练。但拿真金白银在金融市场搏杀的选手，却大都是跳过训练环节，直接上赛场的。

实战当然也会产生伟大的胜者，但业余高手很难抵挡真正的专业选手。我作为一个有近30年球龄的乒乓爱好者，居然可以很轻松地输给一个年龄只有我球龄一半大的小女孩，区别只在于她受过2年的专业训练。

这几年，国内企业频频涉足海外市场，却屡屡失足，屡屡被阻击，为什么？现象的背后折射的应该是缺乏严格受训的高素质专业人才。我们的选手也许是硕士、博士，理论知识一大堆，但是对于真正人性方面的理解与研究呢？据此对自我的修炼呢？没有真正的专业训练，没有残酷的对自我个性的磨炼，没有在平时培养自己的"王者之气"，在鲨鱼密布的金融丛林里，我们怎能生存？

我还想到了未来的金融战争，中国的起步晚了100年，但如果我们能以专业的精神来做，对一批有志者进行几年的系统训练的话，那么可能胜券在握。这种训练当然不是教他们什么只赚不赔的江湖式的吆喝，也不只是CFA这样的纯理论学习，而是如同所有竞技体育做的那样，把专业知识能力与心理调适融合在一起的训练。这样一群技术上有功底，心理上有磨炼的交易员，将会在一群业余的投资者队伍中产生怎样的效果呢？我想到了狼入羊群的画面。

国家从长远考虑，应该来做这件事情。隐形的金融战争已经开打，而随着中国资本项目的进一步开放，我们的金融交易将从全运时代进入奥运时代。这时，培养世界级选手的意义就会更加重大。无论如何，教育、培训付出的成本永远是最低的成本。

知行合一

在知与行的问题上，最受推崇的应该是王阳明的心学。它的影响之大，甚至远达东瀛，日本大将军东乡平八郎就一生珍藏着一块"一生伏首拜阳明"的腰牌。心学提倡的是"知中有行，行中有知"，即知与行是一回事，不应一分为二，而应该知行合一。同样，

> 千里之行，始于足下。

在心灵交易中，不但要知道目标管理、以损定量、时间止半、风险控制、离场把握、平衡、弹性、情绪控制等的价值，更重要的是你要在生活中不断地训练自己，如此方能在实战中运用自如。

生活就是做盘

其实到最后，你会发现，自我交易能力的进步，就在于你必须修正自我的许多缺点，而这些缺点也正是你在生活中所呈现的。所以心

灵交易中的修炼，并不都需要你一定在盘面上修炼，生活中同样可以得到完善。

在心灵交易中，我们理解了生活与交易互通的秘密：一个人明明知道止损的重要性，为什么在到达止损价时却迟迟不愿意采取行动呢？只要观察下他每天清晨闹钟响后的反应——按掉，把闹钟塞枕头下，拖延了 2 分钟又 3 分钟。有这样生活细节的一个人，要让他立马斩仓，可能吗？

市场如战场。部队里为什么把士兵都训练成 1 分钟上床，10 秒钟起床？为什么要穿着靴子睡觉？因为战争是残酷的，子弹从不会抱怨人们多睡了一小会儿，它们都很乐意成人之美——想睡的人就永远地睡吧。市场也许比战场要善良一些，不过你依然会看到，训练有素与没有训练的差别。

战斗由训练开始，训练要从平时的生活中做起。把生活的细节作为自我修炼的一个过程，那就可以说：吃饭就是做盘，睡觉也是做盘，打太极也可以是做盘，一动不动地静坐更是在做盘。如果你把生活融入其中，那么，你 1 年的修为就可能是别人 3 年的修为。

模仿的力量

训练还有个好方法——模仿。它将让你突飞猛进，迅速见效。

我们知道每份成功背后都有其原因。所以如果你要达成你期望的那份结果，只要向那些已达成的成功者学习：模仿他们是怎么思考的，模仿他们是如何行动的，模仿他们的神情，模仿他们的信念，模仿他们的生理状态，那么你很快就能进入与他们类似的心境，像他们一样积极思考，像他们一样快速行动，也像他们一样快乐地收获。

我们也许没有机会在索罗斯或巴菲特身边工作，但我们已学会把成功的各个要素分拆开来，我们想要很好的执行力，我们想要处变不惊，我们想要有耐心，我们要学会坚定，并寻找学习的乐趣，没有问题，你周遭一定能找到这些单项的优秀者，分别去向他们学习，模仿他们。

模仿并不难，却不简单。但想想吧，一旦掌握了它，你就可以随时随地向任何你欣赏的人学习，这将会是多么幸福甚至灿烂的事。对此，我愿意为你介绍安东尼·罗宾，我人生的导师，全世界最成功的神经语言学家，他会教授你掌握这门技术的方法。是的，请注意他的用词，这只是一门技术，就像学开车一样，学会之前你会觉得似乎挺难，要关注路面、行人、车辆，还有自己的油门、刹车和方向……但实际上，任何一个会开车的人都可以告诉你，这些并不难，学会后甚至感觉棒极了。其中的关键就是如何模仿别人的内心储忆和生理状态。

▎交易七宗罪

⊙ 执行力不足。

⊙ 时常缺乏耐心。

⊙ 容易忽略细节。

⊙ 情绪波动太多。

⊙ 观察能力薄弱，偏于想象又不愿跟随。

⊙ 包容度低下。

⊙ 需加强必胜的信念。

这就是小鱼的七宗罪，当我把本书进行到尾声时，我也就越来越明白自己的缺陷，于是自己来找碴，工作也就完成得异常轻松。

找出问题正是解决问题的前端，这样就可以有针对性地自我修炼了，其中第一点——执行力不足一定是首要的斗争对象。我们就从军训开始吧。

军训

我很推崇军训，因为任何一位老交易员，都会知道交易中一根强韧神经的作用，还有就是坚决执行的价值。军训借由身体及生活习惯的训练，强化我们的意志。

定时严明的作息，熄灯号一响，一片漆黑；起床号吹响，一骨碌爬起来，没有理由，不许拖延。新兵训练也许是最难以忍受的，但越是艰苦的训练，越是你一生最值得回忆的。只有体会过极限的痛苦，才更容易达成精神的升华。

部队里有句口号：合理的是训练，不合理的是磨炼。要磨掉的正是你身上的骄娇二气。

有句广告词：越磨砺，越光芒。请问，你看完这句话是什么感觉？即将光芒四射了吗？错！这句话最重要的是磨砺两字——就是把你提溜起来，拿到挫石上磨，不要理由，没有解释。时间不是 1 分钟，1 刻钟，而可能是 6 个月甚至几年，总之全部由他定，你没有反驳的机会。如果经过这样的磨砺后，你没被击垮，没有神经错乱，没有从金茂 88 层往下无背包跳伞的冲动，那么才有后面的"越光芒"。否则，随便拿把菜刀磨两下，能光芒吗？

军训养成我们最好的习惯就是服从命令，无条件地服从，这是士兵的天职。而在交易中，我们既是英明的将军，也必须是服从的战士，我们必须站得高，看得远，又必须勇敢地冲杀在战争的最前线，这也许就是交易最难也最有魅力的地方。

军训之伟大意义还在于：培养耐心（解决"七宗罪"的第二条）。

所有简单、机械、枯燥并反复的单一动作都是培养耐心的好方法。我曾试过站桩，就是对着墙或一棵树双膝微曲地傻站。据说，这样做对身体也很有好处，我不敢肯定。但说到对耐心的好处是显而易见的，因为你会在最初的 600 秒内，对着自己千百遍地问："这样站立真的有意义吗？站站就能锻炼耐心？就能成功？"你会觉得痛苦，因为你觉得这是浪费时间，浪费生命。

敢于浪费就对了，我在丽江古镇看见某客栈的一块小牌上写着——浪费一生。我佩服地竖竖拇指，这真是有勇气，大勇气。我们的生命充满了大量的无意识浪费，时间从我们的手中如沙一般流逝。但真正有意识的"浪费"呢？恐怕谁也不舍得，谁也不愿意。**但所有你认为无意义的浪费，都会在生命的随后阶段中展现它巨大的意义，这就是小鱼定律。**

在人类还没有吃饱的阶段，把两块小玻璃叠在一起看星星，你觉得有意义吗？乔布斯当年在大学选修"如何写漂亮字"时，你认为他已看见现在的苹果了？同样，用生命中最好光阴的 3 年去参军，我当初不也感到很浪费吗？但是，正是这些无意义事件磨炼了我们的意志，培养了我们的耐心。当所有人都已经在砍树掏麻雀的时候，你还在那里磨柴刀，这当然很浪费，但随后的人生将证明耐心的价值。

> 如果勇敢是士兵的第一品格，那么忍耐则是第二。
>
> ——拿破仑

军训的好处是你不用站桩了，因为齐步操、正步操、绕圈跑、越野跑、罚站……早就能把你折腾够了。所以一次军训至少解决三个问题，除了以上两条外，还随带上了第三条：细节。

打磨细节

如果我们把心灵交易系统比喻成一辆新装配好的跑车——马力强劲，构造合理，我们是否就能高速驰骋了呢？那还要看这辆车各个部件配合的精密程度，常常几个小部件的不合规，就会将跑车变成老爷车。

交易有时候很琐碎，别人通常都无法帮到你，因为你的计划只有你最懂，也只有你最该为此负责，如果忽略了某些细节，那么未来受到处罚的也是你。你不能说：让我立个框架吧，然后你们去完成细节吧。你当然应该授权并分派工作，但最重要的部分，在你没有学到芒格或罗杰斯的本领之前，最好不要分出去。我有时候也想偷偷懒，但每次这样的时候，现实会让我做得更多，或者直接就处罚了我。

不注重细节的缺点同样在现实生活中会有反映：我在家时家务做得太少，总有些随意，不肯整理屋子，不肯把每件用完的东西迅速归位。屋子当然不会抱怨你，衣服或者书也不会，但盘面会，每次当我草草了事的时候，它就会对我大声咆哮，事实上不但是辱骂，通常它还会努力地鞭挞我。而我呢，我能抱怨什么？一个再伟大再巧妙的计划也需要细致地去执行，如果你干砸了，那么只能是你的错。

我以前不理解为什么日本人看到大清的北洋水师在炮台上晾晒衣服，会如此惊喜。现在我懂了，世间法则都有其存在的意义，如果你欠缺训练，那么就等着受苦吧。我不是吓你，我是吓自己。

修炼是种快乐游戏

如果你把缺点看成身上的烂疮疤，必须把它剜出来，用刀剔去烂肉，那么你感觉是痛苦的；反之，如果你把缺点理解成自己本来就具备的那些能力，只是岁月的风尘把它遮挡住了，你通过修炼再把它激发出来，那就会感觉快乐很多。就像举哑铃来锻炼你的肌肉，每一条肌肉与生俱来，只是你不常使用，有些萎缩了。你通过打沙袋或增加负重来磨炼它，你会流汗，肌肉酸痛，但随后，一身腱子肉就会呈现在你的身上，你之前的付出都是为了以后的"更有力量"。

具体来说，这和玩"帝国时代"时的种田挖石头，打"传奇"时的练级具有同等的功效。唯一的区别是当你强大的时候，你是在现实世界中真正强大了。

顺从

这个世界有个基本的原则——缺啥补啥！小时候你喜欢吃肉，那么未来你会吃上很多蔬菜；你脾气不好，以后会碰到个脾气更不好的，而你还得让着他；你好逸恶劳，最后却不得不干更多的家务活；你想象力丰富，最后恰恰让你脚踏实地。我承认这不是绝对的，但是我越来越多地发现这种现象。在我三十几年不算漫长的经历中，这种巧妙的对称型平衡已经开始反复上演了，这让我相信，看来上苍早有安排。既然如此，那就不劳烦它，我自己来改。

说这些，主要是说明，生活中的大部分东西，并没有谁比谁好，也没有谁比谁差。比如独特吧，就很好，但也不比平凡好多少。当你独特后，你必须学会平凡，因为这就是你再次进步的阶梯；同样一个平凡者的飞跃却可能是让自己独特起来。所以人生特性并无好坏，重点只在于缺啥补啥。比如有主见可以算个好习惯吧，但是当你一直很有主见时，就一定没有享受过顺从的好处。顺从的好处可大着呢，这是我最新观察的一个结果。

你是个女孩，很乖，男朋友会怎样对你？别人约你出来，你同意了，那么你就可以睁大眼睛看着他，而他必须对此负起责任，比如起个好话题，找个有趣的地方；劳拉提议进行某项活动，你顺应了，那么如何"好玩"这个责任就由劳拉一人承担；叔叔要求你做这件工作，而放弃那个机会，你顺从了，叔叔必然为你的新工作加上一点他自己的能量。你看，很多事你没有要求，但别人却心甘情愿为你做了，这就是"乖"的好处。我常常并不乖，所以很多好处都没体会到。

交易也一样，交易之所以挺难，就在于它挺变态。首先，它要求一个有独立见解的人才能真正去把握它，人云亦云的不行；然后，它在很多时候，又需要你顺从它，因为它有自己的小想法。我呢，常常做了一个角色就忘了另一个角色，每次当我按照自己的独特见解做单准备收获时，却常常因为忘记对盘面（暂时）的顺从，而被它甩在一边。

所以，如果你和我一样，通常自己做主，那么请在生活中多尝试顺从，这样做好处无穷；如果你跟我不一样，常常很乖，那么请你多一点自我主见，你会发现自主的乐趣。只有一个很有主见，又学会些顺从，允许别人耍些小性子的人才能真正驾驭这个充满奥秘的市场。

包容度

我批评过自己，缺乏大男人的胸襟，不够包容。其实，仔细观察，我并不缺少包容，只是常常对自己的看法太有信心，才至于武断。于是就呈现独特的小鱼风格，对大事包容不错，却对小事包容不足。但无论如何，包容都是件很美妙的事，它能让你和其他人一起快乐。

最近认识了一个人，也许是没缘分吧，我很难欣赏他，我之于他，大概也相当于他之于我。所以一顿饭局下来，二人形同陌路。再次朋友聚会，又见了，我见他进来，有些失望，感觉气氛也向下落了落。但很快，我想到了包容，一个人真正要包容的就是他难包容的事。那么对于这个我们彼此看不顺眼的人，有没有成为朋友的可能呢？我决定一试。

我在内心调整了自己的心则（内心对事物看法的标准），认识到即使他的行为、举止方式等与我的不同，也只代表他的习惯，而且如果这些习惯没有根本害处的话，我就应该允许。等这个调整完后，我就发现无论他吸烟，大声摇头地谈笑我都不会反感了。而后我再提问自己：他有什么值得我嘉许的呢？正好这时他唱了一首歌，歌声很棒。我上次听到时，我的心语是：这个人就是个自我吹嘘的花花公子。但这次，我很努力、由衷地为他鼓掌喝彩，因为这时候对于我，这确实是一首好听的歌，它带来了愉悦。结果如何？聚会结束，我们成了很好的朋友，彼此聊了很多，而我也确实发现，他是个很有意思的人。

我们常常看不惯市场，也听不进市场的不同声音，但是市场却依旧有着它的个性。当你与它拧着干，你收获的只能是亏损与痛苦。只有当你握有包容时，你才拥有了一种力量，它能化敌为友，化干戈为玉帛，也能化行情为收益。所以当下次再有你看不惯的人，或者拒绝你的人，嘲讽你的人，你都应该走过去，和他好好握个手，感谢他，因为正是他，给了你对这个世界另一种全新的见解。

必胜的信念

如果你一直这样努力的游戏（修炼），那么信心、信念以及必胜是迟早会有的，而且一定会漫过你的脚踝、膝盖、腰、颈直至整个头顶。信念是需要有基石的，你所努力的每一部分都会成为一块巨石。

为自己每天定出一小步，然后实现它，然后又是一步。在交易中也是，即使你已修炼很多，也一定要踏实地踩出每一步，千万别过于求快，你要保持赢家的心态。一个连续击打沙袋三个月的拳手，继续迎击的应该是手靶，而不是泰森。信心是一点点累积的，财富也是。幸运之幸运，交易不是竞技体育，它只允许一个王者，在这群浩瀚的人群中，我们只需期待自己是个胜利者，如此足矣。

第 14 章

杀人游戏[⊖]这种游戏

█ 乌合之众，相机而行

人类就是一群"乌合之众"？勒庞的这本研究社会（群体）心理学的经典读本《乌合之众》[⊜]，实在也是揭示市场本质的宝典之一。

勒庞研究的是群体性行为，他发现：

个人在群体影响下，思想与感觉中的道德约束与文明方式会突然消失。而原始冲动、幼稚行为甚至犯罪倾向会突然爆发，从而给予古典民主学说和关于革命的民主神话基础的人性画面沉重一击。

所有各种形式的群体性运动，在"集体潜意识"的作用下，个体心

⊖ 杀人游戏又称"警匪游戏"，是一种多人参与的较量口才和分析判断能力的推理游戏。

⊜ 勒庞.乌合之众 [M].秦传安，译.哈尔滨：哈尔滨出版社，2011.

理都会产生一种本质性的变化，人们变得更接近"动物、痴呆、幼儿或原始人"一样。个体会不由自主地失去自我，变得分外的简单和极端。

群体只认可简单与极端的感情，对于各种建议，要么全盘接受，要么一概拒绝，将其视为绝对的真理或绝对的谬论。

勒庞继续写道：

当一个人的时候，他清楚自己不能焚烧宫殿或洗劫商店，即使受诱惑，他也很容易抵制。但在成为群体一员时，他就会意识到人数赋予他的力量。出乎意料，抵制诱惑的障碍被一扫而空。

这本著于 1895 年的作品其实远非完美，但其中大段的文字却引起人们深深的思考，因为这些对群体性现象的描述，在其后的 100 年里，竟然无数次在人类史中重演。勒庞思想最大地挑战了 18 世纪后有关理性人的假设，理性在对抗那些人类文明动力中的感情（如尊严、自我牺牲、对荣誉的爱等）时，显得苍白无力。现今看来那些极端狂热、极端荒谬的群体性行为，当年不正是一个个理性人叠加在一起完成的吗？我们忍不住要问，谁该真正对此负责：是领导人，还是每个参与者，或者仅仅是历史？

勒庞对此有个非常精彩的比喻：

社会组织就像一切生命有机体一样复杂，而且通常它的智力都远低于人们的想象。

至此，我愿意放下书，问自己一个问题：如果群体性行为有着这些特征，那么作为既独立（操作）又融合（市场走势）的交易行为，是否可从中借鉴呢？

投机市场似乎完全是另一个群体性行为的翻版（或根本就是），

把一个简单的涨跌问题演化得无比的奇特与极端。对某些理由视而不见，反之，又因为一个很小的理由而狂暴不止。一会儿怒吼，一会儿又一泻千里，总是走在极端的两端。跟所有的群体性行为一样，你无法与它纠缠对错，因为即使它是错的，也总是错得轰轰烈烈，错得义正词严，错得让那些"正确的人"死无葬身之地。

再看大伙在投机市场以外的表现，一个个智力发达，精于计算，可一旦进入市场，却又很快失去理智，变得痴呆、弱小以及有原始倾向。"它会让吝啬者豪放，谨慎者大胆，温文尔雅者犯罪，懦夫成为豪杰。"看看这些勒庞用来解释群体性行为的语句，放在交易人群中是否也完全合适？

如此，我们便可以套用勒庞的思想——在投机这种群体市场中，理性并非一定成为赢家，因为市场总是莫名其妙的情绪化，它只接受简单与极端的情感。所以在引导群体时（注意，这是指市场主力试图引导市场走向时，而非个人做盘），无论你有多么高深莫测的理论或思想，都必须使之低俗化与简单化。群体中的人不需要理性的推导过程，他们只要结果，或者说只是个口号，例如，曾经的网络神话，所谓的商品超级大牛市，永远捂股永远赚钱的价值投资，还有正在逐渐成形的低碳经济……大多数身处其中的人了解他们的投资吗？不！他们投资的是美丽的幻觉。

勒庞做出解释：

说理与论证战胜不了一些词汇与套话，只有那些避免了分析与批判的观念，才能在群体眼里具有自然甚至超自然的力量，让群众"肃然起敬，俯首而立"。它们在人们心中唤起宏伟壮丽的幻想，也正是它们的含糊不清，使它们有了神秘的力量。个体人将各不相同的希望、抱负，全部抽象地赋予了那一词。

寻找解答

那么个体该如何有效地面对如此的群体性行为，勒庞有没有很好地解答呢？很遗憾，非常少。仅仅是有失偏颇地指出这些问题已经让他成为群体心理学研究的泰斗，这从另一面证明了我们人类对自身行为是多么无知。不过对于我们，这意味着：只要我们稍稍努力地前进一小步，也许就能走在时代的前列了。

为此，我重读了《乌合之众》，努力地从勒庞的思想中挤榨出些有效的解决之道。

相机而动

勒庞当然没有研究投机市场的群体行为，作为一个身处法国大革命之后，社会动荡，组织群起，群体力量正更多地在制度上体现的年代，勒庞大多的研究实例都在社会制度上。终于，在书末他对于陪审团制度的研究为我们提示了一些方法。

西方社会，司法的最终裁定是由各种人组成的陪审团决定的。如果你正站在被告席上，接受着一桩民事判决，你如何争取自己的最大利益呢？把事实说清楚，展现对自己最有利的证据，用逻辑严密的推理说清楚自己的无辜？

你以为的有效也许最后会体现苍白。陪审团也是个群体，他们对于说理与论证也许会认同，但一定不会超过情感的力量。看看最优秀的律师是怎么做的吧。

进行辩护时，他要留心观察陪审团。最有利的机会一直都有。律师依靠自己的眼光和经验，从陪审员的面容上领会每句话的效果，从中得出自己的结论。第一步是要确认，哪些陪审员已经赞同他的理由。确定他们的赞同不必费很多工夫，然后他应把注意力转向那些看来还没有拿定主意的人，努力搞清楚他们为何敌视被告。这是他工作中十分微妙的一部分，**因为指控一个人除了正义感之外，还可以有无限多的理由。**

辩护人不必让陪审团的每个人都接受他的观点，他只争取那些左右着普遍观点的灵魂人物即可。就像一切群体一样，在陪审团里也存在着少数对别人有支配作用的人。"我通过经验发现，"前面提到的那位律师说，"两三个有势力的人物就足以让陪审团的人跟着他们走。"需要用巧妙的暗示取得信任的就是那两三个人。首先，最关键的事情就是取悦于他们。

为了让读者印象深刻，勒庞举了一位著名的辩护律师拉肖的例子。

大家都知道，拉肖在刑庭审判过程的一切演说中，绝对不会让自己的眼睛离开两三个他知道或感到既有影响又很固执的陪审员。通常他会把这些不易驯服的陪审员争取过来。不过有一次在外省，他不得不对付一个陪审员，他花了大半个小时，采用最狡猾的论辩，但此人依然不为所动。这个人是第七陪审员，第二排椅子上的第一人。局面令人沮丧。突然，在激昂的辩论过程中，拉肖停顿了片刻，向法官说："阁下是否可以命令把前面的窗帘放下来？第七陪审员已经被阳光晒晕了。"那个陪审员脸红起来，他微笑着表达了自己的谢意。他被争取到辩方一边来了。

我无法不对人类的行为稍稍感到遗憾，但也忍不住为拉肖的"智慧"而惊叹。不过还好，我们即将面对的投机市场无关此类道德。我们还可以发现：市场并不完全认可逻辑严密，材料丰富，事先准备的"演说稿"（我们能从那些详尽数据与图表的分析文章中，深刻体会到这一点），无论你事先准备得多么充分，你都必须做好一个充足的准备——相机而动。根据市场的变化来做出应对。

随机应变，相机而动，根据市场的变化而变化。我们似乎只得到一个前人早就提及的答案。否！此山已非那山。我们了解了前因和后果，这样的答案如何是一些空洞的词汇所能涵括的。

如何提高这种能力？这是个好问题。其实我们稍稍展开联想的话，就会发现这种法庭的审判与辩护与一种游戏非常相像，这就是曾经风靡全国的杀人游戏。

▊ 杀人游戏

2000 年开始，它风靡全国，而且由于国人丰富的想象力与改编能力，它在各地的规则呈现异化：警察、匪徒、狙击手、医生等莫名的身份被纳入进去。不过，如果我们想对这种群体性心理行为进行研究，最好让我们回到这些版本的最初，也就是所谓的 1.0 版，因为这取材于一个真实的故事：

一群年轻人去一个古堡玩耍，突遇暴雪封路，进不来，也出不去。他们将会被困很多天，好在食宿都有，就安心住了下来。却不料当晚，其中一人被谋杀，由于不可能有任何外人，所以凶手一定藏在这群人中。由于担心晚上再有人被杀害，大家决定一定要把这个杀手找出来。

于是，大伙彼此质疑，互相问答，把自己心中最可疑的人指证出来，然后由大众投票公决（陪审团），如果某位同学最终被超过半数人群认可，那么他将被立即处死。

大家长舒了一口气，当晚继续睡觉。却不料第二天又有人被杀。于是新的一轮指认与辩解开始了。每个人都清楚，一定要尽快地把杀手找出来，才能保证自己的安全。他们能成功吗？

杀人游戏最初兴盛于硅谷，作为一种逻辑思辨游戏，2000 年前后传入中国。所有玩过杀人游戏的人，对于勒庞所说的群体性智障，都会有很深的感触。同理，当你阅读完《乌合之众》后，再来玩这个游戏，相信又是另一番抉择了。这何尝不是洞悉群体心理学，练习"相机而动"的好机会，也是一次辩护律师与陪审员合二为一的角色扮演。

不真实的真实

几乎从游戏的一开始，你就会发现游戏的异化。首先，不是每个人都会根据游戏本身场景来推演。很多人只是来找乐子，有人喜欢能高谈阔论的感受；有人喜欢那种置人死地的权力；有人只是在关心自己发言时的形象，是否能够吸引异性……不过，别以为这样就不能体现真实了，更不用为此而指责某人，在所有人类已发生的群体性事件中，哪一次不是众怀各胎的？于是，这些恰恰体现了最不真实的真实。

游戏开始运转，群体性心理渐渐浮现。这时，即使最聪明的成员也必须顺应这种心理。杀人游戏的最初，由于线索的缺乏，人们习惯于人为加快游戏的进程，让更多的细节浮现，往往倾向于草率地投票杀人。在这种群体性心理的影响下，善于逻辑推理的"智者"如果喋喋不休地试图推理、演说，并多方怀疑，那么通常他自己就变成第一个祭品。谁会喜欢一个饶舌者？于是这就成了死刑的理由。（指控一个人除了正义感之外，还可以有无限多的理由。）

群体性心理还会表现出随意性与传染性。任何在游戏最初得到两张选票（两个人指认）以上的人，通常很容易高票当选，而最终第一个被票选处死的概率也远远高于他人。因为当人们没有理由（或缺乏明确理由）的时候，人们会简单从众。

随着游戏的深入，线索会越来越多，但在指认杀手与陈述理由时，你依然可以看到逻辑推理的混乱，80% 的陈述一定是感性的、情绪的。疑邻窃斧的现象时常上演，你会发现自己"确认"某个杀手后，就会越看越像，而无论他如何"狡辩"。同时当有人认定杀手是你时，也常常如此执着，任凭你万般解释，发誓赌咒也无效。仔细追究那些似是而非的认定，你就会发现它来源于最初一个细微的发现，然后伟大的想象力就开始登场了。所以勒庞总结认为：**群体的想象力是强大、活跃而且敏感的。**

杀人游戏中的群体理性呢？勒庞说："**不能绝对说群众是没理性或不受理性影响的。**"但如果你说杀人游戏中的群众推导通常都很有理性，那么一定会有很多"老杀手"拉着手向你哭诉。而且在游戏中，就个体来说，确实呈现明显的反常性，很多看似柔弱的女性常常嗜杀成性；反而很多生活中的强悍者时常体现宽容柔和的一面，也许由于感受到群体的力量（柔弱者得到保护，强悍者得到抑制），因而人们更愿意展现性格中的另一层面。

让我们跳出勒庞的框架，看看我们还能搜寻到什么？

杀人动物园

首先从对游戏的态度上，你一定能找到这样一些人，他们是游戏的最投入者，以集体胜利为最高的荣誉，由此极富自我牺牲精神。同时，他们也是公平游戏的倡导者以及规则的维护者。他们会盯紧整体，并试图掌控局面。

然后，你一定也会观察到有那么几个人，他们的热情度也非常高，但一旦团体利益与个人生存发生矛盾，他们通常都会选择保护自我（有意思的是，这样的人群通常以女性偏多，如果一个男人也有如此表现，他会生存在群体的最边缘）。我曾经与这样一位漂亮女孩交流，我明白了，她认定"自我的死亡"就代表游戏意义的结束，而不是团队的胜利（比如最后找出杀手）。这样的人不一定会相信"我思故我在"，但一定相信"我在宇宙在"。所以稍有风吹草动，就像鹿一样奔跑。

还有种人，有他们就有更多的吵闹声，他们是热情的争辩者，所谓理性思辨的倡导者，实际偏执狡辩的实践者。他们喜欢争论，享受用语言的重拳击打对手的快感。他们制造混乱的场面，也时常搜寻到被众人忽略的细节，他们为群体提供了价值，但好斗的本性让他们并不如自己预期的受欢迎，仿佛一只戴上拳套的袋鼠。

另一种人则冷静得多，你几乎听不到他们的发言，他们是冷漠的旁观者。他们对任何状况都那么淡然处之：杀他，可以；杀我，也行；不杀，那最好了。他们的理智超脱于游戏之上，懂得在这些小儿科的玩耍中不需要太较真。但毫无疑问，他们是游戏情绪的冰冻者，仿佛一只深海的扇贝，静静地开启，静静地闭合。

最后你总能在群体中找到那么一位愚者，他的智力水平明显低于平均水平，他的发言就是笑料挥发器，他为我们提供最荒诞的逻辑推理以及令人捧腹的笑感。不过他总有很好的抗打击能力，无论多么冷酷尖酸的语言，他总能找到自我遁形的方法，就像钻于九地之下却两头都可前行的蚯蚓。

我们还可以从理性与感性的角度去划分。通常感性者习惯自我抱团，并依托小团体的庇护。而逻辑理性强者，或者成为群体的引导者，或者就容易被排斥为"孤魂野鬼"，成为高票被杀的首选。最有意思的是：无论游戏如何演化，强者的率先阵亡率都会大大高于弱者，生活中柔胜于强的法则又一次在游戏中得到印证。老子露出舌头没了牙齿，也许正在偷笑。

不过当你被推上审判席时，正是这种种人组成的陪审团，将决定你的命运。学过勒庞的群体性行为心理学，你就能理解道理能否讲得通远不关键，更重要的是寻找到对每个陪审员最有影响力的情感因素，引发他们的好感或者同情心。与此有关的一切断语、请求、反问等都可以使用，重点是引导。勒庞说，群体易受暗示与轻信。

如何暗示？我愿意尝试把他的例子再丰富一下。

罗马帝国，恺撒被杀后，安东尼要为他报仇，他可以如此的暗示："恺撒死了！恺撒死了！！"（强调。调动大众的情绪）静等几秒，等那种悲伤的情绪传遍所有人后，喊出："谁该为此负责？"（多好的问题，问题永远比答案更有感染力）谁负责？谁负责？下面群情激昂，追杀凶手的火焰已被点燃。（这时候，指向性暗示就可以上场了）"谁能杀了恺撒？"安东尼大声地问，并把手有力地一指。大众幡然醒悟，奔向了元老院。

安东尼没有说出任何一个名字，但他把需要的都说了。我们注意到，在最后一句问话时，他还有着多种选择，例如，"谁会杀了恺撒？"也可以是"谁会从中受益？"等，几个词的修改，指向就全然不同，再配合适当的肢体动作，安东尼可以把群体的怒火烧向任何人。

短期利益与长期利益

需要注意的是，杀人游戏并不是一曲终了，曲终人散，而是反复进行的。于是，一次游戏的出彩表现，却往往使你在未来的很多轮游戏中都沦为游戏的弱势者——群体由于顾忌你强大的能力，而在任何复杂状况下选择首先将你票杀。赢得了开头，却无法赢得全局，是很多高手感叹的命运。

杀手游戏最大的单局胜利，莫过于作为一个单独的杀手能成功生存到最后，这意味着你成功地欺骗了所有人。就如一次交易中，你得到了最丰厚的奖赏。但是当你越成功，众人越被你麻痹后，你未来的生存风险就越大。一位玩杀人游戏多年的高手曾对我说："从长期来看，建立正直的形象价值更大。做平民时能义正词严，逻辑分明地找出杀手，而做杀手时，尝试抵抗，但最终漏出破绽，也许是长期战略最好的方式。"让群体了解你，知道你做杀手时明显的弱点，恰恰使你能够成为平时最被信任的一员，也就能更好地影响群体。这样做无疑会丧失许多做杀手成功后的极度兴奋，也就是减少短期最大利益的获得，但如果计算长期效益，也许这才是真正的赢家。

内部利益与外部利益

除此之外，还有内外之分。相信你一定见过情侣玩杀人游戏，玩到吵架，最后分手的；也一定看到过，某些生活中并不惹眼的人物，在游戏中魅力四射，最终抱得美人归。同样，一定有挚友在游戏中疏远，也会有人一见如故，成为很要好的朋友。所以你必须考虑游戏的内在利益与相对应的外部溢出效应。

我承认，世界并没有那么复杂，是被人们搞复杂的。其实我提醒这些，是要让你懂得取舍。世间并没有十全十美的策略，不存在既得到短期利益，又得到长期利益，内部、外部利益一把抓的方法。重点在于认清你想要的目标，然后实施相应的策略。

每个人都有自己的目标，我们必须理解他们。有些人只是来放松，有些人想锻炼口才，有些人是来交友，有些人只为排解寂寞。因为他们的目标不一，行为导向必然不同，结果也就迥异。在投机市场中呢？你是否曾不当心地认为：所有人都和自己一样，是来投机市场买股票赚钱的？会吗？

> 游戏未必不是生活，生活何尝不是游戏！

以股票市场为例，一级市场者，风投公司、PE 们来市场是买股票吗？国家队资金入场是为赚钱吗？大股东与小散户的目标取向会一致吗？保险公司是否更希望稳定？了解下大型公募基金的管理者，他们的利益核心究竟在哪儿？而作为券商，更在乎的是上涨还是行情的活跃？ QFII 抛出股票是不是在跨市场套利？高价的追买是否只是为了控制股权？所有不同目标的背后一定藏着不同的行为，如何才能找到群体的共振？当你买下一只股票时，就犹如站在集体的审判台前，如何成为自我辩护的赢家？（在投资中，这个行为可能是倒过来的。）

杀人游戏很好玩，只要你目标明确，玩法老到，它一定可以达成你的目标，但永远无法达成所有的目标；同样，投机游戏更精彩，了解你的梦想，并专注于此，梦想必然成真，前提是你不过于贪心并愿意有意向地学习。生活会满足你，交易也是如此。

最后，分享一段我认为非常奇妙的文字：

人生如同一场球赛。下场踢球就有输赢，重要的只是我们是否流汗并努力过。"结果如何"这种伟大的事情，我愿意交给"上帝"。胜利者与失败者都同样可喜，唯一的遗憾也许只存在于犹豫的旁观者。

生活是一种经历。

推倒完美

我们并未给你建造天堂，也未建造人间，

更未建造朽坏与不朽，

因此你要运用选择的自由与光荣，

把自己当成一个雕塑的工匠，

尽可能雕塑自己喜欢的样式。

你将拥有想象不到的判断能力，

使自己重生成更高层的生命，那个神圣的生命。

——米兰多拉，《论人的尊严》

在人类知识的大门前，我杜撰了一种交易体系。所以在它全新亮相的最初，我就算计着如何推倒它。因为任何一种理论都是可以被推倒的，也是必须被推倒的，否则何来前进？

▰ 趋势就曾被推倒

我曾经痴迷于趋势理论。趋势所至，如千夫所指，万心所向。顺之者昌，逆之者亡。但趋势难道不是一种假说吗？它可以永续吗？

事实是，一种趋势越强烈，持续的时间越长，它本身也将越脆弱，当"转折点"来临时，趋势的逆转加上基本面的牵引，两股力量的叠加，将使逆转的过程变得急促而强烈。在这个市场上，最先被消灭的是"逆势者"，然后被消灭的是"顺势者"，市场总在反复中摧毁着那些企图简单战胜它的人，区别只在于生存时间的长短而已。所以在这个市场上你不用迷信机构、资金……同样也不能太过于迷信趋势的力量，每次当你对某股力量痴迷的时候，恰恰正是这股力量，会带给你最痛的伤害。

▰ 心灵交易也不例外

在交易中，不唯行情而动，不以赚钱为唯一目的，关注身、心、灵的变化，使之始终处于平衡、可控的状态，谓之心灵交易。

我们之所以推崇心灵交易，是因为它被严重地忽视了，所以它的未来才具有光明。我相信 N 多年以后，它也一定会像所有交易体系一样，先是随着使用人数的增多，而产生预期的自我实现，过了一个极限后，它也将如同流星般陨落。

我们注意到，心灵交易的方法偏于唯心，它是自我感受、自我判断并研究自我的工具，于是这变成了唯"你"的事，也就欠缺了些客观。这也是我们极力推荐第三方风控的理由，希望凭借第三方的介入，能够平衡我们过于自我的偏向。所谓的内部法一定是要有外部法来对应的，所以，曾经被我们批判过的那些传统方法都不应被简单忽略。

心灵交易直面自我，所以还必须非常真实。人会骗自己吗？人常常骗自己！而且由于我们的一些企图心或者隐私，我们还经常会尝试欺骗别人，或者说隐藏自己。但对于心灵交易者，你可以不说，但最好不要说谎。欺瞒的话语说了一千遍，谁是最后的受害者？只能是自己。所以心灵交易的运作是有门槛的——勇于直面的自我。

我相信心灵交易的高级阶段，一定还会有大脑排空的过程，就是对自己当初所学的大量思考型工具的提纯与唾弃，最后形成简洁的模式，因为简单才是最有效的。过于精致的结构本身就存在大量的隐患，我已不时体会到人类知识的一个缺陷：理论的自我完美倾向！

▌摒弃完美

> 在人类认知的殿堂里，任何渴望树立个人权威者，
> 必将淹没在众神的嘲笑声中。
>
> ——爱因斯坦

人类的学说，没有哪一种可以完美。牛顿的定律尚且被推翻，爱因斯坦的相对论也只是走在路上……我们有理由相信，自然本就不尽完美，更何况这些人类自我抽象的学说。执迷者渴求完满，对自我的理论总期盼最后功德圆满。如此的强求，我相信论据终可找到，但最后，探索的乐园终将变幻成完美的坟地。

所以，我们在构建完美后，还必须再推倒完美。这个交易大厦

并不存在，我们修建它只是为了给交易的心灵一个去处。但如果心灵自由了，那么固有的建筑就成为捆绑，所以我们要推倒它。只有推倒后，你才知道哪些已深入你的内心，不朽了；而另外那些，只是形式，腐化了。

心灵交易之屋我不能构造得再完整了，我不能用我的个性把你的建筑全部填满，它应该是个开放的结构。交易是很自我的事，你需要用自己的优势去诠释它，并且努力遮挡自己的脆弱，每一个人的交易系统最后都是你自己的建筑，你自己的风格。我始终相信：我之所以成为我，就在于我的优点与那些缺点。

我还必须提醒你的是：无论你如何努力，前途中一定还有挫折等待着你，你必须亲自遭遇这些挫折，然后学习成长。不过这也没什么好叹气的，生命本来如此，就如同：我告诉你恋爱总会有伤心，你还是大胆地去爱了；运动中你终有被击败的时候，但你还是无限热情地去运动了。

作为一个交易者，特别是有志者，最重要的特质也许是：经得起失败。在困难与挫折面前能够坦然，然后接受它，仿佛生活的一个礼物。这个世界是不存在永久的成功的。就像爬山，任何一座高峰，当你真正开始攀爬的时候，你会发现你一直在上山下山。所以我们需要些上山下山的智慧。

成功是什么？成功是一种挥发。而磨难是一种积淀，一种打压，是把轻浮锻造成厚重的过程。所谓厚积薄发，也许就是这个意味。

所以我们感谢成功，也感谢磨难，甚至我们还必须感谢青涩，正是因为青涩，所以还能成长。

致　谢

　　把致谢写成感谢信，小鱼喜欢这样，因为很多人是我需要感谢的。

　　首先要感谢爸爸妈妈，这不但是养育的问题，实在是因为……

　　父亲是我的天空，他生性平和，与世无争，既能顺遂别人，又能照顾好自己。在我成长的轨迹中，爸爸是最少施加自己影响的，以至于我在多年以后，曾笑着质问他为何从不曾给我人生的指引、参考……不曾被指引也就不曾被外力扭曲，不曾给予参考也就不曾设定框架。我就是一棵树，长得歪歪扭扭，是父亲给了我一个高远、不设限的天空，由我自由而野蛮地生长。

　　母亲则是我的大地。多年来，由于相似的性格、脾气，我们彼此热爱，却又像刺猬取暖一样无法靠得太近。我有些不理解她，厌烦她喋喋不休的说教和事无巨细的叮咛。直到有一天，当我再度审视自己时，我那些辩证唯物思想的最初，对于真知的探求，对于权威、繁文缛节的藐视……哪一项不是吮吸她当年的乳汁？妈妈是我哲学的老师，是我思想最初的根据地。

还要谢谢我的姐姐。我们是一对双生树，你看着我，我看着你，彼此往不同的方向伸展，却又不时回头，有着许多的缠绕。人常常看不见自己的缺点，但我却有另一双眼睛。她了解我，她理解我，她不怕得罪我，她的出发点都是为了我。很难得有这样一个明亮、全面又可以开口说话的镜子。"以史为镜，可以知兴替；以人为镜，可以明得失。"唐太宗早说过，镜子很重要！

本书能够顺利出版，我最想感谢的是机械工业出版社华章分社的策划编辑王颖，她的坚持与慧眼是这十多万字没有被蛛网纠缠的重要因素。不过她老是抢着说："我对你够好了。"小鱼很尴尬，你把我要说的话抢先说掉了。还有责任编辑，我们的关系很融洽，合作很愉快。

青泽老师的《十年一梦》我早就拜读过，本书的推荐序一就拜青泽老师所写。编辑传话，青泽老师对后生很是爱惜，小鱼受宠若惊。虽未谋面，但文书同人，也许小鱼与青泽老师的交流早在阅读那本"天堂与地狱"间徘徊许久了（《独自徘徊在天堂与地狱之间》是青泽老师的第一本书）。

还有同样未曾谋面的蒋鸣月董事长，经曹忠民兄长的介绍，她作为第一位读者，读了我那本印在 A4 纸上的书稿，居然为此写下诗一般的文字：

…………

这一本分明是讲炼金术的书，

为什么却可以让我看得流下眼泪？

小鱼，小鱼！

你拿命写出来的这本书，如此的重，
7 200 个日夜，分分秒秒的煎熬。
这血肉之躯炼就的字字句句，
难道不正是你……

无语。

在赤子之心面前，一切都是多余。
…………

蒋鸣月

于上海佘山

　　小鱼节选了其中的一小段，其他的都放在心里了。同样放在心头的还有很多的感恩，感恩在我的成长过程中、成书过程中许多给予小鱼帮助的朋友。我不一一感谢，不是怕流于表面，而是怕流于形式，更多的感谢是由心而发，也是应该由心去记取的。
　　好，不说了，谁叫我们是朋友。
　　同样翻着书读着这一行文字的你，我们是否也一样是朋友？